W9-BJK-747

LAS 100 DIETAS MÁS EFICACES

Una guía práctica para todo el año

Incluye más de 100 recetas para adelgazar, mantener el peso logrado, ganar peso, desintoxicar, y mucho más

Pablo Rey Brus
   Las 100 dietas más eficaces - 1a ed. - Buenos Aires : Grupo
Imaginador de Ediciones, 2008.

   ISBN 978-950-768-623-8

La información contenida en este libro no debe suplir en caso alguno a la opinión del médico. Ante cualquier duda relacionada con el cumplimiento de cualquiera de las dietas incluidas en esta edición debe consultarse al profesional tratante.

Los editores

Fotografías: Archivo Gráfico de Editorial Imaginador

Diseño y diagramación: Carla A. Rosciano.

©Grupo Imaginador de Ediciones S.A., 2007

No se permite la reproducción parcial o total, el almacenamiento, el alquiler, la transmisión o la transformación de este libro, en cualquier forma o por cualquier medio, sea electrónico o mecánico, mediante fotocopias, digitalización u otros métodos, sin el permiso previo y escrito del editor.

Impreso en U.S.A.

NOCIONES SOBRE ALIMENTACIÓN

CAPÍTULO I

UNA PRIMERA APROXIMACIÓN

Comenzaremos este libro definiendo –sin rodeos– qué entendemos por el significado de dieta:

DIETA es sinónimo de SALUD

Este es el parámetro que nos guiará a través de este libro. Las dietas que hemos seleccionado están al servicio de la salud y, sólo secundariamente, redundan en beneficio de la estética corporal.

Somos conscientes de que el aspecto estético es el estímulo primordial por el que las personas deciden iniciar una dieta. Esas "libras de más" que molestan a la hora de lucir una prenda o al salir de vacaciones, o esas erupciones que, por la inadecuada alimentación, aparecen en nuestra piel en forma de granos, ronchas, barritos, ampollas, etc., las que resultan tan desagradables para quienes los padecen y resuelven comenzar una dieta para desintoxicar y purificar el organismo.

Sin embargo, intentar recomponer la imagen estética sin tener en cuenta la salud general psicofísica es tan errado como considerar que la imagen de la persona que se observa en el espejo es, en realidad, la persona. ¿Qué queremos decir con esto?

LA IMAGEN ESTÉTICA CORPORAL ES SÓLO UNA PARTE CONSTITUTIVA DE UN SER HUMANO. LA SALUD, EN CAMBIO, INVOLUCRA TODOS LOS ASPECTOS DE LA PERSONA. SIN UNA SALUD GENERAL ADECUADA, LA IMAGEN ESTÉTICA CORPORAL TARDE O TEMPRANO COMENZARÁ A RESENTIRSE.

Por lo tanto, los objetivos de este libro están orientados hacia la salud psicofísica. Si la salud es la adecuada, la imagen que mostrará el espejo será la que se desea ver.

Pero cuando nos referimos a la "salud general", queremos significar mucho más que la alimentación, sin restarle a ésta la importancia fundamental que tiene.

También tenemos en cuenta otros aspectos que benefician el estado psicofísico de las personas y que deben ser considerados por todos y, sobre todo, por aquellos que deseen comenzar una dieta que les aporte bienestar general.

Además de una alimentación adecuada, nos referimos a los aspectos que ofrecemos a continuación:

■ **Descanso nocturno de ocho horas como mínimo.**

■ **Práctica de ejercicios físicos de manera constante que ayuden a descargar tensiones y a relajar la mente y el cuerpo.**

■ **Realización de actividades que otorguen placer, alegría y estimulación (y no sólo aquellas actividades derivadas de la obligación y de la responsabilidad).**

■ **Organización de un estilo de vida que resulte gratificante, en el que no se descuide el orden, pero también se dé la posibilidad de disfrutar de los diferentes momentos de la vida.**

CONSEJOS PARA UNA DIETA EXITOSA

Existe una serie de claves básicas y fundamentales a la hora de encarar una dieta que redunde en salud y bienestar. Ya se trate de dietas para adelgazar, para ganar peso, desintoxicantes del organismo, de mantenimiento calórico, etc., las pautas que daremos a continuación rigen en todos los casos, puesto que, en toda dieta, lo que prima es la "salud" en general —y no solamente la estética corporal— y para obtenerla y mantenerla, hay que intentar llevar a la práctica las claves que ofrecemos a continuación.

CLAVE 1. CUIDADO CON LA SAL...

Se debe evitar consumir sal en exceso, ya que esto provoca retención de líquidos e influye, a la vez, en el peso corporal.

Algunas maneras de moderar el consumo de sal son:

■ **Sustituir la sal común por la sal marina.**

■ **Salar con muy poca sal los alimentos durante la cocción. Es preferible rectificar la sal una vez que se encuentran ya cocidos.**

■ **Sustituir la sal común por especias aromáticas: azafrán, comino, tomillo, orégano, estragón, anís, albahaca, romero, hinojo, clavo de olor, canela, pimienta, etcétera.**

■ **Sustituir el consumo de alimentos enlatados por naturales.**

CLAVE 2. EL AGUA, UN ALIADO FUNDAMENTAL

Es necesario ingerir entre dos y tres litros de agua por día, a fin de purificar, desintoxicar e hidratar el organismo. Para quienes no se encuentran acostumbrados a ingerir esta cantidad de agua, lo ideal es comenzar de a poco y crear el hábito del consumo de manera paulatina.

Muchas veces resulta más fácil mantener agua refrigerada en botellas de medio litro para lograr ingerir la cantidad diaria aconsejada. Las botellas de litro o de litro y medio no logran estimular lo suficiente para acceder a ellas en forma constante durante el día.

Por otro lado, no es necesario que los dos o tres litros de líquido sean de agua común. Las siguientes bebidas son igualmente eficaces para hidratar y desintoxicar el organismo, a la vez que ayudan a que pueda cumplirse el objetivo:

- **Agua hervida.**

- **Agua mineral (con o sin gas).**

- **Zumos dietéticos (sin exceder el litro y medio diario).**

- **Refrescos light (sin exceder el litro y medio diario).**

- **Infusiones (té negro o verde).**

- **Zumos de vegetales (de zanahoria, apio, tomate, etcétera).**

- **Zumos cítricos (de naranja, mandarina, pomelo, etcétera).**

- **Bebidas a base de hierbas.**

CLAVE 3. AZÚCAR EN DOSIS MÍNIMAS

Evitar consumir azúcar en exceso. En lo posible, sustituir el consumo de azúcar por edulcorantes artificiales.

CLAVE 4. CON LA AYUDA DE LAS INFUSIONES

La mejor manera de atenuar o erradicar un "ataque de hambre" es ingerir infusiones a lo largo del día. No existe límite en cuanto a la cantidad de infusiones permitidas, pero es necesario que éstas, si están endulzadas, lo estén con edulcorante. Lo ideal es beber infusiones sin endulzar.

CLAVE 5. LA GELATINA QUE CALMA EL HAMBRE

Una sana manera de aplacar el hambre durante la realización de una dieta es consumir gelatina dietética endulzada con edulcorante.

CLAVE 6. MÁS ALIADOS ANTE EL "ATAQUE DE HAMBRE"

La zanahoria, la manzana y los tallos de apio son verdaderos aliados a la hora de luchar contra el hambre voraz. El mejor momento para consumirlos es durante las horas "entre comidas".

CLAVE 7. LOS INGREDIENTES NATURALES

Es conveniente sustituir las harinas y los panificados compuestos por trigo por aquellos que contienen ingredientes integrales.

CLAVE 8. PARA UNA TENER UNA BUENA DIGESTIÓN

La regla de oro para una digestión adecuada y eficaz es aprender a masticar los alimentos en forma contundente. Esto significa que los alimentos que se lleven a la boca deben ser masticados entre 40 y 60 veces antes de ser "tragados".

La digestión comienza en la boca a través de la acción de las glándulas salivales, que envuelven el alimento y lo trituran. Cuando el estómago recibe el alimento triturado, continúa realizando el proceso de digestión sin realizar esfuerzos extras (como debe hacerlo cuando recibe los alimentos casi sin masticar). Masticar de la manera correcta ayuda al bienestar general del organismo y al adecuado desecho de los residuos.

CLAVE 9. LAS TENTACIONES

Evitar tener en la nevera y en la alacena alimentos que puedan resultan tentadores y que atenten contra la realización de la dieta. Quienes están dispuestos a encarar una dieta, sea para adelgazar, para mantener las calorías o para desintoxicar el organismo y, teniendo en cuenta lo difícil que resulta llevarlas a cabo en la mayoría de los casos, deben erradicar los alimentos que puedan resultar nocivos ya que seguramente son personas que se "tientan" frente a una barrita de chocolate, a caramelos y bombones, o a galletitas con jaleas o cremas. En vez de éstos, reserven verduras y frutas en la nevera para tener siempre a mano.

¿CUÁL ES EL PESO IDEAL DE UNA PERSONA?

La mayoría de las personas que inician una dieta lo hacen con la meta en el peso corporal al que se desea arribar. Sin embargo, ¿cómo saber cuál es el peso ideal para cada persona y, sobre la base de ello, determinar cuántas libras debe bajar o subir, según se encuentre excedida o careciente en el peso?

Lo primero que deben tener en cuenta es que no existe un peso certero que involucre a todas las personas. Cada persona es única, y así será también único su peso ideal. Por ser cada organismo único, son diferentes las variables que deben tomarse en cada caso para determinar el peso que una persona debe lograr y mantener. Por ello siempre aconsejamos lo siguiente:

> ANTES DE COMENZAR UNA DIETA, CUALQUIERA SEA, ES CONVENIENTE REALIZARSE UN CHEQUEO MÉDICO PARA CONOCER EL ESTADO DEL ORGANISMO AL MOMENTO DE INICIARLA. DARLE A CONOCER AL MÉDICO EL TIPO DE DIETA QUE SE DESEA EMPRENDER, AYUDARÁ MUCHO PARA EL ÉXITO DE LA DIETA. CONSULTEN SIEMPRE CON SU MÉDICO DE CABECERA PARA EVITAR DESCOMPENSACIONES ORGÁNICAS QUE PUEDEN SER PREVENIDAS Y/O ENCAMINADAS.

La relación entre el peso ideal y el Índice de Masa Corporal (IMC)

El peso ideal es el que resultará del análisis de los distintos métodos que en la actualidad se manejan para ese fin. A ellos se les sumará el estado general de la persona evaluada a través de un chequeo médico, además del estilo de vida que lleve a cabo, entre las que se incluirán sus actividades cotidianas.

Cuando nos referimos a los métodos que se manejan para determinar el peso ideal de una persona, aludimos, sobre todo, a una tabla que se utiliza para conocer qué peso aproximado le corresponde a ella, en función de su altura, su contextura física, y acudimos a una fórmula específica que se utiliza para conocer el Índice de Masa Corporal.

Cabe aclarar que los valores obtenidos del IMC deberán tomarse como una muestra referencial y no determinante. El valor obtenido siempre es aproximado, y de acuerdo con las diferentes variables de vida y del organismo particular hasta puede ocurrir que el valor obtenido no sea en absoluto significativo.
Es preciso comprender que estos métodos de evaluación son útiles a título orientativo, pero jamás se usan con criterio diagnóstico sólo por el resultado obtenido.

Para determinar el índice de masa corporal se emplean dos fórmulas diferentes: una es la indicada para calcularlo en base al peso de una persona expresado en kilogramos; y la otra, para calcularlo en base al peso de una persona expresado en libras.

El cálculo del IMC para peso expresado en kilogramos

IMC = peso en kilogramos / talla en metros al cuadrado (m^2)

El cálculo del IMC para peso expresado en libras

IMC = (peso en libras / estatura en pulgadas al cuadrado) x 703.

Para comprender cómo funciona la fórmula, pasemos a un ejemplo concreto:

Francisco mide 1,68 m y pesa 60 kg.

Traspasamos estos datos a la fórmula

y obtenemos el siguiente resultado:

IMC = 60 / $(1,68)^2$ **IMC = 60 / 2,8224**   **IMC = 21,25**

Para los adultos, los parámetros que se utilizan para determinar el IMC son los siguientes:

Peso insuficiente	IMC inferior a 18,5.
Peso normal	IMC entre 18,5 y 24,9.
Sobrepeso de grado I	IMC entre 25 y 26,9.
Sobrepeso de grado II (preobesidad)	IMC entre 27 y 29,9
Obesidad de tipo I	IMC entre 30 y 34,9.
Obesidad de tipo II	IMC entre 35 y 39,9.
Obesidad de tipo III (mórbida)	IMC entre 40 y 49,9.
Obesidad de tipo IV (extrema)	IMC superior a 50.

De acuerdo con la tabla precedente, Francisco se encuentra dentro de los parámetros normales en cuanto al índice de masa corporal.

Tablas de peso según sexo, altura y contextura física

Las tablas que presentaremos a continuación muestran la relación entre la altura y la contextura física (pequeña, mediana, grande) y el peso corporal aproximado que deberá tener una persona según se trate de un hombre o de una mujer. Decimos el peso "aproximado", ya que estos parámetros brindan el resultado de una investigación sobre determinado número de personas y no sobre "todas las personas". Por lo tanto, si al evaluar la tabla se encuentran con diferencias importantes entre el peso que poseen y el que según la tabla deberían tener por la altura y la contextura física, no tomen decisiones apresuradas.

Puede ocurrir que esas libras de diferencia sean aceptables, pero también es factible que deban evaluar otras variables para poder determinar cuánto es realmente lo que deben adelgazar (o engordar) para lograr una salud adecuada.

Observen, evalúen, anoten y tengan en cuenta el resultado sin que éste sea definitorio.

La tabla se encuentra dividida en dos partes: una con los resultados para los hombres y otra para las mujeres.

■ Tabla para hombres (peso en kilogramos)

ALTURA	CONTEXTURA FÍSICA		
	Pequeña	Mediana	Grande
1,55	50-54	53-58	56-63
1,57	52-55	54-60	58-65
1,60	53-56	56-61	59-66
1,62	54-58	57-62	61-68
1,65	56-60	58-64	62-70
1,67	57-61	60-66	64-72
1,70	59-63	62-68	66-74

1,72	61-65	64-70	68-76
1,75	63-67	65-72	69-78
1,77	64-69	67-74	71-80
1,80	66-71	69-76	73-83
1,82	68-73	71-78	75-85
1,85	70-75	73-81	78-87
1,88	73-78	77-85	82-92

■ Tabla para hombres (peso en libras)

ALTURA	CONTEXTURA FÍSICA		
	Pequeña	Mediana	Grande
1,55	110-119	116-127	123-138
1,57	114-121	119-132	127-143
1,60	116-123	123-134	130-145
1,62	119-127	125-136	134-149
1,65	123-132	127-141	136-154
1,67	125-134	132-145	141-158
1,70	130-138	136-149	145-163
1,72	134-143	141-154	149-167
1,75	138-147	143-158	152-171
1,77	141-152	147-163	156-176
1,80	145-156	152-167	160-182
1,82	149-160	156-171	165-187
1,85	154-165	160-178	171-191
1,88	160-171	169-187	180-202

■ Tabla para mujeres (peso en kilogramos)

ALTURA	CONTEXTURA FÍSICA		
	Pequeña	Mediana	Grande
1,42	41-44	43-48	47-53
1,44	42-45	44-49	48-55
1,47	43-47	45-51	49-56
1,50	44-48	47-53	50-58
1,52	46-49	48-54	52-59
1,55	47-51	49-55	53-60
1,57	48-53	51-57	54-62
1,60	50-54	53-58	56-64
1,62	51-55	54-61	58-66
1,65	53-57	56-63	60-68
1,67	55-60	57-64	62-69
1,70	57-61	59-66	63-71
1,72	58-63	61-68	65-73
1,75	60-65	63-70	67-76
1,77	62-67	65-72	70-78

■ Tabla para mujeres (peso en libras)

ALTURA	CONTEXTURA FÍSICA		
	Pequeña	Mediana	Grande
1,42	90-97	94-105	103-116
1,44	92-99	44-108	105-121
1,47	94-103	99-112	108-123
1,50	97-105	103-116	110-127
1,52	101-108	105-119	114-130
1,55	103-112	108-121	116-132
1,57	105-116	112-125	119-136
1,60	110-119	116-127	123-141
1,62	112-121	119-134	127-145
1,65	116-125	123-138	132-149
1,67	121-132	125-141	136-152
1,70	125-134	130-145	138-156
1,72	127-138	134-149	143-160
1,75	132-143	138-154	147-167
1,77	136-147	143-158	154-171

NOCIONES FUNDAMENTALES
SOBRE LAS CALORÍAS

Aunque es muy común que se hable de caloría (y así lo haremos a lo largo de este libro), el término correcto es "kilocaloría".

Definamos, entonces, qué es una kilocaloría:

Una kilocaloría constituye la cantidad de calor necesaria para elevar en un grado centígrado la temperatura de un kilogramo de agua.

En este sentido, los alimentos liberan energía, y ésta es la que puede ser medida en kilocalorías o calorías. Por lo tanto, los alimentos aportan energía al organismo, así que se mide como calorías a la energía resultante de los alimentos.

Para comprender mejor la relación existente entre los alimentos y las calorías, les ofrecemos la siguiente tabla calórica:

■ Tabla calórica de los alimentos y bebidas

Almíbares	Cantidad	Calorías
de chocolate	1 cucharada	40
para cubrir pasteles y postres	1 cucharada	10-25
Melaza	1 cucharada	50
Miel de abejas	1 cucharada	60

Aves	Cantidad	Calorías
Hígado de pollo	85 g / 3 oz	120
Pato	100 g / 3,5 oz	165
Pavo	113 g / 4 oz	220
Pollo asado	113 g / 4 oz	225
Pechuga de pollo frita	1 pequeña	300
Muslo de pollo frito	1 pequeño	190

Azúcares	Cantidad	Calorías
Granulada blanca	1 cucharada	50
Morena	1 cucharada	50
Impalpable	1 cucharada	30

Bebidas alcohólicas	Cantidad	Calorías
Brandy	1 medida	75
Cerveza	1 vaso	170
Champaña	1 copa	85
Coñac	1 medida	75
Crema de menta	1 medida	110
Vino dulce	1 copa	75
Vino seco	1 copa	45
Vodka	1 medida	105
Whisky	1 medida	105

Bebidas no alcohólicas y zumos de frutas	Cantidad	Calorías
Zumo de albaricoque	1 vaso	120
Zumo de limón	1 vaso	60
Zumo de mandarina	1 vaso	95
Zumo de manzana	1 vaso	120
Zumo de naranja	1 vaso	89
Zumo de piña	1 vaso	120
Zumo de tomate	1 vaso	50
Zumo de uva	1 vaso	170
Té sin azúcar ni leche	-	-

Carne de cerdo	Cantidad	Calorías
Costilla sin grasa	1 pequeña	120
Hígado	85 g / 3 oz	114
Salchichas	113 g / 4 oz	470
Tocino	2 tiras	95

Carne de cordero	Cantidad	Calorías
Costillas	113 g / 4 oz	315

Carne vacuna	Cantidad	Calorías
Costilla	85 g / 3 oz	265
Hígado	56 g / 2 oz	120
Riñones	85 g / 3 oz	120
Sesos	85 g / 3 oz	120
Solomillo	85 g / 3 oz	295

Cereales	Cantidad	Calorías
Arroz o trigo inflado	1 taza	50
Arroz blanco cocido	1/2 taza	100
Arroz intregral cocido	1/2 taza	375
Avena cocida	3/4 de taza	100
Harina o trigo en grano cocido	3/4 de taza	80
Germen de trigo	1 cucharada	15
Harina de maíz cocida	3/4 de taza	90
Hojuelas de maíz, arroz o trigo	1 taza	95
Salvado	1 taza	145

Chocolate	Cantidad	Calorías
Amargo	28 g / 1 oz	140
Cacao con leche	1 taza	235
Cacao en polvo	1 cucharada	20
Dulce	28 g / 1 oz	135
Semidulce	28 g / 1 oz	145

Ensaladas	Cantidad	Calorías
Aguacate, tomate, queso blanco	1/2 taza	100
Atún y apio con mayonesa	1/2 taza	255
Camarones y apio con mayonesa	1/2 taza	125
Frutas mixtas	1/2 taza	70
Manzana y zanahoria con mayonesa	1/2 taza	100

Ensaladas	Cantidad	Calorías
Naranja y pomelo	3/4 de taza	140
Pollo y apio con mayonesa	1/2 taza	235
Salmón y apio con mayonesa	1/2 taza	235
Hojas verdes	1 taza	75

Frutas	Cantidad	Calorías
Aceitunas verdes	3 medianas	20
Plátano	1 mediana	90
Almendras	12-14	100
Cerezas	1 taza	90
Ciruelas	1 grande	30
Ciruelas desecadas	4 medianas	75
Albaricoque	3 medianos	55
Dátiles secos	1/4 de taza	125
Melocotón	1 mediano	45
Frambuesas	1/2 taza	35
Fresas	1/2 taza	25
Higos secos	1 grande	55
Mandarina	1 mediana	35
Mango	1 mediano	85
Cacahuete	8-10	50
Manzana	1 mediana	75
Manzana asada	1 mediana	195
Manzana en compota sin azúcar	1/2 taza	50
Melón	1 tajada mediana	50
Mermelada de frutas	1 cucharada	55
Naranja	1 mediana	70
Aguacate	1/2	280
Pasas	1/4 de taza	110
Pera	1 mediana	95
Piña	1 rodaja	45
Piña en lata	1 rodaja	95

Frutas	Cantidad	Calorías
Pomelo	1/2 mediano	75
Sandía	1 tajada mediana	100
Uvas	20 unidades medianas	50

Golosinas	Cantidad	Calorías
Caramelo duro	1 grande	35
Caramelo de crema de chocolate	28 g/1oz	145
Caramelo de goma	1	10

Grasas	Cantidad	Calorías
Aceites (maíz, oliva, maní, soja)	1 cucharada	125
Grasa de cerdo	1 cucharada	125
Grasa vegetal	1 cucharada	110
Mantequilla	1 cucharada	100
Mantequilla vegetal dietética	1 cucharada	50

Harina y almidones	Cantidad	Calorías
Fécula de maíz	1 cucharada	30
Harina de maíz	1 taza	525
Harina de trigo	1 taza	400
Harina integral	1 taza	400

Huevos	Cantidad	Calorías
Clara cruda	1 grande	17
Crudos enteros	1 grande	81
Pochés	1 grande	81
Fritos	1 grande	108
Hervidos	1 grande	81
Revueltos con leche	1	106

Leche y derivados	Cantidad	Calorías
Batido de leche y helado	1 taza	400
Crema de leche (nata)	1 cucharada	50

Leche y derivados	Cantidad	Calorías
Crema de leche (nata liviana)	1 cucharada	30
Helado de vainilla	1/2 taza	200
Helado de vainilla descremado	1/2 taza	135
Leche descremada	1 taza	85
Leche en polvo descremada (sin diluir)	1/3 de taza	80
Leche entera	1 taza	165
Mantequilla	1 cucharada	100
Queso Camembert	28 g / 1 oz	85
Queso crema	2 cucharadas	110
Queso Cheddar	28 g / 1 oz	110
Queso mozzarella	28 g / 1 oz	110
Queso parmesano	2 cucharadas	55
Queso roquefort	28 g / 1 oz	105
Queso blanco entero	1/3 de taza	80
Queso blanco descremado	1/3 de taza	75
Yogur descremado	1 taza	85
Yogur entero	1 taza	165
Yogur con frutas	1 taza	260

Legumbres y verduras	Cantidad	Calorías
Acelga cocida	1 taza	25
Alcachofa a la vinagreta	113 g / 4 oz	75
Apio crudo	3 tallos	10
Berenjena	1 rodaja	20
Berros	1 atado	20
Brócoli	1/2 taza	60
Calabaza	1/2 taza	40
Cebolla	1 mediana	50
Coliflor cocida	1 taza	30
Espárragos	6 medianos	20
Espinaca	1/2 taza	25
Lentejas frescas	1/2 taza	55
Lentejas enlatadas	1/2 taza	70

Legumbres y verduras	Cantidad	Calorías
Col cruda	1/2 taza	10
Col hervida	1/2 taza	20
Coles de Bruselas	1 taza	60
Porotos de soja	1/2 taza	230

Hortalizas	Cantidad	Calorías
Champiñones frescos	4 grandes	10
Champiñones enlatados	1 taza	30
Judías verdes	1 taza	25
Lechuga	3 hojas	10
Maíz en grano	1/2 taza	70
Nabos blancos	1/2 taza	20
Patata hervida u horneada	1 mediana	95
Patatas en puré	1/2 taza	120
Patatas fritas	1 papa pequeña	155
Pepino fresco	1/2 mediano	5
Perejil picado	5 cucharadas	5
Pimiento verde	1 mediano	35
Remolachas	2	35
Tomate fresco	1 mediano	30
Tomate enlatado	1/2 taza	25
Zanahoria cruda	1/2 taza	20
Zanahoria cocida	1/2 taza	20

Panes	Cantidad	Calorías
Blanco	1 rebanada	65
Centeno	1 rebanada	55
Gluten	1 rebanada	35
Integral	1 rebanada	55
Jengibre	1 rebanada	345
Maíz	1 rebanada	190

Pastas y pizza	Cantidad	Calorías
Fettuccini cocidos	1/2 taza	55
Lasaña	45 g / 1,5 oz	500
Macarrones cocidos	1/2 taza	105
Macarrones con queso	1 taza	560
Pizza	1/4 de pizza de 30 cm	575
Spaghetti cocidos	3/4 de taza	115

Pescados y mariscos	Cantidad	Calorías
Almejas al vapor	1/2 docena	50
Almejas fritas	10 almejas	250
Arenque ahumado	113 g / 4 oz	180
Atún en agua	2/3 de taza	110
Atún en aceite	2/3 de taza	170
Bacalao seco	100 g / 3,5 oz	106
Camarones pelados	100 g / 3,5 oz	90
Langosta, carne sola	1/2 taza	80
Lenguado	113 g / 4 oz	80
Salmón enlatado	113 g / 4 oz	114
Trucha	113 g / 4 oz	225

Postres	Cantidad	Calorías
Budín de chocolate	1/2 taza	175
Gelatina dietética	1/2 taza	10
Gelatina con frutas	1/2 taza	75

Salsas	Cantidad	Calorías
Blanca	1/2 taza	210
Con carne	1 taza	255
Ketchup	1 cucharada	15
Mayonesa	1 cucharada	115
Mostaza	1 cucharada	10
Puré de tomate	1/2 taza	45

Como hemos podido observar, los distintos alimentos incluidos en las tablas precedentes aportan diferentes cantidades de calorías al organismo. Ahora bien, ¿para qué nos sirve conocer la cantidad de calorías que aportan los alimentos?

Para facilitar la comprensión, debemos tener en cuenta dos aspectos:

■ **La cantidad de calorías que aporta cada alimento.**

■ **La cantidad de calorías diarias que se recomiendan considerando el peso y la edad de la persona, discriminados según se trate de hombres o de mujeres.**

De esta manera, podemos armar una dieta equilibrada en función de las necesidades diarias. Pero también deben tenerse en cuenta tanto la calidad como la cantidad de alimento ingerido. De nada sirve cumplir con las calorías diarias recomendadas si consumimos alimentos pobres en nutrientes.

Las calorías diarias necesarias

Para conocer la cantidad de calorías diarias aproximadas que una persona debe incorporar a través de los alimentos, les ofrecemos la siguiente tabla de referencia:

■ **Tabla de calorías diarias**

Calorías diarias recomendadas para mujeres

Peso (lb)	Peso (kg)	20-40 años	40-60 años	más de 60 años
100	45	1750	1600	1300
110	50	1900	1700	1450
121	55	2000	1800	1550
132	60	2150	1950	1650
143	65	2300	2050	1750
154	70	2400	2200	1850

Calorías diarias recomendadas para hombres

Peso (lb)	Peso (kg)	20-40 años	40-60 años	más de 60 años
110	50	2300	2050	1750
121	55	2450	2200	1850
132	60	2600	2350	1950
143	65	2750	2500	2100
154	70	2900	2600	2200
165	75	3050	2750	2300
176	80	3200	2900	2400

La actividad física y el gasto calórico

Además de las calorías que se ingieren a través de la alimentación, se debe tener en cuenta el gasto de calorías que realiza el organismo en la ejecución de diferentes actividades. Conociendo estos parámetros, podremos saber qué actividad es conveniente realizar si se desea "quemar" calorías cuando se realiza una dieta para bajar de peso.

A continuación, desarrollamos la tabla que orienta sobre el consumo de calorías de acuerdo con la actividad desarrollada:

■ Tabla de consumo de calorías (kcal) según actividad[*]

Actividades domésticas	50 kg (110 lb)	60 kg (132 lb)	70 kg (154 lb)	80 kg (176 lb)	100 kg (220 lb)
Cocinar	32	39	46	52	65
Tender la cama	32	39	46	52	65
Limpiar el piso	38	46	53	60	75
Limpiar ventanas	35	42	48	54	69
Pasar el plumero	22	27	31	35	44

Actividades recreativas	50 kg (110 lb)	60 kg (132 lb)	70 kg (154 lb)	80 kg (176 lb)	100 kg (220 lb)
Andar a caballo	56	67	78	90	112
Bailar	35-48	42-57	48-66	55-75	69-94
Esquí de fondo	98	117	138	158	194
Esquí náutico	60	73	88	104	130
Golf	33	40	48	55	68
Jugar basket ball	58	70	82	93	117
Nadar (estilo crawl)	40	48	56	63	80
Ping pong	32	38	45	52	64
Remo	90	109	128	146	182
Squash	75	90	104	117	144
Tenis	56	67	80	92	115
Volley ball	43	52	65	75	94

Actividades varias	50 kg (110 lb)	60 kg (132 lb)	70 kg (154 lb)	80 kg (176 lb)	100 kg (220 lb)
Escribir sentado	15	18	21	24	30
Trabajo de oficina	25	30	34	39	50
Arreglo del automóvil	35	42	48	54	69
Carpintería	32	38	44	51	64
Pintar paredes	29	35	40	46	58
Remover tierra	56	67	78	88	110
Andar en bicicleta	42-89	50-107	58-124	67-142	83-178
Caminar	29-52	35-62	40-72	46-81	58-102
Caminar en bajada	56	67	78	88	111
Caminar en subida	146	175	202	229	288
Correr (9 a 19 km/h)	90-164	108-197	125-228	142-258	178-326

Necesidades personales	50 kg (110 lb)	60 kg (132 lb)	70 kg (154 lb)	80 kg (176 lb)	100 kg (220 lb)
Dormir	10	12	14	16	20
Permanecer de pie	12	14	16	19	24
Conversar sentado	15	18	21	24	30
Leer o mirar televisión	10	12	14	16	18
Vestirse	26	32	37	42	53

* Las calorías consumidas corresponden a diez minutos de actividad en cada uno de los ítems propuestos.

LOS NUTRIENTES MÁS IMPORTANTES

HIDRATOS DE CARBONO

Se los denomina también glúcidos. Son la principal fuente de energía del organismo y actúan como base de sostén de la alimentación.

Se encuentran formados por carbono, oxígeno y agua.

Los hidratos de carbono pueden ser:

■ **SIMPLES**

Son de rápida asimilación. Se los obtiene en el azúcar común refinada, los dulces, la miel, los refrescos, los helados y las golosinas en general. El abuso de estos hidratos simples favorece la obesidad y puede llegar a crear predisposición a la diabetes.

■ **COMPUESTOS**

Son de digestión más lenta y se los denomina, también, almidones. Se encuentran en las legumbres, los vegetales, los cereales y productos fabricados con harinas integrales. Los hidratos compuestos son los más indicados para cubrir las necesidades nutricionales del organismo.

PROTEÍNAS

Se encuentran compuestas por pequeñas partículas denominadas aminoácidos. Veintidós son los que precisa el organismo, pero ocho de ellos son los llamados aminoácidos esenciales, llamados así porque sólo pueden ser incorporados al organismo desde el exterior, ya que el cuerpo no puede producirlos por sí mismo.

Los aminoácidos a los que hacemos referencia son:

- Fenilalanina

- Isoleucina

- Leucina

- Metionina

- Lisina

- Treonina

- Triptófano

- Valina

Las proteínas se encuentran en la carne, el pollo, el pescado, el yogur, la leche, el huevo, el queso y la soja, entre las denominadas proteínas completas. Las proteínas de origen vegetal suelen ser incompletas, pero puede salvarse esta carencia ingiriendo vegetales y legumbres en forma combinada.

GRASAS

Constituyen tanto una fuente como un reservorio de energía para el organismo. En cuanto a caloría por onza, las grasas aportan el doble que las proteínas y los hidratos de carbono.

Las grasas provienen del reino animal y vegetal. Las que pertenecen al reino animal son las denominadas saturadas, mientras que las poliinsaturadas y las monoinsaturadas lo son del reino vegetal.

Existe otro tipo de grasas denominada transgénica o hidrogenada. Éstas son aceites procesados a través de una técnica de endurecimiento. Si bien el origen de estas grasas es vegetal, una vez sometidas a proceso se comportan en el organismo como grasas saturadas, razón por la que su exceso puede acarrear trastornos cardiovasculares.

- **GRASAS SATURADAS**

  Se encuentran en: Carne vacuna, carne porcina, carne de ave, carne de cordero, quesos, lácteos, yema de huevo, mantequilla, mantequilla vegetal, crema de leche, fiambres, embutidos y aceites hidrogenados.

- **GRASAS MONOINSATURADAS**

  Se encuentran en: Aceite de oliva, frutos secos (excepto nuez), aceitunas y aguacate.

- **GRASAS POLIINSATURADAS**

  Se encuentran en: Aceite de maíz, aceite de girasol, aceite de uva, aceite de soja, semillas y nuez.

- **GRASAS TRANSGÉNICAS O HIDROGENADAS**

  Se encuentran en: Alimentos industrializados. Productos de pastelería, masas para tartas y pasteles, galletas, golosinas, mantequilla vegetal y productos de repostería industrial.

FIBRA VEGETAL

Es una sustancia que se encuentra en las frutas (principalmente en la corteza y pulpa), los cereales (sobre todo en los integrales) y en las verduras. La fibra no es digestible por lo que favorece al organismo arrastrando grasas, líquidos y partículas a través del intestino hasta su excreción, impidiendo de este modo que queden residuos nocivos que puedan provocar enfermedades, como por ejemplo, apendicitis, cáncer de colon, flebitis, entre otras.

VITAMINAS

Son compuestos orgánicos que resultan esenciales para el metabolismo, el crecimiento y el funcionamiento del organismo.

Las vitaminas que resultan fundamentales para el organismo son:

■ VITAMINA A

• Mantiene en buen estado la piel y las mucosas, así como la adecuada visión.

• Se encuentra en: Yema de huevo, mantequilla, hígado, zanahoria, espinaca, tomate, melón, albaricoque, mango y papaya.

■ VITAMINA B1

• Favorece el sistema nervioso, disminuye el cansancio muscular y actúa benéficamente en los procesos digestivos.

• Se encuentra en: Cáscaras de los cereales, legumbres, huevo y quesos.

■ VITAMINA D

• Colabora en el desarrollo de los huesos y dientes. Además, interviene en la fijación del calcio y del fósforo en la estructura ósea.

• Se encuentra en: Yema de huevo y aceite de bacalao. Los vegetales, por su parte, poseen una sustancia que se transforma en vitamina D al entrar en contacto con los rayos solares.

■ VITAMINA E

• Fundamental para la lucha contra el envejecimiento debido a sus propiedades antioxidantes celulares. Además, favorece la producción de glóbulos rojos.

• Se encuentra en: Pescados grasos como el atún, semillas, aceites vegetales y germen de trigo.

■ VITAMINA C

• Es parte constituyente de las paredes de los vasos sanguíneos. Protege contra infecciones, resfríos y estados gripales.

• Se encuentra en: Todas las frutas y verduras frescas, aunque en mayor cantidad se concentra en el kiwi, cítricos, tomate, fresa, pimiento, perejil fresco y coles.

■ **VITAMINA K**

- Interviene en el proceso de coagulación de la sangre.

- Se encuentra en: Tomate y vegetales de hoja.

MINERALES

Son compuestos inorgánicos que se precisan incorporar en pequeñas cantidades para el adecuado funcionamiento del organismo. La carencia de los mismos produce diversos trastornos y enfermedades como raquitismo, anemia, temblores, calambres musculares, hipertensión, insuficiencia coronaria, entre otros.

Los minerales se clasifican en macrominerales y microminerales u oligoelementos. Los primeros se necesitan ingerir en mayor cantidad, mientras que los segundos sólo en pequeñas dosis.

Los macrominerales fundamentales para el organismo son:

■ **CALCIO**

Se encuentra en: Leche, lácteos, quesos, ricota, espinaca, berro, brócoli, salmón en lata, semillas de sésamo, semillas de girasol, frijoles negros, higos deshidratados, garbanzos, lentejas, avellanas, almendras.

■ **FÓSFORO**

Se encuentra en: Huevo entero, yema de huevo, hígado, pollo, sardinas, atún, arenque, bacalao seco, langostinos, lácteos, quesos, leche en polvo, cacahuete, almendras, avellanas, nueces, coco, pasa de uva, lentejas, soja en grano, arvejas, brotes de soja, champiñón, perejil, avena, harina de trigo, harina integral, pastas.

■ **SODIO**

Se encuentra en: Sal de mesa, quesos, carnes, embutidos, pescados, aderezos y salsas, aceitunas y todo alimento procesado con sal o con alto contenido en sodio.

■ HIERRO

Se encuentra en: **Hígado, patés de hígado, sardinas enlatadas, carne vacuna, atún en agua, cerdo, pollo, huevo, semillas de girasol, porotos de soja, frijoles negros, garbanzos, brotes de alfalfa, espinaca, avena, arroz, trigo, lentejas, almendras, avellanas, chocolate, higos deshidratados y ciruelas deshidratadas.**

■ CLORO

Se encuentra en: **Sal común, algas, aceitunas, pescado, quesos, coco, rábano, higo deshidratado, berro, pepino, ajo porro, zanahoria, verduras verdes.**

■ POTASIO

Se encuentra en: **Frijoles negros, garbanzos, porotos de soja, nuez, plátano, calabaza, zanahoria, coles de Bruselas, tomate, patata, melón, sandía, fresa, naranja, kiwi, uva, lechuga, manzana, pistacho, melocotón, leche, yogur y lácteos en general, salmón, sardina, bacalao, carne vacuna, carne de cerdo, pollo.**

■ MAGNESIO

Se encuentra en: **Semillas de girasol, germen de trigo, porotos de soja, granos de trigo, cacahuete, nuez, almendras, avellana, arroz integral, garbanzos, pan integral, harina integral, caracoles, calamares, arvejas, cacao en polvo, leche en polvo, chocolate, mazapán.**

■ AZUFRE

Se encuentra en: **Carne vacuna, pescado, huevo, lácteos, espárragos, ajo porro, ajo, cebolla, coliflor, coles, brócoli, legumbres.**

Los microminerales u oligoelementos de indispensable consumo son:

■ COBRE

• **Se encuentra en: Carne de cerdo, carne de cordero, hígado y patés con hígado, riñones, corazón, legumbres, lentejas, soja, garbanzos, almendras, pasas de uva, avellanas, nuez, semillas de girasol, caldo de verduras, avena, cebada, arroz, trigo, leche de soja, tofu, harina de soja, chocolate,** postres y dulces con chocolate, ciruelas y dátiles deshidratados, mejillones, langostinos, ostras.

■ YODO

• Se encuentra en: Huevo, leche, langostinos, lenguado, salmón, mejillones, bacalao, arenque, frijoles, porotos de soja, remolacha, cebolla, ajo, arveja, champiñón, nuez, piña.

■ MANGANESO

• Se encuentra en: Arroz integral, avena, trigo, maíz, cebada, frijoles negros, espinaca, espárragos, apio, zanahoria, patata, lechuga, remolacha, naranja, pera, manzana, uva.

■ SELENIO

• Se encuentra en: Huevo, carne vacuna, carne de cerdo, carne de cordero, pollo, jamón, hígado, langosta, atún en lata, lenguado, bacalao, leche entera y descremada, almendra, nuez, cacahuete, legumbres, cereales, azúcar, ajo, cebolla, calabaza, zanahoria, patata, rábano, pastas.

■ ZINC

• Se encuentra en: Carnes rojas, pescado, carne de ave, mariscos, hígado, leche, lácteos, ricota, cereales, nuez, germen de trigo.

■ CROMO

• Se encuentra en: Levadura de cerveza desecada, grasas y aceites vegetales, cereales integrales, nuez, lácteos, carnes, mariscos, verduras.

■ COBALTO

• Se encuentra en: Pescados, vegetales verdes, cereales.

■ FLÚOR

• Se encuentra en: Pescados, espinaca, cebada, trigo, maíz, arroz, soja, frijoles, uva, manzana, patata, espárragos, tomate, rábano, té.

■ NÍQUEL

• **Se encuentra en:** Avena, trigo sarraceno, cebada, maíz, remolacha, ajo porro, ajo, cebolla, lechuga, tomate, espinaca, zanahoria, coliflor, brócoli, perejil, patata, manzana, pomelo, naranja, ciruela, pera, uva, almendra, nuez, avellana, sardina, arenque, chocolate, café, té.

■ SILICIO

• **Se encuentra en:** Cereales integrales, vegetales, agua potable, café, cerveza.

■ MOLIBDENO

• **Se encuentra en:** Germen de trigo, legumbres, soja, cereales integrales, vegetales de hojas verde oscuro, levadura.

CÓMO APRENDER A "LEER" LAS ETIQUETAS DE LOS ALIMENTOS

En las etiquetas de los diferentes productos alimenticios, se encuentra desglosada la composición del producto, lo que nos permite conocer cuáles son sus ingredientes y en qué cantidad se presentan.

CUANDO SE REALIZA UNA DIETA, ES NECESARIO "LEER" LAS ETIQUETAS, ADEMÁS DE LA FECHA DE VENCIMIENTO DE LOS PRODUCTOS, PARA SER CONSCIENTES DE LOS ALIMENTOS QUE CONSUMIMOS Y LAS CALORÍAS QUE REPRESENTAN PARA NUESTRO ORGANISMO.

Además del desglose de los alimentos, los envases (generalmente los destinados a dietas o productos light) contienen ciertos términos que es necesario conocer para elegirlos o desecharlos según los requerimientos específicos de cada dieta.

Los términos a los que aludimos son:

FREE

No contiene o contiene una mínima cantidad de grasa, grasa saturada, colesterol, sal, azúcar o calorías. En este sentido, por ejemplo, fat-free significa libre de grasa.

REDUCED

Por lo general, alude a la sal o a la grasa. Significa que ese alimento contiene no menos del 25% de ese componente comparado con el producto normal.

LIGHT / LITE

Si afecta a la cantidad de grasa, implica que el alimento presenta cerca de un 50% menos de grasa, en comparación con el producto original.

LOW

Este término significa "bajo", y se utiliza en las siguientes acepciones:

Low-fat: 3 g o menos de grasa.

Low-cholesterol: 20 mg o menos y no más de 2 g de grasa saturada.

Low saturated fat: 1 g o menos de grasa saturada.

Low sodium: 140 mg o menos de sal.

Very low sodium: 35 mg o menos de sal.

Low calorie: 40 calorías o menos.

HIGH

Este término significa "alto" e indica que el producto tiene un 20% o más de la dosis requerida diaria.

HEALTHY

Indican alimentos bajos en grasa y grasa saturada total que contienen 480 mg o menos de sal y, por lo menos, 10% del porcentaje diario requerido de vitamina A, vitamina C, calcio, hierro, proteínas y fibra.

FRESH

Indica los alimentos crudos o sin procesar o, en el caso de fresh frozen, los alimentos que han sido cosechados, escaldados e inmediatamente congelados para conservar su valor nutricional.

REFERENCIAS IMPORTANTES

A continuación encontrarán cien dietas organizadas en secciones, según el objetivo a cumplir.

Para posibilitar una consulta ágil y efectiva, al principio de cada dieta figura una tabla de referencias, que brinda información útil para optar por una u otra dieta.

Los datos que figuran en ella son los siguientes:

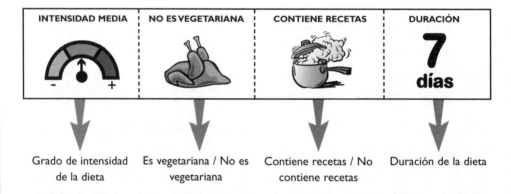

INTENSIDAD MEDIA	NO ES VEGETARIANA	CONTIENE RECETAS	DURACIÓN
Grado de intensidad de la dieta	Es vegetariana / No es vegetariana	Contiene recetas / No contiene recetas	Duración de la dieta

En aquellas dietas que sí contienen recetas, encontrarán la siguiente referencia visual junto al nombre del plato, que les indica que al final de la dieta se brinda la descripción de la receta correpondiente.

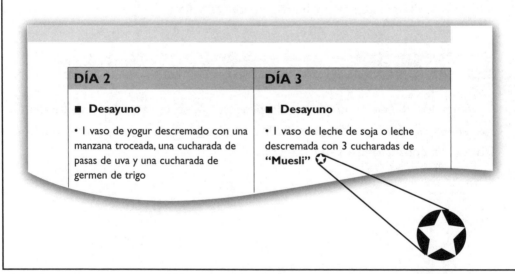

DÍA 2	DÍA 3
■ **Desayuno**	■ **Desayuno**
• 1 vaso de yogur descremado con una manzana troceada, una cucharada de pasas de uva y una cucharada de germen de trigo	• 1 vaso de leche de soja o leche descremada con 3 cucharadas de **"Muesli"**

DIETAS PARA ADELGAZAR

CAPÍTULO 2

En este capítulo les presentamos cuarenta y seis dietas y planes de alimentación, cuyo principal objetivo es perder peso en forma saludable y equilibrada.

Para poder conocer de manera ágil y rápida los principales lineamientos de cada dieta pueden observar la tabla de referencias que figura al principio, que les dará una idea acerca de las características principales de cada dieta.

Recuerden que es el médico quien está mejor capacitado para asesorarlos en relación con la realización de cualquiera de los planes de adelgazamiento aquí incluidos, y por ello recomendamos la consulta previa.

DIETA MÁS ALIMENTOS POR MENOS LIBRAS

INTENSIDAD BAJA	NO ES VEGETARIANA	NO CONTIENE RECETAS	DURACIÓN
  - +			**7** **días**

■ Desayuno y merienda

• 1 taza de té con leche descremada
• 1 ó 2 panecillos de salvado o soja untados con queso blanco descremado

■ Media mañana

Optar por:
• 1 fruta a elección
• 1 vaso de yogur descremado
• 1 panecillo de salvado
• 1 sandwich vegetariano con pan sin miga, 1 rodaja de tomate, 1 hoja de lechuga y 1 tajada delgada de queso descremado

■ Almuerzo para los días de semana

• 1 sandwich vegetariano (igual que el indicado para media mañana)
• 1 ensalada de verduras frescas (de hasta tres variedades), atún en lata o pollo picado o huevo duro, 2 verduras cocidas o 1 papa pequeña.
• 2 frutas a elección
• 1 vaso de yogur descremado

■ Cena para los días de semana

• 100 g / 3,5 oz de carne (alternar entre vacuna, pollo y pescado)
• 1 plato de vegetales cocidos
• 1 plato de vegetales crudos
• 1 fruta o 1 porción de gelatina dietética

■ Almuerzo y cena para los fines de semana

• 100 g / 3,5 oz de carne (alternar entre vacuna, pollo y pescado)
• 1 plato de vegetales cocidos
• 1 plato de vegetales crudos
• 1 fruta o 1 porción de gelatina dietética

TABLA DE ALIMENTOS PERMITIDOS

Aceite De maíz, oliva, uva, mezcla.

Bebidas Agua, agua mineral, bebidas gaseosas y zumos dietéticos.
Infusiones: té negro, té verde, té de hierbas, café.
Caldo de verduras.

Carnes Vacuna: lomo, nalga, bistecs angostos (desgrasar antes de la cocción).
Hamburguesas caseras de carne molida magra.
Pollo: pechuga sin piel.
Pescado: lenguado, atún, salmón.

Cereales Arroz integral.

Condimentos Especias y hierbas aromáticas.
Sal marina o sal común, con discreción.
Edulcorante sintético.

Frutas Piña, cereza, ciruela, albaricoque, melocotón, fresa, higo, lima, limón, mandarina, manzana, melón, membrillo, naranja, pera, pomelo, sandía.

Galletas De agua, de salvado, de soja.

Lácteos Leche y/o yogur descremados.
Quesos: blanco descremado, mozzarella.

Legumbres Lentejas.

Pan Blanco, de salvado, de soja.

Vegetales Acelga, alcachofa, arvejas frescas, apio, berenjena, berro, cebolla, cebolla de verdeo, coliflor, judías verdes, espárrago, espinaca, hinojo, lechuga, nabo, pepino, pimiento, ajo porro, rábano, rabanito, remolacha, col de Bruselas, col, tomate, zanahoria, calabaza.

DIETA EFECTIVA PARA LUCIRSE EN VACACIONES

INTENSIDAD MEDIA	NO ES VEGETARIANA	NO CONTIENE RECETAS	DURACIÓN
− +			**7** **días**

DÍA 1

■ Desayuno

• 1 taza de té o café
• 2 rebanadas pequeñas de pan tostado untado con mermelada dietética

■ Media mañana

• 1 fruta de estación

■ Almuerzo

• 2 rodajas de carne magra fría
• 1 tomate
• 1 huevo duro
• 1 naranja

■ Merienda

• 1 vaso de yogur descremado mezclado con una fruta cortada en trozos

■ Cena

• 1 porción de pasta a elección con puré de tomate
• 1 fruta de estación

DÍA 2

■ Desayuno

- 1 vaso de zumo de naranja
- 3 galletas integrales untadas con queso blanco descremado

■ Media mañana

- 1 racimo pequeño de uvas

■ Almuerzo

- 1 plato de ensalada de tomate, lechuga y zanahoria
- 1 rebanada de pan blanco
- 1 vaso de yogur descremado

■ Merienda

- 1 vaso de bebida gaseosa dietética
- 1 tajada de jamón cocido
- 1 rebanada de queso descremado

■ Cena

- 1 filete de salmón blanco, grillado
- 1 porción de ensalada de patata, zanahoria y arvejas con mayonesa light
- 1 helado mediano de limón

DÍA 3

■ Desayuno

- 1 taza de cereal en copos con miel
- 1/2 manzana rallada

■ Media mañana

- 1 huevo duro
- 1 vaso de zumo de fruta a elección

■ Almuerzo

- 1 sandwich de jamón cocido y tomate con pan integral
- 1 vaso de yogur descremado
- 1 manzana

■ Merienda

- 1 taza de té o café
- 3 galletas untadas con queso blanco descremado

■ Cena

- 2 bistecs de lomo de ternera grillados
- 1 plato de ensalada de remolacha
- 1 porción de ensalada de frutas

DÍA 4

■ Desayuno

• 1 vaso de leche descremada sola o con miel
• 2 galletas de arroz untadas con mermelada dietética

■ Media mañana

• 1 fruta de estación
• 1 taza de té

■ Almuerzo

• 1/2 lata de atún al natural
• 1 plato de ensalada de tomate
• 1 rebanada de pan integral
• 1 flan dietético

■ Merienda

• 1 vaso grande de licuado de melocotón con agua

■ Cena

• 1 pechuga de pollo rociada con zumo de limón
• 1 porción de arroz blanco
• 1 porción de ensalada de frutas

DÍA 5

■ Desayuno

• 1 taza de té o café
• 2 galletas de arroz untadas con miel o mermelada dietética

■ Media mañana

• 2 manzanas

■ Almuerzo

• 1 plato de ensalada de lechuga, zanahoria, huevo duro, maíz en granos y trocitos de naranja
• 1 vaso de bebida gaseosa dietética

■ Merienda

• 1 vaso de zumo de fruta a elección
• 2 tostadas de pan integral untadas con queso blanco descremado

DÍA 6

■ Desayuno

- I taza de té
- I sandwich tostado de jamón y tomate con pan integral

■ Media mañana

- I huevo duro

■ Almuerzo

- I porción de ensalada de pollo con mayonesa light
- I rebanada de pan integral
- I fruta de estación

■ Merienda

- I vaso de leche descremada o I vaso de yogur descremado
- 2 galletas de arroz untadas con miel

■ Cena

- I bistec de carne de ternera magra, grillado
- I plato de ensalada de berro
- I porción pequeña de arroz blanco
- I flan dietético

DÍA 7

■ Desayuno

- I porción de gelatina dietética con trozos de frutas

■ Media mañana

- I vaso de licuado de plátano con leche descremada

■ Almuerzo

- I plato de ensalada de judías verdes, tomate, zanahoria y lechuga
- I porción de ensalada de frutas

■ Merienda

- I vaso de zumo de fruta, a elección
- 2 tostadas de pan integral
- I tajada de queso descremado

■ Cena

- I porción de canelones de verdura con puré de tomate
- I helado de frutas

DIETA COMBINABLE DE LAS BAJAS CALORÍAS

INTENSIDAD BAJA	NO ES VEGETARIANA	NO CONTIENE RECETAS	DURACIÓN
 - ← +			**10** días

La dieta se realiza combinando los siguientes alimentos:

Arroces y pastas

• Arroz y pastas (sin carne) . . . . .1 plato de postre por semana

Bebidas

• Caldos desgrasados, dietéticos . . . . .A voluntad
• Té, agua mineral, zumos dietéticos . . . . .Con edulcorante a voluntad

Carnes y pescados

• Carne vacuna: grillada, ...150/180 g / 5/6 oz una vez
asada, al horno o hervida   por semana
• Pescado . . . . .1 ó 2 filetes por día
• Pollo sin piel . . . . .1/4 por día

Condimentos

• Aceite de maíz, de oliva, de uva o mezcla . . . . . .2 cucharaditas de postre
                                                              por día
• Especias: pimienta, comino, ...A voluntad
pimiento molido, orégano,
laurel, nuez moscada, canela,
vainilla, clavo de olor, etc.

Dulces y panes

• Azúcar . . . . .No consumirla.
Sustituir por edulcorante
• Galletas de agua . . . . .6 unidades por día
(sólo en desayuno y merienda)
• Golosinas . . . . .No consumirlas
• Pan: de molde, integral, salvado . . . . .2 rodajas por día
(sólo en desayuno y merienda)

Frutas frescas

• Limón, naranja, mandarina, pomelo, ...2 unidades diarias
melocotón, piña, ciruela, albaricoque,
fresa, melón, manzana, pera, sandía

• Plátano, higo, uva . . . . .No consumirlas

Huevos, lácteos y derivados

• Huevo: sólo la clara . . . . .I cada 7 días
• Leche descremada . . . . .I taza por día
• Mantequilla, mantequilla vegetal . . . . .No consumirlas
• Quesos untables descremados . . . . .2 cucharadas soperas por día
• Yogur descremado . . . . .I vaso por día

Verduras

• Acelga, pimientos, apio, berenjena, berro, ...Por día a voluntad
brócoli, cardo, coliflor, espárragos, espinaca,
lechuga, col, tomate, zucchini
• Alcachofa, arvejas, cebolla, judías verdes, ...Por día, un plato de postre
nabo, palmitos, ajo porro,
remolacha, zanahoria, calabaza
• Boniato, maíz, aguacate, patata . . . . .No consumirlas

DIETA DE LOS ALIMENTOS COMBINABLES

INTENSIDAD MEDIA	NO ES VEGETARIANA	CONTIENE RECETAS	DURACIÓN
			**5 días**

■ Desayuno

Fruta *(elegir 1 pieza por día —excepto fresa, de la que se elegirán 3 piezas—, entre las que se detallan a continuación)*
- Fresa
- Manzana
- Melón
- Naranja
- Pera
- Sandía

Galletas *(2 unidades por día)*
- De arroz
- De soja
- De salvado

Para untar *(2 cucharaditas de c/u por día, 1 para cada galleta)*
- Queso blanco descremado
- Mermelada dietética

Infusiones *(1 taza de la que se elija)*
- Café liviano
- Té negro o verde
- Té de hierbas

• Leche descremada para acompañar la infusión

■ Media mañana

Elegir entre las siguientes opciones
- 1 flan dietético
- 1/2 fruta con gelatina dietética
- 1 vaso de yogur descremado

■ Almuerzo

Elegir entre las siguientes opciones
- Ensalada de pollo sin piel, palmitos, manzanas y naranjas
- Ensalada de queso blanco descremado con 1 filete de lenguado o salmón (de 90 g / 3 oz), lechuga, zanahoria y naranja
- Ensalada de verduras de estación con un filete pequeño de carne de res desgrasada (50 g / 2 oz)
- Ensalada de atún al natural o pollo sin piel (de 90 g / 3 oz), acompañada de lechuga, pepino, col y/o apio

Postres *(Elegir una por día entre las siguientes opciones)*
- 1 melocotón
- 1 porción de ensalada de frutsa
- 1 manzana asada con edulcorante
- 1 taza de compota de fruta con edulcorante
- 1 fruta de estación

■ Media tarde

Elegir una por día entre las siguientes opciones
- 1 melocotón y 1 tajada de queso descremado
- 1 porción de ensalada de frutas
- 1 vaso de yogur descremado

■ Merienda

Elegir una por día entre las siguientes opciones
- 2 rebanadas de pan integral untadas con queso blanco descremado y 1 vaso de yogur descremado
- 2 galletas de salvado untadas con queso blanco y 1 fruta de la estación

■ Cena

Elegir una por día entre las siguientes opciones
- 1 porción de panaché de verduras cocidas a elección (excepto patata y boniato)
- 1 porción de **"Calabaza rellena"** ✪
- 1 porción de espinacas gratinadas con mozzarella
- 1 porción de carne roja magra, pollo sin piel o pescado con ensalada a elección

Postre
- 1 fruta de estación

Bebidas
- Agua
- Agua con limón y edulcorante
- Té
- Café descafeinado (no todos los días)

RECETA INCLUIDA EN LA DIETA

CALABAZA RELLENA

¿QUÉ SE NECESITA?

- 1 CALABAZA PEQUEÑA
- 1 CEBOLLA
- 1/2 TAZA DE ARROZ COCIDO
- 1 ZANAHORIA
- 2 TAJADAS DE MOZZARELLA DESCREMADA
- ACEITE
- SAL
- PIMIENTA

¿CÓMO SE PREPARA?

■ Limpiar bien la calabaza y cortarla por la mitad, a lo largo.

■ Retirarle las semillas y colocar las mitades en una fuente, con un dedo de agua.

■ Cocinar las mitades de calabaza en el horno fuerte hasta que su carne esté tierna, aunque no demasiado.

■ Para preparar el relleno, rallar la zanahoria con la parte gruesa del rallador y cortar la cebolla en juliana fina.

■ Rehogar ambas verduras en una sartén con un poco de aceite. Salpimentar y mezclar con el arroz cocido.

■ Rellenar las mitades de calabaza con esta mezcla y colocar una tajada de mozzarella sobre cada una.

■ Hornear hasta que el queso se funda.

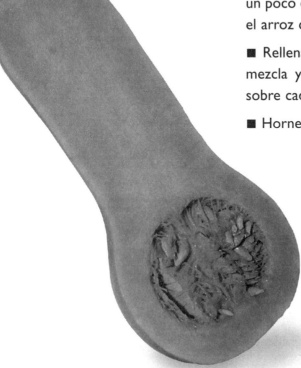

DIETA TOP DEL VERANO

INTENSIDAD MEDIA	NO ES VEGETARIANA	NO CONTIENE RECETAS	DURACIÓN
- +			**10 días**

■ Desayuno

• 1 taza de té o café con leche descremada
• 1 rebanada de pan de salvado untada con queso blanco descremado

■ Media mañana

• 1 manzana verde

■ Almuerzo

• Caldo desgrasado (a voluntad) o 1 taza de sopa de verduras
• 1 hamburguesa o 1 pata o muslo de pollo o 1/4 de pechuga o 2 salchichas de Viena o 100 g de jamón cocido
• 1 plato de ensalada mixta o 1 plato de ensalada de lechuga o 1 taza de zanahorias crudas ralladas más 1 tomate

• 1 fruta o 1 vaso de yogur descremado

■ Media tarde

• 1 tajada de jamón cocido o 1 tajada de mozzarella o 1 taza de zanahorias ralladas o 1 vaso de yogur descremado (si no fue ingerido en el almuerzo)

■ Merienda

• 1 taza de té o café con leche descremada
• 1 rebanada de pan de salvado untada con queso blanco descremado

■ Cena

• Caldo desgrasado a voluntad o 1/4 de pollo sin piel o 150 g / 5 oz de hígado y 1 porción de verduras cocidas al vapor
• 1 fruta

PAUTAS PARA ESTA DIETA

■ Puede comer una o dos veces por semana un huevo entero y dos o tres veces una patata pequeña o un boniato.
■ No consumir más de 90 g / 3 oz de queso por día.
■ Puede reemplazar el queso por 30 g / 1 oz de carne más que la indicada.
■ No consumir más de dos cucharaditas de té de aceite por comida.

DIETA DE LOS 2 DÍAS

INTENSIDAD ALTA	NO ES VEGETARIANA	NO CONTIENE RECETAS	DURACIÓN
			2 días

DÍAS 1 Y 2

■ Desayuno

- 1 naranja
- 1 taza de té
- 2 galletas integrales untadas con mermelada dietética

■ Almuerzo

- 1/2 pechuga de pollo sin piel, grillada
- 1 plato de ensalada de tomate, lechuga y zanahoria
- 1 manzana

■ Merienda

- 1 vaso de yogur descremado
- 1 tostada de pan integral untada con mermelada dietética

■ Cena

- 1 plato de sopa de verduras
- 1 plato de ensalada de arroz integral, apio y queso descremado
- 1 huevo duro
- 1 pera

DIETA PARA UNA SILUETA "10"

INTENSIDAD BAJA	NO ES VEGETARIANA	CONTIENE RECETAS	DURACIÓN
- +			**7** **días**

DÍA 1

■ Desayuno

• 1 rodaja de pan de salvado o 3 galletas sin sal, untadas con queso blanco descremado y mermelada dietética
• 1 taza de té o café

■ Media mañana

• 1 panecillo negro
• 1 fruta de estación
• 1 vaso de yogur descremado

■ Almuerzo

• 1/4 de pollo sin piel, al vapor
• 1 plato de berenjenas o zucchini cocidos con **"Salsa de tomates al natural"** ✪

■ Merienda

• 1 rodaja de pan de salvado o 3 galletas sin sal, untadas con queso blanco descremado y mermelada dietética
• 1 taza de té o café

■ Media tarde

• 1 panecillo negro o 1 fruta de estación o 1 vaso de yogur descremado

■ Cena

• 1/2 taza de arroz integral con 1 cucharada de queso untable descremado o 1 trocito de mantequilla vegetal bajas calorías
• 1 porción de remolachas, zanahorias o judías verdes cocidas al vapor

DÍA 2

■ Desayuno

• 1 rodaja de pan de salvado o 3 galletas sin sal, untadas con queso blanco descremado y mermelada dietética
• 1 taza de té o café

■ Media mañana

• 1 panecillo negro
• 1 fruta de estación
• 1 vaso de yogur descremado

■ Almuerzo

• 1 plato de ensalada de tomate, cebolla y zanahoria
• 1 porción de vegetales al vapor
• 1 porción de carne vacuna (no más de 250 g / 9 oz) magra, grillada

■ Merienda

• 1 rodaja de pan de salvado o 3 galletas sin sal, untadas con queso blanco descremado y mermelada dietética
• 1 taza de té o café

■ Media tarde

• 1 panecillo negro o 1 fruta de estación o 1 vaso de yogur descremado

■ Cena

• 1 plato grande de puré de verduras (a elección) y calabaza, con 1 cucharada de queso blanco descremado

DÍA 3

■ Desayuno

• 1 rodaja de pan de salvado o 3 galletas sin sal, untadas con queso blanco descremado y mermelada dietética
• 1 taza de té o café

■ Media mañana

• 1 panecillo negro
• 1 fruta de estación
• 1 vaso de yogur descremado

■ Almuerzo

• 1 porción de vegetales verdes a elección
• 1 filete de pescado a elección, grillado
• 1 plato de ensalada de brócoli y tomate

■ Merienda

• 1 rodaja de pan de salvado o 3 galletas sin sal, untadas con queso blanco descremado y mermelada dietética
• 1 taza de té o café

■ Media tarde

• 1 panecillo negro o 1 fruta
de estación o 1 vaso de yogur
descremado

■ Cena

• 1 plato grande de lentejas
• 1 plato de ensalada de tomates con
cebolla y albahaca fresca
• 1 huevo duro

DÍA 4

■ Desayuno

• 1 rodaja de pan de salvado o 3
galletas sin sal, untadas con queso
blanco descremado y mermelada
dietética
• 1 taza de té o café

■ Media mañana

• 1 panecillo negro
• 1 fruta de estación
• 1 vaso de yogur descremado

■ Almuerzo

• 1 plato de sopa de verduras con
arroz
• 1 bistec de lomo de ternera magra,
grillado
• 1 plato de ensalada de zanahoria
rallada y huevo duro

■ Media tarde

• 1 panecillo negro o 1 fruta de
estación o 1 vaso de yogur descremado

■ Merienda

• 1 rodaja de pan de salvado o 3
galletas sin sal, untadas con queso
blanco descremado y mermelada
dietética
• 1 taza de té o café

■ Cena

• 1 tazón de caldo de verduras
• 1 plato de spaghetti con puré de
tomate y queso blanco descremado

DÍA 5

■ Desayuno

• 1 rodaja de pan de salvado o 3
galletas sin sal, untadas con queso
blanco descremado y mermelada
dietética
• 1 taza de té o café

■ Media mañana

• 1 panecillo negro
• 1 fruta de estación
• 1 vaso de yogur descremado

■ Almuerzo

- 1/2 pechuga de pollo sin piel, grillada
- 1 plato de ensalada de hojas verdes

■ Merienda

- 1 rodaja de pan de salvado o 3 galletas sin sal, untadas con queso blanco descremado y mermelada dietética
- 1 taza de té o café

■ Media tarde

- 1 panecillo negro o 1 fruta de estación o 1 vaso de yogur descremado

■ Cena

- 1 filete de pescado a elección, grillado
- 1 plato de panaché de verduras

DÍA 6

■ Desayuno

- 1 rodaja de pan de salvado o 3 galletas sin sal, untadas con queso blanco descremado y mermelada dietética
- 1 taza de té o café

■ Media mañana

- 1 panecillo negro
- 1 fruta de estación
- 1 vaso de yogur descremado

■ Almuerzo

- 1 plato de ensalada de tomate, cebolla y zanahoria
- 1 plato de vegetales verdes al vapor
- 1 porción de carne vacuna (no más de 250 gramos / 9 oz) magra, grillada

■ Media tarde

- 1 panecillo negro o 1 fruta de estación o 1 vaso de yogur descremado

■ Merienda

- 1 rodaja de pan de salvado o 3 galletas sin sal, untadas con queso blanco descremado y mermelada dietética
- 1 taza de té o café

■ Cena

- 1 plato de ensalada de arroz blanco, arvejas, pollo y mayonesa light

DÍA 7

■ Desayuno

• 1 rodaja de pan de salvado o 3 galletas sin sal, untadas con queso blanco descremado y mermelada dietética
• 1 taza de té o café

■ Media mañana

• 1 panecillo negro
• 1 fruta de estación
• 1 vaso de yogur descremado

■ Almuerzo

• 1 tazón de caldo de verduras
• 1/2 pechuga de pollo sin piel, al horno
• 1 patata y 1 boniato pequeños, al horno

■ Media tarde

• 1 panecillo negro o 1 fruta de estación o 1 vaso de yogur descremado

■ Merienda

• 1 rodaja de pan de salvado o 3 galletas sin sal, untadas con queso blanco descremado y mermelada dietética
• 1 taza de té o café

■ Cena

• 1 plato grande de lentejas
• 1 plato de ensalada de tomates con cebolla y albahaca
• 1 huevo duro

RECETA INCLUIDA EN LA DIETA

SALSA DE TOMATES AL NATURAL

¿QUÉ SE NECESITA?

- 2 TOMATES MADUROS
- 1 CEBOLLA PEQUEÑA
- 1 CUCHARADITA DE ACEITE DE OLIVA
- HIERBAS AROMÁTICAS

¿CÓMO SE PREPARA?

■ Triturar los tomates y picar la cebolla finamente.

■ Colocar tanto los tomates como la cebolla en una sartén con un pocillo de agua.

■ Llevar a fuego suave y dejar concentrar los ingredientes.

■ Retirar e incorporar hierbas aromáticas a gusto, junto con una cucharadita de aceite de oliva.

DIETA DE LA HAMBURGUESA CASERA

INTENSIDAD BAJA	NO ES VEGETARIANA	CONTIENE RECETAS	DURACIÓN
 - +			**7** días

DÍA 1

■ Desayuno

- 1 vaso de leche descremada
- 1 manzana

■ Media mañana

- 2 pepinos agridulces

■ Almuerzo

- 1 hamburguesa casera de carne de ternera
- 1 plato de puré de patata y calabaza
- 1 porción de gelatina dietética

■ Merienda

- 1 taza de té
- 2 galletas de salvado untadas con miel

■ Cena

- 1 plato de acelga hervida, salteada con cebolla y 20 g / 0,7 oz de nueces
- 1 plato de sopa de arroz con cubitos de mozzarella
- 1 fruta a elección

DÍA 2

■ Desayuno

- 1 taza de café con leche descremada
- 1 sandwich de pan integral tostado hecho con queso descremado y tomate

■ Media mañana

- 1 fruta cítrica (naranja, pomelo, mandarina)

■ Almuerzo

- 1 plato de **"Ensalada Arco Iris"** ✪
- 1 flan dietético

Merienda

- 1 taza de té de hierbas
- 1 porción de tarta dulce light (de manzana o pera)

Cena

- 1 hamburguesa casera de carne de pollo
- 1 plato de revuelto de zucchini hecho con 1 huevo
- 1 porción de ensalada de frutas

Merienda

- 1 taza de té con leche descremada
- 2 rebanadas de pan integral untadas con mermelada dietética

Cena

- 1 taza de caldo dietético
- 1 omelette de mozzarella con arvejas
- 1 plato de ensalada de berro y tomate
- 1/4 de melón pequeño

DÍA 3

Desayuno

- 1 tazón de leche descremada con avena y fresas

Media mañana

- 1 vaso de zumo de limón, agua y edulcorante
- 1 fruta a elección

Almuerzo

- 2 hamburguesas caseras de pescado
- 1 porción de arroz con mayonesa light
- 1 manzana asada

DÍA 4

Desayuno

- 1 naranja
- 1 galleta de arroz untada con miel

Media mañana

- 1 vaso de yogur descremado frutado

Almuerzo

- 1 **"Pechuga de pollo a la oriental"** ✪
- 2 frutas a elección

Merienda

- 1 vaso de licuado de manzana con agua o leche descremada
- 1 huevo duro

■ Cena

• I rebanada de melón con I tajada de jamón cocido
• 2 hamburguesas caseras de carne de ternera
• I zanahoria
• I porción de gelatina dietética

DÍA 5

■ Desayuno

• I tazón de cereales con I manzana rallada y I cucharadita de miel

■ Media mañana

• I huevo duro
• I tomate

■ Almuerzo

• 2 **"Hamburguesas de soja"** ✪
• I plato pequeño de spaghetti con puré de tomates
• I fruta a elección

■ Merienda

• I vaso de leche descremada
• 2 galletas de soja untadas con queso blanco descremado

■ Cena

• I taza de caldo de verduras
• I plato de panaché de verduras
• I porción de ensalada de frutas

DÍA 6

■ Desayuno

• I vaso de yogur descremado
• I naranja

■ Media mañana

• 2 pepinos agridulces
• 2 galletas de soja

■ Almuerzo

• I pechuga de pollo sin piel, grillada, rociada con zumo de limón
• I plato de ensalada de tomate, lechuga y cebolla
• I tazón de fresas con edulcorante

■ Merienda

• I taza de café con leche
• I rebanada de pan de molde integral, tostada y untada con queso blanco descremado y I rodaja de tomate

■ Cena

• 2 hamburguesas caseras de pescado
• 1 plato de arroz con brotes de soja
• 1 manzana asada

DÍA 7

■ Desayuno

• 1 vaso de leche descremada
• 2 rebanadas de pan integral untadas
con queso blanco descremado
y mermelada dietética

■ Media mañana

• 1 manzana

■ Almuerzo

• 1 taza de caldo de verduras
• 2 canelones de verdura con puré de
tomates
• 1 melocotón

■ Merienda

• 1 taza de café con leche descremada
• 2 tajadas de mozzarella

■ Cena

• 2 hamburguesas caseras de carne de
ternera
• 1 plato de verduras cocidas al vapor,
rociadas ligeramente con aceite (patata,
calabaza, espárragos, zanahorias, etc.)
• 1 pera

⭐ RECETAS INCLUIDAS EN LA DIETA

ENSALADA ARCO IRIS

¿QUÉ SE NECESITA?

- 1 TOMATE
- 1 RAMA DE APIO
- 1 PEPINO
- 1 NARANJA
- 1 ZANAHORIA
- 4 ó 5 CAMARONES (OPCIONAL)
- 2 CUCHARADAS DE QUESO BLANCO
- SAL
- PIMIENTA

¿CÓMO SE PREPARA?

■ Colocar en una ensaladera el tomate, cortado en daditos; el apio y el pepino, en rodajas delgadas; la naranja, en trocitos con su zumo; la zanahoria, rallada y, si se desea, los camarones.

■ Condimentar con sal, pimienta y el queso blanco.

PECHUGA DE POLLO A LA ORIENTAL

¿QUÉ SE NECESITA?

- 1 PECHUGA DE POLLO
- 1 TAZA DE CALDO DE VERDURAS
- 1 HOJA DE LAUREL
- HIERBAS AROMÁTICAS
- 1 ZANAHORIA
- 3 CUCHARADITAS DE SALSA DE SOJA
- 1/2 TAZA DE BROTES DE SOJA
- 1/2 TAZA DE BROTES DE ALFALFA

¿CÓMO SE PREPARA?

■ Quitarle la piel a la pechuga y colocarla en una olla con un fondo de cocción compuesto por una taza de caldo, una hoja de laurel y algunas hierbas aromáticas finamente picadas.

■ Cocinar de ambos lados durante unos diez minutos a fuego lento. Agregar la zanahoria cortada en tiras y tres cucharaditas de salsa de soja.

■ Una vez que la zanahoria esté tierna, agregar los brotes de soja y de alfalfa.

■ Servir la pechuga y los vegetales salseados con el fondo de cocción.

HAMBURGUESAS DE SOJA

¿QUÉ SE NECESITA?

- 2 TAZAS DE POROTOS DE SOJA
- 1 CUCHARADITA DE PEREJIL PICADO
- 1 DIENTE DE AJO PICADO
- SAL MARINA
- ACEITE

¿CÓMO SE PREPARA?

■ Hervir en una olla con abundante agua los porotos de soja y cocinarlos hasta que se encuentren blandos.

■ Retirarlos del fuego, colarlos y hacer un puré.

■ Incorporar el perejil picado, el ajo picado y condimentar con sal marina a gusto.

■ Mezclar todos los ingredientes hasta formar una pasta homogénea.

■ Tomar porciones de la pasta y darles forma de hamburguesa.

■ Cocinarlas en una placa para horno ligeramente aceitada.

DIETA RELÁMPAGO DEL HELADO

INTENSIDAD ALTA	ES VEGETARIANA	NO CONTIENE RECETAS	DURACIÓN
			3 días

CADA DÍA

A lo largo del día, se consumirá 1 kg / 2,2 lb de helado de sabores a elección dividido en: 1 porción grande, 2 medianas y 1 pequeña

■ **Desayuno**

• 1 taza de té o café

■ **Almuerzo**

• 1 porción mediana de helado

■ **Merienda**

• 1 porción mediana de helado

■ **Cena**

• 1 porción grande de helado

■ **Antes de acostarse**

• 1 porción pequeña de helado

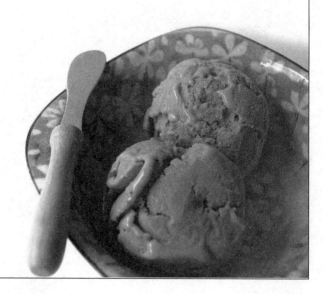

DIETA DEL YOGUR

INTENSIDAD MEDIA	NO ES VEGETARIANA	NO CONTIENE RECETAS	DURACIÓN
			**3** **días**

DÍA 1

■ Desayuno

• 1 vaso de yogur descremado con 1 manzana y 1 mandarina en trocitos, mezclado con 2 cucharadas de copos de cereales sin azucarar, 1 cucharadita de salvado de trigo, 1 chorrito de leche descremada, zumo de limón y edulcorante

■ Media mañana

• 1 vaso de yogur descremado con 1 cucharadita de salvado de trigo, 1 cucharada de zumo de limón y 2 cucharadas de zumo de naranja

■ Almuerzo

• 1 plato de ensalada de patatas hervidas aderezadas con queso blanco, leche descremada, cebolla picada, sal y pimienta

■ Merienda

• 1 vaso de yogur descremado natural con 8 cucharadas de leche descremada, un poco de perejil, cebolla muy picada, sal y pimienta recién molida

■ Cena

• 1 plato de panaché de verduras

DÍA 2

■ Desayuno

• 100 g / 3,5 oz de yogur descremado mezclado con 1 mandarina en trocitos, 1 cucharada de almendras picadas, 100 g / 3,5 oz de queso blanco descremado y 1 cucharadita de salvado endulzado con edulcorante

■ Media mañana

• 100 g / 3,5 oz de yogur descremado batido con el zumo de 1/2 pomelo y el agregado de 1 cucharadita de salvado de trigo y edulcorante

■ Almuerzo

• I vaso de yogur descremado natural mezclado con I plato de acelga y puré de calabaza y aderezado con ajo en polvo, I cucharada de zumo de limón, sal y pimienta
• I rebanada de pan integral

■ Merienda

• I vaso de yogur natural mezclado con 1/2 vaso de zumo de tomate, sal y pimienta

■ Cena

• I sandwich de pan integral de centeno con una tajada de jamón cocido o pollo cocido y rodajas de pepino agridulce
• I plato de ensalada de tomate y cebolla aderezada con perejil, zumo de limón, sal y pimienta
• I vaso de leche descremada

DÍA 3

■ Desayuno

• I vaso de yogur descremado mezclado con el zumo de 1/2 pomelo y edulcorante

• I rebanada de pan integral con un trozo de mozzarella y rodajas de tomate

■ Media mañana

• I taza de leche descremada con I cucharadita de zumo de limón y pimienta

■ Almuerzo

• I vaso de yogur descremado mezclado con I plátano cortado en rodajitas, 2 cucharaditas de salvado de trigo, 5 cucharadas de cereal sin azucarar en copos y edulcorante

■ Merienda

• I vaso de yogur descremado batido con I zanahoria picada, I cucharadita de zumo de limón, pimienta y un poco de sal

■ Cena

• I plato de verduras (a elección) salteadas con arroz integral cocido
• 1/2 vaso de yogur descremado mezclado con 1/2 vaso de leche descremada

DIETA DE LA SOJA

INTENSIDAD BAJA	NO ES VEGETARIANA	CONTIENE RECETAS	DURACIÓN
- +			**7** días

DÍA 1

■ Desayuno

• 1 taza de café solo o con leche descremada
• 2 rodajas de pan integral tostado, untadas con queso blanco descremado

■ Media mañana

• 1 pomelo o naranja

■ Almuerzo

• 2 **"Milanesas de soja"** ✪
• 1 plato ensalada de patata, tomate y berro
• 1 porción de gelatina dietética

■ Merienda

• 2 tostadas de pan de soja, untadas con mermelada dietética

■ Cena

• 1/2 pechuga de pollo sin piel, grillada
• 1 plato de ensalada de zanahorias cocidas, calabaza y espinaca
• 1 fruta a elección

DÍA 2

■ Desayuno

• 1 vaso de yogur descremado con cereales

■ Media mañana

• 1 porción de ensalada de frutas

■ Almuerzo

• 1 plato de arroz integral con brotes de soja
• 1 plato de panaché de verduras
• 1 manzana asada

Merienda

- 1 taza de café o té
- 2 tostadas de pan integral untadas con queso blanco descremado

Cena

- 1 filete de salmón blanco, grillado
- 1 plato de puré de calabaza
- 1 porción de ensalada de frutas

Merienda

- 1 vaso de licuado de melocotón con agua

Cena

- 1 plato de ravioles de verdura con puré de tomates
- 1 porción de ensalada de frutas con 2 cucharadas de yogur descremado

DÍA 3

Desayuno

- 1 vaso de zumo de naranja
- 1 taza de té
- 2 galletas de agua untadas con mermelada dietética

Media mañana

- 1 taza de té o café
- 1 pera

Almuerzo

- 1 tazón de caldo de verduras casero
- 2 **"Hamburguesas de soja"** ✪
- 1 plato de ensalada de tomate, zanahoria y mozzarella

DÍA 4

Desayuno

- 1 taza de leche descremada
- 1 sandwich de pan integral o de soja con queso, tomate y lechuga

Media mañana

- 1 vaso de yogur descremado

Almuerzo

- 2 porciones de **"Pizza naturista"** ✪
- 1 huevo duro
- 1 pera

Merienda

- 1 taza de té o café
- 2 galletas de arroz untadas con mermelada dietética

■ Cena

- 1 tazón de sopa de arroz integral
- 1 plato de **"Ensalada primaveral"**
- 1 naranja o pomelo

■ Cena

- 1/2 pechuga de pollo sin piel, grillada
- 1 plato de ensalada de arroz integral con arvejas y queso descremado
- 1 manzana asada

DÍA 5

■ Desayuno

- 1 taza de café o té
- 1 flan dietético

■ Media mañana

- 1 vaso de licuado de piña y pera con agua
- 1 galleta de arroz untada con queso blanco descremado

■ Almuerzo

- 1 tazón de **"Sopa de ajo porro y zanahoria"**
- 2 **"Hamburguesas de soja"**
- 1 plato de ensalada de pepino y remolacha

■ Merienda

- 1 taza de té
- 1 porción de tarta dietética de manzana

DÍA 6

■ Desayuno

- 1 vaso de yogur descremado

■ Media mañana

- 1 taza de café o té
- 1 sandwich de pan integral o de soja con mozzarella y jamón

■ Almuerzo

- 2 **"Milanesas de soja"**
- 1 plato de ensalada de patata, zanahoria y acelga
- 1 porción de ensalada de frutas

■ Merienda

- 1 racimo pequeño de uvas

■ Cena

- 1 plato de **"Ensalada veraniega"**
- 1 vaso de yogur descremado con cereales

DÍA 7

■ Desayuno

• I vaso de licuado de melocotón con leche descremada
• 2 galletas de agua untadas con queso blanco descremado

■ Media mañana

• I taza de té o café

■ Almuerzo

• I porción de revuelto de zucchini y arvejas hecho con I huevo
• I tazón de arroz integral con brotes de soja
• I naranja o I kiwi

■ Merienda

• I porción de ensalada de frutas con yogur descremado

■ Cena

• 2 canelones de verdura con puré de tomates
• I tajada de mozzarella con miel

RECETAS INCLUIDAS EN LA DIETA

MILANESAS DE SOJA

¿QUÉ SE NECESITA?

- 2 TAZAS DE POROTOS DE SOJA
- 1/2 TAZA DE HARINA DE SOJA
- 1 CUCHARADITA DE PEREJIL PICADO
- 1 DIENTE DE AJO PICADO
- SAL MARINA
- ACEITE

¿CÓMO SE PREPARA?

■ Hervir en una olla con abundante agua los porotos de soja y cocinarlos hasta que se encuentren blandos.

■ Retirarlos del fuego, colarlos y hacer un puré.

■ Incorporar el perejil picado, el ajo picado y condimentar con sal marina a gusto.

■ Mezclar todos los ingredientes hasta formar una pasta homogénea.

■ Tomar porciones de la pasta y darles forma de hamburguesa. Pasarlas por la harina de soja.

■ Colocar las milanesas en una placa para horno apenas aceitada y cocinar hasta que estén doradas.

HAMBURGUESAS DE SOJA

¿QUÉ SE NECESITA?

- 2 TAZAS DE POROTOS DE SOJA
- 1 CUCHARADITA DE PEREJIL PICADO
- 1 DIENTE DE AJO PICADO
- SAL MARINA
- ACEITE

¿CÓMO SE PREPARA?

■ La hamburguesa de soja se prepara exactamente igual que la milanesa de soja (ver receta anterior) pero excluyendo el paso de empanar con harina de soja.

¿QUÉ SE NECESITA?

- 1 FILETE DE PESCADO A ELECCIÓN
- 2 CUCHARADAS DE ZUMO DE LIMÓN
- 1/2 MANZANA
- 1/2 CEBOLLA
- 2 CUCHARADAS DE ZUMO DE TOMATE
- ORÉGANO
- 1 CUCHARADA DE MAYONESA LIGHT
- SAL MARINA

¿CÓMO SE PREPARA?

■ Hervir el pescado, dejar que se enfríe y cortarlo en trozos.

■ Rallar la media manzana y picar finamente la media cebolla.

■ Mezclar cuidadosamente estos tres ingredientes en un bowl e incorporar el zumo de tomate, el de limón, la mayonesa, orégano a gusto y sal marina.

■ Mezclar suavemente y servir.

¿QUÉ SE NECESITA?

- 1 BOLLO DE MASA DE SOJA*
- 1 TOMATE
- 1 CEBOLLA
- 1 PIMIENTO VERDE
- 50 G DE ACEITUNAS VERDES
- ACEITE

*VER RECETA DE LA MASA DE SOJA A CONTINUACIÓN DE ÉSTA.

¿CÓMO SE PREPARA?

■ Estirar la masa de soja en una pizzera aceitada.

■ Llevar a horno de temperatura media durante diez minutos y retirar.

■ Cortar el pimiento verde en tiritas, el tomate en rodajas finas y la cebolla en aros.

■ Descarozar las aceitunas verdes y cortarlas en rodajitas.

■ Colocar la cebolla, el pimiento, el tomate y las aceitunas sobre la masa precocida.

■ Llevar a horno fuerte durante diez minutos o hasta que los bordes de la masa estén dorados.

¿QUÉ SE NECESITA?

- 100 G / 3,5 OZ DE HARINA DE SOJA
- 100 G / 3,5 OZ DE SALVADO
- 10 G / 0,3 OZ DE LEVADURA DE CERVEZA
- 1 POCILLO DE AGUA TIBIA
- 1 PIZCA DE SAL

¿CÓMO SE PREPARA?

■ Diluir la levadura de cerveza en un el pocillo de agua tibia.

■ Colocar la harina de soja junto con el salvado y la sal en un bowl. Mezclar todos los ingredientes.

■ Hacer un hoyo en el centro y verter la levadura de cerveza.

■ Con la ayuda de una cuchara de madera, incorporar la mezcla de harina de soja y salvado a la levadura en forma paulatina para evitar grumos.

■ Tomar la masa recién hecha y amasarla con las manos durante tres minutos.

■ Colocar la masa sobre un polietileno enharinado y amasarla durante unos minutos más hasta que adquiera consistencia.

■ Dejar levar la masa durante unos minutos en un lugar cálido, recubierta con un paño.

SOPA DE AJO PORRO Y ZANAHORIA

¿QUÉ SE NECESITA?

- 3 AJOS PORROS
- 2 ZANAHORIAS
- 1/2 LITRO DE CALDO DIETÉTICO
- ACEITE
- 1 RAMITO DE PEREJIL
- 1 DIENTE DE AJO

¿CÓMO SE PREPARA?

■ Rallar las zanahorias y cortar los ajos porros en rodajas.

■ Colocar un chorrito de aceite con un poco de agua en una olla pequeña y disponer allí el ajo porro y la zanahoria.

■ Cocinar unos momentos hasta que los ajos porros comiencen a dorarse, removiendo siempre con cuchara de madera para que la preparación no se pegue a la olla.

■ Añadir el caldo, poco a poco, revolviendo continuamente la preparación. Dejar hervir unos minutos.

■ Al apagar el fuego, incorporar el ajo y el perejil, previamente picados.

ENSALADA VERANIEGA

¿QUÉ SE NECESITA?

- 1/2 PECHUGA DE POLLO
- ACEITE
- 1 TOMATE
- 1 PATATA PEQUEÑA
- 1/2 TAZA DE ARVEJAS
- 1 CUCHARADA DE APIO PICADO
- 2 CUCHARADAS DE MAYONESA LIGHT
- ORÉGANO
- SAL MARINA

¿CÓMO SE PREPARA?

■ Cocinar al vapor o a la parrilla la pechuga, sin piel. Dejarla enfriar y cortarla en cubos.

■ Hervir la patata y luego, cuando se enfríe, cortarla también en cubos.

■ Cortar el tomate en rodajas.

■ Disponer todos estos ingredientes en un bowl y agregar las arvejas y el apio picados.

■ Condimentar con la mayonesa, orégano a gusto y sal marina.

DIETA ANARANJADA, PARA ADELGAZAR Y BRONCEARSE

INTENSIDAD MEDIA	NO ES VEGETARIANA	CONTIENE RECETAS	DURACIÓN
			**4** días

DÍA 1

■ Desayuno

• 1 vaso de yogur descremado con cereales sin azúcar

■ Media mañana

• 1 huevo duro
• 1 zanahoria rallada

■ Almuerzo

• 1 "Milanesa napolitana" ✪
• 1 plato de ensalada de tomate y lechuga

■ Merienda

• 1 taza de café con leche descremada
• 2 rebanadas de pan integral untadas con queso blanco descremado

■ Cena

• 1 pechuga de pollo sin piel, grillada y rociada con zumo de limón
• 1 plato de puré de calabaza
• 1 fruta de estación

DÍA 2

■ Desayuno

• 1 taza de zanahoria rallada y manzana rallada

■ Media mañana

• 2 galletas de soja untadas con queso blanco descremado

■ Almuerzo

• 1 tajada de jamón cocido y 1 tajada de mozzarella
• 1 plato de panaché de verduras
• 1 porción de gelatina dietética

• I taza de té
• I porción de tarta dietética
de manzana o piña

■ **Cena**

• I bistec de carne de ternera magra
• I taza de judías verdes
• I manzana asada con queso blanco
descremado

DÍA 3

■ **Desayuno**

• I vaso de yogur descremado
• I zanahoria rallada

■ **Media mañana**

• I pomelo cortado en trozos con
edulcorante

■ **Almuerzo**

• 4 rodajas de calabaza al vapor
• I plato de ensalada de apio
• I flan dietético

■ **Merienda**

• I vaso de licuado de melocotón
con agua o leche descremada
• 2 galletas de arroz untadas con miel

■ **Cena**

• I filete de lenguado o salmón rociado
con zumo de limón
• I plato de **"Ensalada
anaranjada"** ✪
• I bowl de fresas

DÍA 4

■ **Desayuno**

• I vaso de yogur descremado
• I tazón de leche descremada
con cereales sin azucarar

■ **Media mañana**

• I manzana

■ **Almuerzo**

• I taza de caldo dietético
• I **"Milanesa de calabaza"** ✪
• I plato de arroz blanco
• I porción de ensalada de frutas

■ **Merienda**

• I taza de té
• I sandwich de mozzarella y tomate

■ **Cena**

• I porción de **"Spaghetti con salsa
vegetal"** ✪
• 2 kiwis

RECETAS INCLUIDAS EN LA DIETA

MILANESA NAPOLITANA

¿QUÉ SE NECESITA?

- 1 BISTEC DELGADO DE NALGA DE TERNERA
- 1 HUEVO
- 1 TAZA DE PAN MOLIDO O REBOZADOR
- 1 CUCHARADITA DE PEREJIL PICADO
- SAL MARINA
- 1/2 TOMATE
- 1 TAJADA DE MOZZARELLA

¿CÓMO SE PREPARA?

■ Quitarle toda la grasa al bistec.

■ Batir el huevo ligeramente y condimentarlo con el perejil y sal marina a gusto.

■ Sumergir el bistec en el huevo batido, retirarlo y empanarlo con el pan molido.

■ Cortar en rodajas el tomate.

■ Colocar el bistec empanado en una placa para horno ligeramente aceitada y, sobre él, distribuir las rodajas de tomate y la tajada de mozzarella.

■ Cocinar en el horno hasta que el queso se haya fundido.

ENSALADA ANARANJADA

¿QUÉ SE NECESITA?

- 1 ZANAHORIA
- 1 TOMATE
- 1 RODAJA DE CALABAZA
- 1 HUEVO DURO
- ZUMO DE LIMÓN
- SAL
- PIMIENTA
- ACEITE DE OLIVA

¿CÓMO SE PREPARA?

■ Cocinar al vapor la zanahoria, cortada en rodajas, junto con la rodaja de calabaza.

■ Cuando se enfríen, cortar la calabaza en cubos y colocarlos en un bowl junto con las rodajas de zanahoria.

■ Cortar en rodajas el tomate y el huevo duro e incorporarlos al bowl.

■ Condimentar con zumo de limón, sal, pimienta y aceite de oliva.

MILANESAS DE CALABAZA

¿QUÉ SE NECESITA?

- 2 RODAJAS DE CALABAZA DE 1,5 CM DE ESPESOR
- 1 HUEVO
- 1 TAZA DE PAN MOLIDO (O SALVADO)
- 2 TAJADAS DE MOZZARELLA
- SAL
- PIMIENTA

¿CÓMO SE PREPARA?

■ Quitarles la cáscara a las rodajas de calabaza.

■ Batir ligeramente el huevo y salpimentarlo.

■ Sumergir las rodajas en el huevo y empanarlas luego con el pan molido.

■ Disponerlas en una placa para horno ligeramente aceitada.

■ Cocinarlas unos cinco minutos. Retirar del horno, distribuir sobre cada una una tajada de mozzarella y cocinar nuevamente hasta que el queso se haya fundido.

SPAGHETTI CON SALSA VEGETAL

¿QUÉ SE NECESITA?

- 1 TAZÓN DE SPAGHETTI COCIDOS
- 1 CUCHARADA DE ACEITE DE OLIVA
- 1 RODAJA DE CALABAZA
- 1 ZANAHORIA
- 6 CUCHARADAS DE PURÉ DE TOMATE

¿CÓMO SE PREPARA?

■ Rallar la rodaja de calabaza y la zanahoria.

■ Calentar el aceite en una sartén antiadherente y cocinar allí la zanahoria y la calabaza hasta que estén tiernas.

■ Incorporar el puré de tomate, mezclar y, de ser necesario, incorporar un chorrito de agua.

■ Salpimentar, revolver y servir sobre los spaghetti.

DIETA DEL CALDO

INTENSIDAD MEDIA	NO ES VEGETARIANA	NO CONTIENE RECETAS	DURACIÓN
			**7** **días**

DÍA 1

■ Desayuno

• 1 taza de té
• 1 tostada (o dos galletas) untadas con queso blanco descremado

■ Media mañana

• 1 tomate

■ Almuerzo

• 1 taza de caldo dietético
• 1 porción de ensalada de ave, hecha con pollo sin piel, lechuga, zanahoria y mayonesa light aligerada con queso blanco descremado
• 1 flan dietético o 1 porción de gelatina dietética

■ Media tarde

• 1 rodaja de mozzarella

■ Merienda

• 1 taza de té con leche descremada
• 1 rebanada de pan o 2 galletas untadas con mermelada dietética

■ Cena

• 1 taza de caldo dietético con algunos trocitos de mozzarella
• 1 filete de pescado
• 1 plato de puré de calabaza
• 1 manzana o 1 naranja

DÍA 2	DÍA 3
■ **Desayuno**	■ **Desayuno**
• I taza de café con leche descremada • I taza de cereales sin azucarar con 2 cucharaditas de miel	• I vaso de zumo de naranja • 3 galletas de soja untadas con queso blanco descremado
■ **Media mañana**	■ **Media mañana**
• I manzana	• I vaso de yogur descremado
■ **Almuerzo**	■ **Almuerzo**
• I taza de caldo dietético • I plato de spaghetti con puré de tomate • I porción de ensalada de frutas	• I taza de caldo dietético con cubitos de mozzarella • I/2 calabaza al horno rellena con arroz y cebolla • I manzana asada con queso blanco descremado
■ **Media tarde**	
• I fruta de estación	■ **Media tarde**
■ **Merienda**	• I fruta de estación
• I taza de té • I rebanada de pan con mozzarrella fundida	■ **Merienda**
	• I taza de té • I rebanada de pan integral untada con queso blanco descremado
■ **Cena**	
• I taza de caldo con trocitos de pan integral • I bistec de carne vacuna magra con acelga gratinada con mozzarella • I porción de gelatina dietética o I flan dietético	■ **Cena**
	• I porción de ravioles de verdura con aceite de oliva, ajo y perejil • I porción de ensalada de frutas

DÍA 4

■ **Desayuno**

• 1 vaso de leche descremada
• 1 racimo pequeño de uvas
• 2 galletas de soja

■ **Media mañana**

• 1 flan dietético

■ **Almuerzo**

• 2 arrolladitos hechos con jamón cocido y queso descremado
• 1 porción de pescado o pollo sin piel grillado con ensalada de tomate y albahaca o perejil
• 1/2 taza de fresas con queso blanco descremado y edulcorante

■ **Media tarde**

• 1 vaso de yogur descremado

■ **Merienda**

• 1 taza de leche descremada con dos cucharaditas de miel

■ **Cena**

• 1 plato de sopa de arroz
• 1 pechuga de pollo con espinaca, al vapor
• 1 porción de ensalada de frutas

DÍA 5

■ **Desayuno**

• 1 taza de café con leche descremada
• 2 galletas integrales con mozzarella

■ **Media mañana**

• 1 manzana

■ **Almuerzo**

• 1 plato de ensalada de patata, zanahoria y arvejas, y mayonesa light aligerada con queso blanco descremado
• 1 omelette de 1 huevo y cebolla
• 1 flan dietético

■ **Media tarde**

• 1 vaso de zumo de naranja

■ **Merienda**

• 1 vaso de leche descremada

■ **Cena**

• 1 tazón de caldo dietético
• 2 canelones de verdura con puré de tomates
• 1 manzana asada con queso blanco descremado

DÍA 6	DÍA 7

DÍA 6

■ **Desayuno**

• I taza de té con leche descremada
• I rodaja de mozzarella

■ **Media mañana**

• I zanahoria

■ **Almuerzo**

• I tomate relleno con arroz integral y queso blanco descremado
• 2 zucchini rehogados con I cebolla y aceite de oliva
• I plátano

■ **Media tarde**

• I vaso de zumo de tomate

■ **Merienda**

• I taza de té
• I galleta de arroz o 2 galletas sin sal untadas con mermelada dietética

■ **Cena**

• I taza de caldo dietético con cubitos de mozzarella
• I plato de guisado rápido hecho con carne de ternera magra, cebolla y patata
• I naranja

DÍA 7

■ **Desayuno**

• I taza de café con leche descremada
• I taza de cereales sin azucarar con miel

■ **Media mañana**

• I porción de gelatina dietética o I flan dietético

■ **Almuerzo**

• I plato de zanahorias ralladas
• I plato pequeño de arroz integral con acelga y calabaza
• I porción de ensalada de frutas

■ **Merienda**

• I vaso de licuado de plátano con leche descremada

■ **Media tarde**

• I taza de fresas con zumo de naranja

■ **Cena**

• I tazón de caldo dietético con trocitos de pan integral
• 2 zucchinis rehogados con I cebolla
• I manzana asada con queso blanco descremado

DIETA ANTIANSIEDAD

INTENSIDAD ALTA	NO ES VEGETARIANA	CONTIENE RECETAS	DURACIÓN
			**5** días

DÍA 1

■ Desayuno

• 1 taza de café o té con leche descremada
• 2 galletas de maíz untadas con mermelada dietética
• 5 avellanas

■ Media mañana

Optar por:
• 1 vaso de zumo de pomelo
• 1 porción de tarta dietética de manzana
• 1 zanahoria
• 2 tallos de apio
• 1 manzana
• 2 tostadas de pan integral con mozzarella
• 1/2 taza de yogur descremado con cereales

■ Almuerzo

• 1 bistec de carne de ternera magra

• 1 porción de ensalada de verduras crudas a elección
• 1 tajada de sandía o melón

■ Media tarde

Optar por:
• 1 vaso de yogur descremado
• 2 galletas de arroz untadas con queso blanco descremado
• 2 galletas de arroz untadas con mermelada dietética
• 1 porción de gelatina dietética
• 1 tajada de mozzarella con dulce de membrillo
• 2 rollitos de jamón cocido y queso descremado
• 1 taza de café o té con dos galletitas de agua untadas con miel

■ Cena

• 1/2 pechuga de pollo sin piel, grillada
• 1 tazón de verduras cocidas
• 1 porción de ensalada de frutas con yogur descremado

DÍA 2

■ Desayuno

• 1/2 taza de cereales sin azucarar con leche descremada
• 1 naranja
• 1 galleta de arroz con miel

■ Almuerzo

• 1 porción de **"Lomo grillado a la mostaza"**
• 1 plato de ensalada de patata y calabaza
• 1 porción de gelatina dietética con frutas

■ Cena

• 1 omelette de jamón y mozzarella hecha con 1 huevo
• 1 tazón de arroz integral con apio y trocitos de zanahoria cruda
• 1 fruta a elección

DÍA 3

■ Desayuno

• 1 taza de café o té
• 1 vaso de zumo de naranja
• 1 porción de tarta dietética de manzana

■ Almuerzo

• 2 **"Milanesas de soja"** ✪
• 1 plato de **"Ensalada de manzana y remolacha"** ✪
• 1 manzana asada

■ Cena

• 2 porciones de **"Pizza naturista"** ✪
• 1 plato de ensalada de tomate, col blanca, arvejas y huevo duro
• 1 fruta a elección

DÍA 4	DÍA 5

DÍA 4

■ Desayuno

- 1 taza de yogur descremado con cereales
- 5 almendras

■ Almuerzo

- 1 plato de ensalada de arroz, pollo en cubos y mayonesa light
- 1 plato pequeño de ensalada de zanahoria
- 1 porción de tarta dietética de manzana

■ Cena

- 1 plato de ravioles de verdura con puré de tomate
- 1 plato de ensalada de tomate
- 1 mandarina o naranja

DÍA 5

■ Desayuno

- 1 taza de té o café
- 2 tostadas de pan integral untadas con queso blanco descremado o mermelada dietética

■ Almuerzo

- 2 filetes de lenguado con puré de calabaza
- 1 fruta a elección

■ Cena

- 1 tazón de caldo de verduras
- 1 plato de arroz integral con brotes de soja y arvejas
- 1 plátano hecho puré y mezclado con miel

RECETAS INCLUIDAS EN LA DIETA

LOMO GRILLADO A LA MOSTAZA

¿QUÉ SE NECESITA?

- 1 BISTEC DE LOMO DE TERNERA
- 1 CUCHARADA DE MOSTAZA
- PIMIENTA NEGRA
- 1 CUCHARADA DE PEREJIL Y AJO PICADOS
- SAL MARINA

¿CÓMO SE PREPARA?

■ Salar el medallón y untarlo con la mostaza, previamente mezclada con la pimienta y el ajo y perejil picados.

■ Calentar el grill del horno a temperatura fuerte.

■ Colocar el lomo en una bandeja y llevarlo al horno.

■ Controlar que la carne se dore por fuera, pero que quede rosada y jugosa por dentro.

■ Retirar y servir.

PIZZA NATURISTA

¿QUÉ SE NECESITA?

- 1 BOLLO DE MASA DE SOJA*
- 1 TOMATE
- 1 CEBOLLA
- 1 PIMIENTO VERDE
- 50 G DE ACEITUNAS VERDES
- ACEITE

*VER RECETA DE LA MASA DE SOJA A CONTINUACIÓN DE ÉSTA.

¿CÓMO SE PREPARA?

■ Estirar la masa de soja en una pizzera aceitada.

■ Llevar a horno de temperatura media durante diez minutos y retirar.

■ Cortar el pimiento verde en tiritas, el tomate en rodajas finas y la cebolla en aros.

■ Descarozar las aceitunas verdes y cortarlas en rodajitas.

■ Colocar la cebolla, el pimiento, el tomate y las aceitunas sobre la masa precocida.

■ Llevar a horno fuerte durante diez minutos o hasta que los bordes de la masa estén dorados.

ENSALADA DE MANZANA Y REMOLACHA

¿QUÉ SE NECESITA?

- 1 MANZANA VERDE
- 1 REMOLACHA
- ZUMO DE 1 NARANJA
- 1 NARANJA
- 2 CUCHARADAS DE ZUMO DE LIMÓN
- 1 CUCHARADA DE MAYONESA LIGHT
- SAL MARINA

¿CÓMO SE PREPARA?

■ Pelar la manzana y la remolacha y cortarlas en dados pequeños.

■ Pelar la naranja, separarla en gajos y cortar cada gajo por la mitad.

■ Colocar estos tres ingredientes en un bowl.

■ Añadir el zumo de naranja y las dos cucharadas de zumo de limón, mezclados con la mayonesa light.

■ Salar a gusto, revolver y servir.

MILANESAS DE SOJA

¿QUÉ SE NECESITA?

- 2 TAZAS DE POROTOS DE SOJA
- 1/4 TAZA DE HARINA DE SOJA
- 1 CUCHARADITA DE PEREJIL PICADO
- 1 DIENTE DE AJO PICADO
- SAL MARINA
- ACEITE

¿CÓMO SE PREPARA?

■ Hervir en una olla con abundante agua los porotos de soja y cocinarlos hasta que se encuentren blandos.

■ Retirarlos del fuego, colarlos y hacer un puré.

■ Incorporar el perejil picado, el ajo picado y condimentar con sal marina a gusto.

■ Mezclar todos los ingredientes hasta formar una pasta homogénea.

■ Tomar porciones de la pasta y darles forma de hamburguesa. Pasarlas por la harina de soja.

■ Colocar las milanesas en una placa para horno apenas aceitada y cocinar hasta que estén doradas.

- 100 G / 3,5 OZ DE HARINA DE SOJA
- 100 G / 3,5 OZ DE SALVADO
- 10 G / 0,3 OZ DE LEVADURA DE CERVEZA
- 1 POCILLO DE AGUA TIBIA
- 1 PIZCA DE SAL

¿CÓMO SE PREPARA?

■ Diluir la levadura de cerveza en un el pocillo de agua tibia.

■ Colocar la harina de soja junto con el salvado y la sal en un bowl. Mezclar todos los ingredientes.

■ Hacer un hoyo en el centro y verter la levadura de cerveza.

■ Con la ayuda de una cuchara de madera, incorporar la mezcla de harina de soja y salvado a la levadura en forma paulatina para evitar grumos.

■ Tomar la masa recién hecha y amasarla con las manos durante tres minutos.

■ Colocar la masa sobre un polietileno enharinado y amasarla durante unos minutos más hasta que adquiera consistencia.

■ Dejar levar la masa durante unos minutos en un lugar cálido, recubierta con un paño.

PLAN ALIMENTARIO SEMANAL

INTENSIDAD MEDIA	NO ES VEGETARIANA	CONTIENE RECETAS	DURACIÓN
			**7** días

DÍA 1

■ Desayuno

• 1 taza de té hecho con 1/4 taza de leche descremada
• 1 rebanada de pan de salvado tostado con una tajada de mozzarella

■ Media mañana

• 1 taza de té de hierbas
• 1 barra de cereales con frutas

■ Almuerzo

• 1 tazón de caldo o sopa de verduras casera con una cucharada de salvado de trigo o avena
• 1 plato de panaché de verduras con 1 cucharadita de aceite
• 1/2 pechuga de pollo sin piel, al horno
• 1 naranja

■ Media tarde

• 1 taza pequeña de café con un chorrito de leche descremada
• 1 barrita de cereales con frutas

■ Merienda

• 1 taza de té hecho con 1/4 taza de leche descremada
• 1 rebanada de pan multicereal untada con queso blanco descremado y mermelada dietética

■ Cena

• 1 plato pequeño de **"Carpaccio de anchoas"** ✪
• 1 plato pequeño de **"Stir fry de spaghetti"** ✪
• 1 pomelo rosado

DÍA 2

■ Desayuno

- 1 taza de té hecho con 1/4 taza de leche descremada
- 2 galletas de arroz o trigo integral con una tajada delgada de queso descremado y una de jamón cocido

■ Media mañana

- 1 taza de infusión a elección
- 6 almendras

■ Almuerzo

- 1 tazón de caldo o sopa de verduras con una cucharada de salvado de trigo o avena
- 1 bistec de carne de ternera magra, grillado
- 1 porción pequeña de puré de patata y calabaza
- 1 plátano

■ Media tarde

- 1 vaso de zumo de naranja
- 1 vaso de yogur descremado

■ Merienda

- 1 taza de té hecho con 1/4 taza de leche descremada
- 1 rebanada de pan multicereal untada con queso blanco descremado y mermelada dietética
- 2 frutas deshidratadas (orejones, pera o ciruelas, por ejemplo)

■ Cena

- 1 tazón de caldo o sopa de verduras con una cucharada de salvado de trigo o avena
- 1 porción de cazuela de arroz integral, lentejas y hortalizas varias con puré de tomate y hierbas aromáticas
- 1 tajada de sandía

DÍA 3

■ Desayuno

- I taza de té hecho con 1/4 taza de leche descremada
- 4 galletas dulces livianas

■ Media mañana

- I taza de sopa instantánea light
- 5 tostadas superfinas

■ Almuerzo

- I tazón de caldo o sopa de verduras con una cucharada de salvado de trigo o avena
- I tomate cortado al medio con orégano y una cucharadita de aceite de oliva
- I plato de espinaca rehogada con cebolla y aceite de oliva
- I manzana

■ Media tarde

- I taza de infusión a elección
- I barra de cereales con frutas

■ Merienda

- I taza de té hecho con 1/4 taza de leche descremada
- I sandwich de pan delgado, sin miga, de queso descremado y rodajas de tomate

■ Cena

- I tazón de caldo o sopa de verduras con una cucharada de salvado de trigo o avena
- I plato pequeño de ensalada de tomate y lechuga
- 2 hamburguesas caseras de pescado, grilladas
- I porción de ensalada de frutas

DÍA 4

■ Desayuno

• 1 taza de leche descremada caliente con dos cucharaditas de cacao amargo, esencia de vainilla, canela y edulcorante
• 1 rebanada de pan integral untada con mermelada dietética

■ Media mañana

• 1 taza de caldo instantáneo light
• 6 almendras

■ Almuerzo

• 1 tazón de caldo o sopa de verduras con una cucharada de salvado de trigo o avena
• 2 salchichas diet
• 1 huevo duro
• 1 plato pequeño de arroz blanco con puré de tomates
• 1 porción de ensalada de frutas

■ Media tarde

• 1 taza de té de hierbas
• 1 fruta a elección

■ Merienda

• 1 taza de té hecho con 1/4 taza de leche descremada
• 2 tajadas de jamón cocido

■ Cena

• 1 tazón de caldo o sopa de verduras con una cucharada de salvado de trigo o avena
• 1 plato de ensalada de tomate, zanahoria y apio
• 1 filete de lenguado, grillado
• 1 racimo de uvas

DÍA 5

■ Desayuno

• 1 taza de té hecho con 1/4 taza de leche descremada
• 1 rebanada de pan multicereal tostada con una cucharada de queso blanco descremado y dos cucharaditas de semillas de girasol o lino molidas

■ Media mañana

• 1 pocillo de café con un chorrito de leche descremada
• 1 fruta a elección

■ Almuerzo

• 1 tazón de caldo o sopa de verduras con una cucharada de salvado de trigo o avena
• 1 plato de panaché de verduras con una cucharadita de aceite
• 1 porción de ensalada de frutas

■ Media tarde

• 1 taza de infusión a elección
• 1 barra pequeña de chocolate (25 g / 0,5 oz)

■ Merienda

• 1 taza de té hecho con 1/4 taza de leche descremada
• 1 rebanada de pan de salvado tostada untada con queso blanco descremado y mermelada dietética

■ Cena

• 1 tazón de caldo o sopa de verduras con una cucharada de salvado de trigo o avena
• 1 plato de ensalada a elección
• 1 huevo duro
• 1 pera al horno

DÍA 6

■ Desayuno

- 1 taza de té hecho con 1/4 taza de leche descremada
- 3 rodajas de pan francés o baguette integral untadas con queso blanco descremado
- 1 nuez o 3 almendras

■ Media mañana

- 1 vaso de zumo de naranja
- 1 vaso de yogur descremado

■ Almuerzo

- 1 tazón de caldo o sopa de verduras con una cucharada de salvado de trigo o avena
- 1 bistec de carne de ternera magra, grillado
- 1 plato pequeño de hortalizas a elección, al vapor
- 1 flan dietético

■ Media tarde

- 1 taza de infusión a elección
- 1 barra de cereal con frutas

■ Merienda

- 1 taza de leche descremada caliente con dos cucharaditas de cacao amargo y edulcorante
- 4 galletas dulces

■ Cena

- 1 tazón de caldo o sopa de verduras casera con una cucharada de salvado de trigo o avena
- 1/2 pechuga de pollo sin piel, grillada
- 1 plato pequeño de spaghetti con mantequilla vegetal y una cucharadita de queso rallado
- 1 porción de ensalada de frutas

DÍA 7

■ Desayuno

• 1 taza de té hecho con 1/4 taza de leche descremada
• 4 galletas sin sal con 2 tajadas de jamón cocido

■ Media mañana

• 1 pocillo de café con un chorrito de leche descremada
• 6 almendras

■ Almuerzo

• 1 tazón de caldo o sopa de verduras casera con una cucharada de salvado de trigo o avena
• 1 plato de ravioles de verdura con puré de tomates
• 1 manzana al horno

■ Media tarde

• 1 taza de té de hierbas
• 1 vaso de yogur descremado

■ Merienda

• 1 taza de té hecho con 1/4 taza de leche descremada
• 2 galletas de arroz o trigo integral untadas con queso blanco descremado y canela

■ Cena

• 1 tazón de caldo o sopa de verduras casera con una cucharada de salvado de trigo o avena
• 1 omelette de brócoli y ajo porro hecha con 2 huevos
• 1 porción de ensalada de frutas

CARPACCIO DE ANCHOAS

¿QUÉ SE NECESITA?

- 2 FILETES DE ANCHOA FRESCA
- ZUMO DE 1 LIMÓN
- RALLADURA DE CÁSCARA DE 1/2 LIMÓN
- 1 CUCHARADITA DE CILANTRO FRESCO PICADO
- 1/2 CUCHARADITA DE JENGIBRE FRESCO PICADO
- 1 CUCHARADITA DE ACEITE DE OLIVA
- SAL
- PIMIENTA

¿CÓMO SE PREPARA?

■ Colocar los filetes en un plato playo, de modo que no se superpongan.

■ Verter por encima el zumo de limón, salpimentar y refrigerar durante 2 horas, aproximadamente.

■ Mezclar el aceite con la ralladura de cáscara de limón, el jengibre y el cilantro fresco, y rociar con esta preparación los filetes, justo antes de servirlos.

STIR FRY DE SPAGHETTI

¿QUÉ SE NECESITA?

- 1 TAZA DE SPAGHETTI COCIDOS
- 1 CEBOLLA PEQUEÑA
- 1/2 PIMIENTO ROJO
- 2 ó 3 FLORES DE COLIFLOR COCIDAS
- 3 ó 4 CUCHARADAS DE ACEITE DE OLIVA
- 1 CUCHARADA DE SALSA DE SOJA LIGHT

¿CÓMO SE PREPARA?

■ Pelar la cebolla y cortarla en rodajas delgadas.

■ Separar las flores de coliflor en trozos pequeños y cortar el pimiento rojo en tiras delgadas.

■ Calentar el aceite en un wok o en una sartén amplia y rehogar allí los vegetales, sin dejar de remover, hasta que la cebolla comience a ponerse transparente.

■ Agregar la salsa de soja, los spaghetti y revolver para que se integren bien.

■ Cocinar sólo hasta que la pasta esté caliente, retirar y servir.

DIETA DE LAS OPCIONES

INTENSIDAD MEDIA	NO ES VEGETARIANA	NO CONTIENE RECETAS	DURACIÓN
			**14** **días**

A continuación encontrará la nómina y la cantidad de alimentos que no deberían faltar en la dieta diaria; con ella se puede diseñar una dieta propia de 1.500 calorías, teniendo en cuenta los gustos personales.

La manera más práctica de hacer uso de ella es recortándola y pegándola, por ejemplo, en la puerta de la nevera y consultarla diariamente.

El modo de empleo es sencillo: elija un plato de cada grupo de alimentos y luego distribúyalos en las cuatro comidas principales: por ejemplo, un yogur para el desayuno; una porción de ravioles para el almuerzo; una fruta en la merienda; una porción de carne con ensalada para la cena.

Las infusiones con edulcorante son libres. Si usted practica deportes, debería incrementar las porciones de frutas, verduras y lácteos descremados.

■ Una porción de almidón

Se recomienda incluirla diariamente por su gran aporte nutricional: hidratos de carbono, proteínas, hierro, fibra y vitamina B.

Optar por:
- ravioles de verdura (15 unidades)
- ñoquis de papa (12 unidades)
- canelones de verdura (2)
- spaghetti (1 taza de las de té)
- arroz cocido (1 taza de las de té)

- legumbres cocidas (1 taza de las de té)
- patatas (100 g / 3,5 oz)
- maíz en granos (100 g / 3,5 oz)
- pan de molde (40 g / 1,4 oz)

■ Una porción de verduras

Tenga en cuenta que cuanto más variada sea la selección de colores, mayor será la presencia de vitaminas y minerales.

Optar por:
- zucchini, tomate o zanahoria (1 pieza)
- ensaladas verdes crudas (la cantidad que desee)
- ensalada cruda de varios colores (1 plato sopero)
- zanahoria o remolacha rallada cruda (1 taza)
- vegetales cocidos de hoja o cubitos de berenjena, zucchini, palmitos o judías verdes (1 taza de las de té)
- calabaza (2 rodajas finas)
- zanahoria o remolacha cocida (3/4 taza)

■ Una porción de frutas

Aportan vitaminas, minerales, fibras e hidratos de carbono.

Optar por:
- 1 plátano (pequeño)
- uvas (10 granos)
- quinotos (4)
- manzana o pera (1 mediana)
- naranja (1 mediana)
- frutas cocidas (1/2 taza)
- fresas (1 bowl)
- higos (3 medianos)
- mandarina (2 pequeñas)

■ Una porción de carnes y huevos

Estos alimentos proveen hierro, proteínas y vitaminas del complejo B, como la B12 y niacina. Es importante destacar que el requerimiento de hierro aumenta en determinadas etapas, como la del embarazo, ancianidad y también en plena adolescencia.

Optar por:
- huevo (1 entero o 2 claras)
- pechuga de pollo o pavo (2 rebanadas medianas)
- 1 bistec de carne de ternera magra (del tamaño de la palma de la mano)
- pescado (un filete)
- pollo (1/4, sin piel)
- jamón cocido desgrasado (3 tajadas)
- lomito ahumado (6 a 8 rebanadas)
- pescados envasados al natural (1 lata)

Una porción de lácteos

Son una importante fuente de calcio, elemento primordial para el mantenimiento óseo.

Optar por:
• leche (1 vaso de 200 cc)
• yogur descremado (un pote de 200 cc)
• leche en polvo (6 cucharaditas de las de té)
• quesos untables descremados (100 g / 3,5 oz)
• quesos tipo mozzarella (40 g / 1,4 oz)

Una porción de sustancia grasa

Aportan los ácidos grasos esenciales para la formación hormonal y las vitaminas A, D y E.

Optar por:
• aceite para condimentar (1 cucharada de postre)
• mantequilla (una cucharada de las de té)
• mayonesa común (1 y 1/2 cucharadas)
• crema de leche (2 cucharadas de las de té)
• mantequilla vegetal dietética (2 cucharadas de las de té)
• mayonesa light (3 cucharadas de las de té)
• aguacate (20 g / 0,7 oz)
• aceitunas (5 unidades)
• maníes (10 unidades)
• nueces (2 unidades)

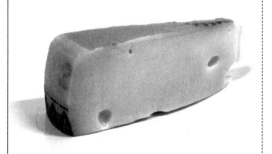

DIETA HIPOCALÓRICA PARA TODA LA SEMANA

INTENSIDAD MEDIA	NO ES VEGETARIANA	CONTIENE RECETAS	DURACIÓN
			**7** **días**

DÍA 1

■ Desayuno

• 1 taza de infusión con un chorrito de leche descremada
• 4 galletas de agua untadas con una cucharadita de queso blanco descremado

■ Media mañana

• 1 vaso de licuado de frutas con agua

■ Almuerzo

• 1 bistec de lomo de ternera, grillado
• 1 plato de ensalada de hojas verdes (rúcula, espinaca, berro, lechuga)
• 2 ciruelas

■ Media tarde

• 1 vaso de yogur descremado

■ Merienda

• 1 taza de infusión
• 1 sandwich hecho con una rebanada de pan negro y dos tajadas de queso descremado

■ Cena

• 1 plato de ensalada de arvejas, tomate, cebolla y pimiento rojo
• 1 melocotón

DÍA 2

■ Desayuno

• 1 taza de infusión
• 4 galletas de agua untadas con mermelada dietética

■ Media mañana

• 1 manzana en compota

■ Almuerzo

• 1 ensalada de pollo y brócoli
• 1 porción de gelatina dietética

■ Media tarde

• 1 vaso de yogur descremado

■ Merienda

• 1 taza de infusión con un chorrito de leche descremada
• 1 rebanada de pan negro untada con 1 cucharada de ricotta descremada

■ Cena

• 1 **"Berenjena a la napolitana"** ✪
• 1 plato de ensalada de berro
• 1 tajada de sandía

DÍA 3

■ Desayuno

• 1 taza de té con limón
• 1 rebanada de pan negro con 2 tajadas de queso descremado

■ Media mañana

• 1 vaso de yogur descremado con frutas

■ Almuerzo

• 1/2 tomate relleno con atún y arroz
• 1 plato de ensalada de judías verdes y huevo duro
• 2 rodajas de piña

■ Media tarde

• 1 porción de gelatina dietética

■ Merienda

• 1 taza de infusión con un chorrito de leche descremada
• 4 galletas de salvado untadas con mermelada dietética

■ Cena

• 1 plato de **"Ensalada de manzanas y patatas"** ✪
• 1 tajada de melón

DÍA 4	DÍA 5
■ **Desayuno**	■ **Desayuno**
• I taza de infusión • I rebanada de pan negro untada con I cucharada de ricotta descremada	• I taza de infusión • 4 galletas de salvado untadas con queso blanco descremado
■ **Media mañana**	■ **Media mañana**
• I porción de ensalada de frutas	• I vaso de yogur descremado con frutas
■ **Almuerzo**	■ **Almuerzo**
• I bistec de carne de ternera magra, grillado • I plato de ensalada de col morada y zanahoria rallada • I pera	• I/2 pechuga de pollo sin piel, grillada • I plato de ensalada de lechuga y tomate • I porción de gelatina dietética
■ **Media tarde**	■ **Media tarde**
• I vaso de yogur descremado	• I vaso de licuado de frutas con agua
■ **Merienda**	■ **Merienda**
• I taza de té con limón • 4 galletas de agua con 2 tajadas de queso descremado	• I taza de infusión con un chorrito de leche descremada • I rebanada de pan negro untada con mermelada dietética
■ **Cena**	■ **Cena**
• I plato de **"Cazuela francesa de hortalizas"** ✪ • I kiwi	• I plato de spaghetti con puré de tomates • I fruta a elección

DÍA 6

■ Desayuno

- 1 taza de té con limón
- 4 galletas de agua con 2 tajadas de queso descremado

■ Media mañana

- 1 vaso de yogur descremado

■ Almuerzo

- 1 bistec de carne de ternera magra, grillada
- 1 alcachofa
- 1 porción de ensalada de frutas

■ Media tarde

- 1 melocotón

■ Merienda

- 1 taza de infusión
- 1 rebanada de pan negro untada con queso blanco descremado

■ Cena

- 1 **"Huevo relleno"**
- 1 plato de ensalada de tomate, cebolla y albahaca
- 1 manzana

DÍA 7

■ Desayuno

- 1 taza de infusión con un chorrito de leche descremada
- 1 rebanada de pan negro untada con ricotta descremada

■ Media mañana

- 1 vaso de yogur descremado

■ Almuerzo

- 1 plato de ensalada de palmitos, manzana verde y apio
- 1 filete de lenguado, grillado
- 1 ciruela

■ Media tarde

- 1 pera

■ Merienda

- 1 taza de infusión
- 4 galletas de agua untadas con mermelada dietética

■ Cena

- 1 plato de calabaza y coliflor al vapor
- 1 tazón de fresas con zumo de naranja

⭐ RECETAS INCLUIDAS EN LA DIETA

BERENJENA A LA NAPOLITANA

¿QUÉ SE NECESITA?

- 1 BERENJENA
- 1 TOMATE PEQUEÑO
- 3 TAJADAS DE MOZZARELLA
- 1 CUCHARADA DE ACEITE DE OLIVA
- SAL
- PIMIENTA

¿CÓMO SE PREPARA?

- ■ Cortarle los extremos a la berenjena y luego cortarla en tres tajadas longitudinales.

- ■ Colocarlas sobre una rejilla metálica y espolvorearlas con sal gruesa, para eliminar el amargor.

- ■ Cortar el tomate en rodajas delgadas.

- ■ Lavar ligeramente las tajadas de berenjena y disponerlas sobre una placa para horno.

- ■ Distribuir sobre ellas las rodajas de tomate y la mozzarella.

- ■ Salpimentar y rociar con el aceite de oliva.

- ■ Llevar al horno hasta que el queso esté fundido.

HUEVO RELLENO

¿QUÉ SE NECESITA?

- 1 HUEVO DURO
- 1 CUCHARADA DE MAYONESA LIGHT
- 1 CUCHARADITA DE PEREJIL PICADO
- 1 CUCHARADA DE ATÚN AL NATURAL

¿CÓMO SE PREPARA?

- ■ Cortar el huevo en mitades y retirarles la yema.

- ■ Colocarla en un bowl junto con el resto de los ingredientes y mezclarlos bien para obtener una pasta.

- ■ Volver a rellenar las mitades de huevo, y servir.

¿QUÉ SE NECESITA?

- 1 PATATA
- 1 MANZANA
- ZUMO DE 1/2 LIMÓN
- 2 NUECES
- 1 MANOJO DE RÚCULA
- 1 TAJADA GRUESA DE MOZZARELLA

ADEREZO

- 2 CUCHARADAS DE ACEITE DE OLIVA
- 1 CUCHARADITA DE ACETO BALSÁMICO
- 1 CUCHARADITA DE MIEL
- SAL
- PIMIENTA

¿CÓMO SE PREPARA?

■ Lavar la patata y cortarla, sin pelarla, en rodajas de 5 mm de espesor. Cocinarla en una olla con agua y sal hasta que esté apenas tierna. Retirar, colar y reservar hasta que esté fría.

■ Lavar la manzana y cortarla en mitades, sin pelarlas. Quitarle el centro y luego cortarla en cuartos. Finalmente, cortar cada cuarto en láminas de 5 mm de espesor.

■ Disponer las láminas de manzana en un plato y rociarlas con el zumo de limón, para evitar la oxidación.

■ Trocear las nueces y cortar el queso en cubos.

■ Lavar las hojas de rúcula y cortarlas con los dedos en trozos grandes.

■ Mezclar cuidadosamente todos los ingredientes o disponerlos en forma de torre, alternándolos.

■ Preparar el aderezo y rociar la ensalada.

CAZUELA FRANCESA DE HORTALIZAS

¿QUÉ SE NECESITA?

- 1 CEBOLLA
- 1 PIMIENTO ROJO
- 1 TOMATE
- 1 BERENJENA
- 1/2 TAZA DE CALDO DE VERDURAS
- 3 CUCHARADAS DE ACEITE
- SAL
- PIMIENTA

¿CÓMO SE PREPARA?

■ Pelar la cebolla y cortarla en cuartos.

■ Quitarle el cabo y las semillas al pimiento y cortarlo en cuadrados de 3 cm de lado.

■ Cortar el tomate en gajos y la berenjena, en cubos.

■ Calentar el aceite en una cazuela o sartén antiadherente y rehogar allí las verduras hasta que comiencen a dorarse.

■ Verter el caldo y cocinar a fuego moderado hasta que las hortalizas estén cocidas.

■ Salpimentar y servir.

DIETA DE ZUMOS Y LICUADOS: OPCIÓN 1

INTENSIDAD ALTA	NO ES VEGETARIANA	NO CONTIENE RECETAS	DURACIÓN
- ●→ +		✕	**7** días

DÍA 1

■ **A las 8, 10, 14, 16, 18 y 22 hs**

• 1 vaso de zumo de frutas. Puede ser exprimido (colado y algo diluido con agua), o licuados o zumos envasados sin azúcar ni agregados (también algo diluidos con agua)

■ **A las 12 y a las 20 hs**

• 1 tazón de caldo de verduras

Se puede beber agua o infusiones, preferentemente té de hierbas, entre horarios.

DÍA 2

■ **A las 8, 10, 14, 16, 18 y 22 hs**

• 1 vaso de zumo de frutas. Puede ser exprimido (colado y algo diluido con agua), o licuados o zumos envasados sin azúcar ni agregados (también algo diluidos con agua)

■ **A las 12 y a las 20 hs**

• 1 tazón de sopa de verduras cortadas en juliana o licuadas

■ **A las 8 y a las 16 hs**

• 1 vaso de yogur descremado

DÍA 3

■ A las 8, 10, 16 y 18 hs

• 1 vaso de zumo de frutas. Puede ser exprimido (colado y algo diluido con agua), o licuados o zumos envasados sin azúcar ni agregados (también algo diluidos con agua)

■ A las 12 y a las 20 hs

• 1 tazón de sopa de verduras cortadas en juliana o licuadas

■ A las 14 y a las 22 hs

• 1 fruta fresca

■ A las 12 hs

• 1 plato de ensalada a elección

■ A las 8 y a las 16 hs

• 1 vaso de yogur descremado

DÍA 4

■ A las 8 y a las 16 hs

• 1 vaso de zumo de frutas. Puede ser exprimido (colado y algo diluido con agua), o licuados o zumos envasados sin azúcar ni agregados (también algo diluidos con agua)
• 1 vaso de yogur descremado

■ A las 10 y a las 18 hs

• 1 taza de infusión

■ A las 12 y a las 20 hs

• 1 tazón de sopa de verduras cortadas en juliana o licuadas

■ A las 14 y a las 22 hs

• 1 fruta fresca

■ A las 12 hs

• 1 plato de ensalada a elección

■ A las 20 hs

• 1 plato de verduras cocidas, al vapor o rehogadas

DÍA 5

■ A las 8 y a las 16 hs

• 1 vaso de zumo de frutas. Puede ser
exprimido (colado y algo diluido con
agua), o licuados o zumos envasados sin
azúcar ni agregados (también algo
diluidos con agua)
• 1 vaso de yogur descremado

■ A las 10 y a las 18 hs

• 1 taza de infusión

■ A las 12 y a las 20 hs

• 1 tazón de sopa de verduras cortadas
en juliana o licuadas

■ A las 14 y a las 22 hs

• 1 fruta fresca

■ A las 12 hs

• 1 plato de ensalada a elección
• 1 huevo duro

■ A las 20 hs

• 1 plato de verduras cocidas, al vapor
o rehogadas
• 1 fruta a elección

DÍA 6

■ A las 8 y a las 16 hs

• 1 vaso de zumo de frutas. Puede ser
exprimido (colado y algo diluido con
agua), o licuados o zumos envasados sin
azúcar ni agregados (también algo
diluidos con agua)
• 1 vaso de yogur descremado

■ A las 10 y a las 18 hs

• 1 taza de infusión

■ A las 12 y a las 20 hs

• 1 tazón de sopa de verduras cortadas
en juliana o licuadas

■ A las 14 y a las 22 hs

• 1 fruta fresca

■ A las 12 hs

• 1 plato de ensalada a elección
• 1 huevo duro

■ A las 20 hs

• 1 plato de verduras cocidas, al vapor
o rehogadas
• 1 filete pequeño de pescado
• 1 fruta a elección

DÍA 7

■ A las 8 y a las 16 hs

• 1 vaso de zumo de frutas. Puede ser
exprimido (colado y algo diluido con
agua), o licuados o zumos envasados
sin azúcar ni agregados (también algo
diluidos con agua)
• 1 vaso de yogur descremado

■ A las 10 y a las 18 hs

• 1 taza de infusión

■ A las 12 y a las 20 hs

• 1 tazón de sopa de verduras
cortadas en juliana o licuadas

■ A las 14 y a las 22 hs

• 1 fruta fresca

■ A las 12 hs

• 1 plato de ensalada a elección
• 1 vaso de yogur descremado con
cereales

■ A las 20 hs

• 1 plato de verduras cocidas, al vapor
o rehogadas
• 1 filete pequeño de pescado
• 1 fruta a elección

DIETA DE ZUMOS Y LICUADOS: OPCIÓN 2

INTENSIDAD ALTA	ES VEGETARIANA	NO CONTIENE RECETAS	DURACIÓN
			**7 días**

DÍA 1

■ **Cada 2 hs, durante todo el día**

• Zumos de fruta y licuados de frutas con agua. En jornadas muy calurosas, también caldo con sal.

DÍA 2

■ **Cada 2 hs, durante todo el día**

• Zumos de fruta
• 1 fruta a elección

DÍA 3

■ **Cada 2 hs, durante todo el día**

• Zumos de fruta
• 1 fruta a elección

■ **Almuerzo**

• 1 plato de vegetales crudos

DÍA 4

■ **Cada 2 hs, durante todo el día**

• Zumos de fruta
• 1 fruta a elección

■ **Almuerzo**

• 1 plato de vegetales crudos

■ **Cena**

• 1 plato de vegetales cocidos, rehogados o al vapor

DÍA 5

■ **Cada 2 hs, durante todo el día**

• Zumos de fruta
• 1 fruta a elección

■ **Almuerzo**

• 1 plato de vegetales crudos

■ **Merienda**

• 1 puñado pequeño de nueces, castañas o almendras

■ **Cena**

• 1 plato de vegetales cocidos, rehogados o al vapor

DÍA 6	**DÍA 7**

■ Cada 2 hs, durante todo el día

- Zumos de fruta
- 1 fruta a elección

■ Almuerzo

- 1 plato de vegetales crudos

■ Merienda

- 1 puñado pequeño de nueces, castañas o almendras

■ Cena

- 1 plato de vegetales cocidos, rehogados o al vapor
- 1 taza de leche descremada con cereales

■ Cada 2 hs, durante todo el día

- Zumos de fruta
- 1 fruta a elección

■ Almuerzo

- 1 plato de vegetales crudos

■ Merienda

- 1 puñado pequeño de nueces, castañas o almendras

■ Cena

- 1 plato de vegetales cocidos, rehogados o al vapor
- 1 taza de leche descremada con cereales

DIETA CLÁSICA DE LA SOPA

INTENSIDAD ALTA	NO ES VEGETARIANA	NO CONTIENE RECETAS	DURACIÓN
– +			**7** días

DÍA 1

■ Desayuno y merienda

• 1 taza de té o tisana, a elección

■ Almuerzo y cena

• Tomar toda la sopa que se desee

■ Entre comidas

• Se puede comer hasta 1 libra de frutas (excepto plátano y uvas). Las más recomendables son el melón, la sandía, los cítricos, las fresas y las cerezas.

DÍA 2

■ Desayuno y merienda

• 1 taza de té o tisana, a elección

■ Almuerzo

• Tomar toda la sopa que se desee

■ Entre comidas

• Se puede comer hasta 1 libra de hortalizas (zanahoria, pepino, tomate o apio)

■ Cena

• 1 tazón de sopa de verduras
• 1 plato de verduras crudas, con zumo de limón
• 1 patata mediana cocida con cáscara preparada con 1 cucharadita de aceite de oliva

DÍA 3

■ **Desayuno y merienda**

- 1 taza de té o tisana, a elección
- 2 frutas a elección

■ **Almuerzo y cena**

- 1 tazón de sopa de verduras
- 1 plato de verduras crudas o cocidas
- 1 fruta a elección

DÍA 4

■ **Desayuno y merienda**

- 1 ó 2 vasos de leche descremada
- 1 plátano

■ **Almuerzo y cena**

- Tomar toda la sopa de verduras que se desee
- 2 plátanos

DÍA 5

■ **Desayuno y merienda**

- 1 taza de té con limón
- 2 tajadas de carne fría (puede ser pollo o pavita)

■ **Almuerzo**

- 1 tazón de sopa de verduras.
- 1 bistec de carne de ternera magra, grillada
- 2 tomates

■ **Cena**

- 1 tazón de sopa de verduras
- 1 filete de salmón blanco al vapor
- 2 tomates

DÍA 6

■ Desayuno

- I taza de té con limón
- 2 tajadas de carne fría (puede ser pollo o pavita)

■ Almuerzo

- I tazón de sopa de verduras
- I bistec de carne de ternera magra, grillada
- I plato de ensalada de hojas verdes

■ Merienda

- I vaso de leche descremada
- I fruta a elección

■ Cena

- I tazón de sopa de verduras
- I filete de salmón blanco al vapor
- I plato de panaché de verduras

DÍA 7

■ Desayuno y merienda

- I vaso de zumo de naranja y pomelo
- I taza de té o tisana

■ Almuerzo

- I tazón de sopa de verduras
- I plato de arroz integral con remolachas cocidas
- I vaso de zumo de frutas

■ Cena

- I tazón de sopa de verduras
- I plato de arroz integral con espinaca
- I vaso de zumo de frutas

DIETA SEMILÍQUIDA DE INVIERNO

INTENSIDAD MEDIA	NO ES VEGETARIANA	CONTIENE RECETAS	DURACIÓN
 − +			**7** **días**

DÍA 1

■ Desayuno

- 1 taza de infusión
- 1 vaso de leche descremada
- 1 panecillo de salvado
- 1 cucharada de ricota descremada

■ Almuerzo

- 1 tazón de caldo de verduras
- 1/2 pechuga de pollo sin piel, al horno
- 1 taza de espinacas al vapor
- 1 kiwi

■ Merienda

- 1 taza de infusión
- 1 rebanada de pan de molde
y 1 tajada de queso descremado

■ Cena

- 1 tazón de caldo de verduras
- 1 plato de ensalada de garbanzos,
tomate y cebolla
- 1 manzana en compota

DÍA 2

■ Desayuno

- 1 taza de infusión
- 1 vaso de leche descremada
- 2 galletas de arroz
- 2 cucharadas de queso blanco
descremado

■ Almuerzo

- 1 tazón de sopa de arroz
- 1 filete de lenguado
- 1 naranja

■ Merienda

- 1 taza de infusión
- 1 vaso de yogur descremado con
cereales

■ Cena

- 1 tazón de sopa de verduras
- 1 omelette con mozzarella
- 1 patata pequeña al horno
- 1 pera asada

DÍA 3

■ **Desayuno**

• 1 taza de infusión
• 1 vaso de leche descremada
• 1 plátano

■ **Almuerzo**

• 1 bistec de lomo de ternera, grillado
• 1 plato de panaché de verduras
• 2 kiwis

■ **Merienda**

• 1 vaso de leche descremada con canela
• 1 panecillo de salvado
• 1 tajada de mozzarella

■ **Cena**

• 1 tazón de sopa de verduras
• 2 berenjenas al horno
• 1 melocotón

DÍA 4

■ **Desayuno**

• 1 taza de infusión
• 1 vaso de leche descremada
• 4 tostadas delgadas de pan de baguette
• 2 cucharadas de queso blanco descremado

■ **Almuerzo**

• 1 plato de sopa de verduras
• 1 plato de espinacas gratinadas con mozzarella
• 1 mandarina

■ **Merienda**

• 1 vaso de leche descremada
• 2 galletas de arroz

■ **Cena**

• 1 tazón de caldo de verduras
• 1 **"Brochette de carne y vegetales"** ✪
• 1 pera en compota

DÍA 5

■ Desayuno

- 1 taza de infusión
- 1 vaso de leche descremada
- 2 rebanadas de pan de salvado
- 1 rebanada de mozzarella

■ Almuerzo

- 1 tazón de caldo de verduras
- 1 plato de spaghetti con puré de tomates
- 1/2 pomelo

■ Merienda

- 1 taza de infusión
- 1 vaso de yogur descremado con cereales

■ Cena

- 1 plato de sopa de verduras
- 1 plato pequeño de zucchini rehogado con cebolla
- 1 filete de salmón rosado al vapor
- 1 plátano

DÍA 6

■ Desayuno

- 1 taza de infusión
- 1 vaso de leche descremada.
- 1 panecillo de salvado
- 2 cucharadas de queso blanco descremado

■ Almuerzo

- 1 plato de sopa de verduras
- 1 plato de arroz con 6 langostinos
- 1 kiwi

■ Merienda

- 1 vaso de leche descremada
- 1 rebanada de pan integral
- 1 rebanada de mozzarella

■ Cena

- 1 plato de sopa de verduras
- 1 plato de panaché de verduras
- 1 manzana

DÍA 7

■ Desayuno

- 1 taza de infusión
- 1 vaso de leche descremada
- 1 panecillo de salvado
- 2 cucharadas de ricota descremada

■ Almuerzo

- 1 plato de sopa de verduras
- 1/2 pechuga de pollo grillada
- 1 patata pequeña al vapor
- 1 naranja

■ Merienda

- 1 vaso de licuado de plátano con leche descremada

■ Cena

- 1 tazón de caldo de verduras
- 1 plato de arroz con espinacas al vapor
- 1 manzana asada

RECETA INCLUIDA EN LA DIETA

BROCHETTE DE CARNE Y VEGETALES

¿QUÉ SE NECESITA?

- 1 BISTEC DE LOMO DE 200 G / 7 OZ
- 2 CEBOLLAS PEQUEÑAS (BABY)
- 1/2 PIMIENTO ROJO
- 1/2 PIMIENTO VERDE
- 1 CUCHARADA DE MIEL
- 1 CUCHARADITA DE JENGIBRE FRESCO RALLADO
- 1 CUCHARADITA DE SALSA WORCESTERSHIRE
- 2 CUCHARADAS DE PURÉ DE TOMATES
- 1 CUCHARADITA DE ORÉGANO
- 4 CUCHARADAS DE ZUMO DE LIMÓN

¿CÓMO SE PREPARA?

■ Cortar el bistec de lomo en cubos de 4 cm de lado.

■ Cortar los pimientos en cuadrados de 4 cm de lado

■ Pinchar en la brochette, en forma alternada, la carne, las cebollas y los ajíes.

■ Mezclar en un bowl la miel con el puré de tomates. Incorporar la salsa Worcestershire y el zumo de limón, y espolvorear con las especias (orégano y jengibre).

■ Verter este preparado en una fuente en la que entre perfectamente la brochette.

■ Colocar la brochette sobre la marinada y girarla para que se impregne bien. Refrigerar toda la noche.

■ Cocinar la brochette en el grill hasta que la carne esté dorada.

LA DIETA DE LAS OCHO ENSALADAS

INTENSIDAD MEDIA	NO ES VEGETARIANA	CONTIENE RECETAS	DURACIÓN
			**7** **días**

DÍA 1

■ Desayuno

• 1 taza de café o té con leche descremada
• 1 panecillo de salvado
• 1 tajada de jamón cocido

■ Media mañana

• 1 fruta o 1 vaso de zumo de frutas

■ Almuerzo

• 1 plato de **"Ensalada griega"** ✪
• 1 panecillo de salvado
• 1 porción de ensalada de frutas

■ Merienda

• 1 vaso de leche descremada o 1 vaso de yogur bebible descremado

■ Cena

• 1 vaso de zumo de tomate
• 1 omelette de huevo y zucchini
• 3 albaricoques

DÍA 2

■ Desayuno

• 1 taza de café o té con leche descremada
• 1 panecillo de salvado
• 1 tajada de jamón cocido

■ Media mañana

• 1 fruta o 1 vaso de zumo de frutas

■ Almuerzo

• 1 plato de ensalada de tomate, zanahoria rallada y granos de maíz
• 1 vaso de yogur descremado

■ Merienda

• 1 vaso de leche descremada o 1 vaso de yogur bebible descremado

■ Cena

• 1 plato de sopa de verduras
• 1 presa de pollo sin piel, al horno
• 3 tajadas de melón

DÍA 3

■ Desayuno

- 1 taza de café o té con leche descremada
- 1 panecillo de salvado
- 1 tajada de jamón cocido

■ Media mañana

- 1 fruta o 1 vaso de zumo de frutas

■ Almuerzo

- 1 plato de ensalada de patata y 1 huevo duro
- 1 porción de helado de limón al agua

■ Merienda

- 1 vaso de leche descremada o 1 vaso de yogur bebible descremado

■ Cena

- 1 plato de ensalada de zanahoria rallada
- 6 espárragos
- 2 tajadas de jamón cocido
- 1 porción de ensalada de frutas

DÍA 4

■ Desayuno

- 1 taza de café o té con leche descremada
- 1 panecillo de salvado
- 1 tajada de jamón cocido

■ Media mañana

- 1 fruta o 1 vaso de zumo de frutas

■ Almuerzo

- 1 plato de ensalada de arroz, tomate y apio
- 1 melocotón

■ Merienda

- 1 vaso de leche descremada o 1 vaso de yogur bebible descremado

■ Cena

- 1 plato de sopa de verduras
- 1 revuelto de champiñones hecho con 1 huevo
- 1 vaso de yogur descremado

DÍA 5	DÍA 6
■ **Desayuno**	■ **Desayuno**
• I taza de café o té con leche descremada	• I taza de café o té con leche descremada
• I panecillo de salvado	• I panecillo de salvado
• I tajada de jamón cocido	• I tajada de jamón cocido
■ **Media mañana**	■ **Media mañana**
• I fruta o I vaso de zumo de frutas	• I fruta o I vaso de zumo de frutas
■ **Almuerzo**	■ **Almuerzo**
• I plato de **"Ensalada caribeña"** ✪	• I plato de ensalada de pasta, tomate y cebolla
• I panecillo de salvado	• I melocotón
• I porción de ensalada de cítricos con 2 avellanas molidas	
	■ **Merienda**
■ **Merienda**	• I vaso de leche descremada o I vaso de yogur bebible descremado
• I vaso de leche descremada o I vaso de yogur bebible descremado	
	■ **Cena**
■ **Cena**	• I plato de panaché de verduras
• 2 rodajas de calabaza al horno gratinadas con mozzarella	• I filete de lenguado al vapor
• I muslo de pollo sin piel, grillado o al horno	• I vaso de yogur descremado con frutas
• I kiwi	

DÍA 7

■ Desayuno

• 1 taza de café o té con leche descremada
• 1 panecillo de salvado
• 1 tajada de jamón cocido

■ Media mañana

• 1 fruta o 1 vaso de zumo de frutas

■ Almuerzo

• 1 plato de ensalada de col blanca, espinaca y mozzarella

■ Merienda

• 1 vaso de leche descremada o 1 vaso de yogur bebible descremado

■ Cena

• 1 plato de sopa de arroz
• 1 bistec de carne de ternera magra, grillado
• 1 porción de compota de manzanas y ciruelas

⭐ RECETAS INCLUIDAS EN LA DIETA

ENSALADA GRIEGA

¿QUÉ SE NECESITA?

- I PLANTA PEQUEÑA DE LECHUGA
- I PEPINO
- I TOMATE PEQUEÑO
- I CEBOLLA PEQUEÑA
- 75 G / 2,6 OZ DE MOZZARELLA
- 5 ACEITUNAS NEGRAS
- I CUCHARADA DE PEREJIL PICADO

ADEREZO
- 2 CUCHARADAS DE VINAGRE
- 2 CUCHARADAS DE ACEITE DE OLIVA
- ZUMO DE 1/2 LIMÓN
- I DIENTE DE AJO
- I CUCHARADITA DE MOSTAZA
- SAL Y PIMIENTA

¿CÓMO SE PREPARA?

■ Lavar y cortar en trozos medianos, con los dedos, la lechuga. Colocarlos en una ensaladera.

■ Cortar el tomate en cubos; el pepino, en rodajas; la cebolla, en anillos; la mozzarella, en cubos; y las aceitunas, en cuartos. Mezclar estos ingredientes con la lechuga.

■ Para el aderezo, picar finamente los dientes de ajo. Batir en un bowl pequeño el vinagre, el aceite, el zumo de limón y la mostaza. Salpimentar, agregar el ajo picado y mezclar.

■ Servir la ensalada aderezada y espolvoreada con el perejil picado.

ENSALADA CARIBEÑA

¿QUÉ SE NECESITA?

- I MANZANA VERDE
- I PLANTA PEQUEÑA DE LECHUGA
- I ZANAHORIA
- I RODAJA DE PIÑA
- 100 G / 3,5 OZ DE MOZZARELLA
- 3 ALMENDRAS MOLIDAS
- 2 CUCHARADAS DE ACEITE DE OLIVA
- SAL
- PIMIENTA

¿CÓMO SE PREPARA?

■ Pelar la manzana, quitarle el centro y cortarla en cuartos. Cortar cada cuarto en láminas de 2 ó 3 mm de espesor.

■ Cortar la rodaja de piña en gajitos y el queso, en dados medianos.

■ Cortar la lechuga en trozos grandes, con los dedos, y rallar la zanahoria.

■ Colocar los ingredientes en una ensaladera.

■ Rociar con el aceite y condimentar a gusto.

■ Espolvorear con las almendras molidas.

DIETA RICA EN FIBRA

INTENSIDAD MEDIA	NO ES VEGETARIANA	CONTIENE RECETAS	DURACIÓN
− +			**7** **días**

DÍA 1

■ Al levantarse

• 3 ciruelas secas y beber el agua en que han estado en remojo toda la noche

■ Desayuno

• 1 panecillo de salvado untado con mantequilla vegetal light o queso blanco descremado
• 1 vaso de leche de soja o leche descremada

■ Media mañana

• 1 manzana

■ Almuerzo

• 1 plato de ensalada a elección
• 1 presa de pollo sin piel, grillada
• 7 almendras tostadas

■ Merienda

• 1 vaso de yogur descremado con 1 cucharada de salvado

■ Cena

• 1 plato de **"Tortilla con cereales"** ✪
• 1 rebanada de pan integral
• 1 fruta a elección

DÍA 2	DÍA 3

■ Desayuno

• I vaso de yogur descremado con una manzana troceada, una cucharada de pasas de uva y una cucharada de germen de trigo
• I taza de infusión

■ Media mañana

• 5 almendras

■ Almuerzo

• I plato de ensalada a elección
• I filete de lenguado, grillado
• I kiwi

■ Media tarde

• 2 galletas de arroz integral

■ Cena

• I plato de spaghetti con verduras (calabaza, pimiento rojo, hinojo, berenjenas)
• I rebanada de pan integral
• I fruta a elección

■ Desayuno

• I vaso de leche de soja o leche descremada con 3 cucharadas de **"Muesli"** ✪

■ Media mañana

• I kiwi

■ Almuerzo

• I plato de ensalada a elección
• 1/2 pechuga de pollo sin piel, grillada
• 7 almendras

■ Merienda

• I vaso de yogur descremado con I cucharada de salvado

■ Cena

• I plato de arroz integral con champiñones y arvejas
• I rebanada de pan integral
• I fruta a elección

DÍA 4	DÍA 5

DÍA 4

■ Desayuno

• I taza de **"Batido de avena y coco"**
• I taza de infusión

■ Media mañana

• 3 albaricoques

■ Almuerzo

• I plato de ensalada a elección
• I bistec de carne de ternera magra, grillado
• I vaso de yogur descremado con I cucharada de germen de trigo

■ Merienda

• 5 nueces

■ Cena

• I plato de sopa de verduras con 3 cucharadas de copos de avena, trigo o cebada
• I rebanada pan integral
• I fruta a elección

DÍA 5

■ Desayuno

• I rodaja de pan de salvado untada con queso blanco descremado
• I vaso de leche de soja o leche descremada

■ Media mañana

• I vaso de yogur descremado con I cucharada de germen de trigo

■ Almuerzo

• I plato de ensalada a elección
• I plato de estofado de ternera con patata y zanahoria
• 7 almendras

■ Merienda

• 2 galletas de arroz integral

■ Cena

• 2 **"Hamburguesas de soja"**
• I rebanada pan integral
• I fruta a elección

DÍA 6	DÍA 7

DÍA 6

■ Desayuno

• I vaso de yogur descremado con I cucharada de pasas de uva y I cucharada de germen de trigo
• I taza de infusión

■ Media mañana

• 7 avellanas

■ Almuerzo

• I plato de ensalada a elección
• I filete de salmón al vapor
• 2 rodajas de piña

■ Merienda

• I vaso de yogur descremado con I cucharada de salvado

■ Cena

• I plato de revuelto de huevo y zucchinis
• I rebanada pan integral
• I fruta a elección

DÍA 7

■ Desayuno

• I taza de **"Batido de avena y coco"** ✪
• I taza de infusión

■ Media mañana

• 2 peras

■ Almuerzo

• I plato de ensalada a elección
• I filete de pechuga de pavo con ciruelas pasas
• I manzana al horno

■ Merienda

• I vaso de yogur descremado con I cucharada de germen de trigo

■ Cena

• I plato de arroz integral con brotes de soja y zanahoria
• I rebanada pan integral
• I fruta a elección

⭐ RECETAS INCLUIDAS EN LA DIETA

TORTILLA CON CEREALES

¿QUÉ SE NECESITA?

- 2 HUEVOS
- 1 PATATA PEQUEÑA
- 1 PUÑADO DE COPOS DE CEREAL SIN AZUCARAR
- SAL
- PIMIENTA
- 1 CHORRITO DE ACEITE DE OLIVA

¿CÓMO SE PREPARA?

■ Pelar la patata y cortarla en láminas de 2 ó 3 mm de espesor.

■ Cocinar las láminas al vapor hasta que estén apenas tiernas.

■ Batir los huevos, salpimentarlos e incorporarles los copos de cereal y las láminas de patata.

■ Calentar un chorrito de aceite en una sartén pequeña antiadherente y volcar la preparación.

■ Cocinar a fuego moderado con la sartén tapada hasta que el huevo comience a cuajar. Dar vuelta la tortilla y cocinar del lado opuesto, dos o tres minutos más.

MUESLI

¿QUÉ SE NECESITA?

- 1 CUCHARADA DE FRUTOS SECOS (NUECES, ALMENDRAS O AVELLANAS)
- 2 CUCHARADAS DE COPOS DE AVENA
- 1/2 MANZANA VERDE
- 2 CUCHARADAS DE YOGUR DESCREMADO

¿CÓMO SE PREPARA?

■ Colocar los copos de avena dentro de una taza con agua y dejarlos en remojo media hora.

■ Escurrirlos y colocarlos dentro de un bowl.

■ Pelar la media manzana, cortarla en cubos pequeños y mezclarla con los copos.

■ Incorporar el yogur y los frutos secos elegidos, y revolver bien.

BATIDO DE AVENA Y COCO

¿QUÉ SE NECESITA?

- I VASO DE LECHE DESCREMADA
- 3 CUCHARADAS DE AVENA ARROLLADA
- I CUCHARADA DE COCO RALLADO
- EDULCORANTE, A GUSTO

¿CÓMO SE PREPARA?

■ Colocar la avena dentro del vaso de leche y dejarla en remojo alrededor de media hora.

■ Agregar edulcorante y el coco rallado. Batir bien y servir.

HAMBURGUESAS DE SOJA

¿QUÉ SE NECESITA?

- 2 TAZAS DE POROTOS DE SOJA
- I CUCHARADITA DE PEREJIL PICADO
- I DIENTE DE AJO PICADO
- SAL MARINA
- ACEITE

¿CÓMO SE PREPARA?

■ Hervir en una olla con abundante agua los porotos de soja y cocinarlos hasta que se encuentren blandos.

■ Retirar del fuego, colarlos y hacer un puré.

■ Incorporar el perejil picado, el ajo picado y condimentar con sal marina a gusto.

■ Mezclar todos los ingredientes hasta formar una pasta homogénea.

■ Tomar porciones de la pasta y darles forma de hamburguesa.

■ Cocinarlas en una placa para horno ligeramente aceitada.

DIETA A BASE DE FRUTAS

INTENSIDAD ALTA	NO ES VEGETARIANA	NO CONTIENE RECETAS	DURACIÓN
			5 días

■ Entre comidas

Beber mucho líquido, ya sea agua o infusiones. El consumo de café debe ser limitado.

DÍA 1

■ Desayuno

• 2 frutas a elección

■ Almuerzo

• 2 filetes pequeños de pescado al vapor
• 2 frutas a elección

■ Merienda

• 2 frutas a elección

■ Cena

• 3 rodajas de mozzarella
• 2 frutas a elección

DÍA 2

■ Desayuno

• 2 frutas a elección

■ Almuerzo

• 1 pechuga de pollo sin piel, grillada y rociada con zumo de limón
• 2 frutas a elección

■ Merienda

• 2 frutas a elección

■ Cena

• 2 vasos de yogur descremado
• 2 frutas a elección

DÍA 3	DÍA 4
■ Desayuno	**■ Desayuno**
• 2 frutas a elección	• 2 frutas a elección
■ Almuerzo	**■ Almuerzo**
• 1 huevo duro • 2 frutas a elección	• 1 bistec de carne de ternera magra, grillado • 2 frutas a elección
■ Merienda	**■ Merienda**
• 2 frutas a elección	• 2 frutas a elección
■ Cena	**■ Cena**
• 50 g / 1,7 oz de mozzarella • 2 frutas a elección	• 1 taza de ricota descremada • 2 frutas a elección

DÍA 5

■ Desayuno

• 2 frutas a elección

■ Almuerzo

• 1 lata de atún al agua
• 2 frutas a elección

■ Merienda

• 2 frutas a elección

■ Cena

• 2 vasos de leche descremada
• 2 frutas a elección

DIETA COMBINADA CON FRUTAS

INTENSIDAD ALTA	ES VEGETARIANA	NO CONTIENE RECETAS	DURACIÓN
 − +			**7 días**

DÍA 1

■ **Cada 2 horas**

• Zumos de fruta y licuados. Si el día es muy caluroso, agregar caldo con sal.

DÍA 2

■ **Cada 2 horas**

• Zumos de fruta y licuados. Si el día es muy caluroso, agregar caldo con sal.
• 1 fruta a elección

DÍA 3

■ **Cada 2 horas**

• Zumos de fruta y licuados. Si el día es muy caluroso, agregar caldo con sal.
• 1 fruta a elección

■ **Almuerzo**

• 1 plato abundante de ensalada a elección

DÍA 4

■ **Cada 2 horas**

• Zumos de fruta y licuados. Si el día es muy caluroso, agregar caldo con sal.
• 1 fruta a elección

■ **Almuerzo**

• 1 plato abundante de ensalada a elección

■ **Cena**

• 1 plato abundante de panaché de verduras

DÍA 5

■ Cada 2 horas

• Zumos de fruta y licuados. Si el día es muy caluroso, agregar caldo con sal.
• 1 fruta a elección

■ Almuerzo

• 1 plato abundante de ensalada a elección

■ Merienda

• 1 puñado pequeño de nueces, castañas o almendras

■ Cena

• 1 plato abundante de panaché de verduras

DÍA 6

■ Cada 2 horas

• Zumos de fruta y licuados. Si el día es muy caluroso, agregar caldo con sal.
• 1 fruta a elección

■ Media mañana

• 1 vaso de yogur descremado con cereales

■ Almuerzo

• 1 plato abundante de ensalada a elección

■ Merienda

• 1 puñado pequeño de nueces, castañas o almendras

■ Cena

• 1 plato abundante de panaché de verduras

DÍA 7

■ **Cada 2 horas**

• Zumos de fruta y licuados. Si el día es muy caluroso, agregar caldo con sal.
• 1 fruta a elección

■ **Media mañana**

• 1 vaso de yogur descremado con cereales

■ **Almuerzo**

• 1 plato abundante de ensalada a elección

■ **Merienda**

• 1 puñado pequeño de nueces, castañas o almendras

■ **Cena**

• 1 plato abundante de panaché de verduras

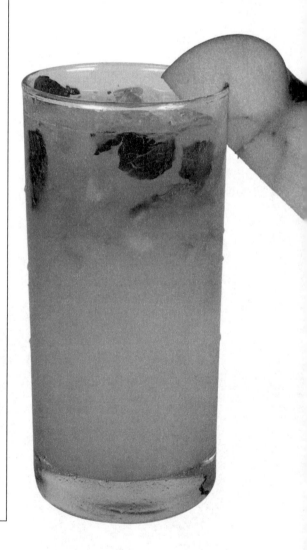

DIETA ANTICELULITIS A BASE DE FIBRAS

INTENSIDAD MEDIA	NO ES VEGETARIANA	NO CONTIENE RECETAS	DURACIÓN
– +			**21** **días**

Frecuencia de la dieta

A continuación se presenta el desarrollo de los primeros siete días de dieta. Luego del séptimo día, se vuelve a comenzar con las indicaciones brindadas para el primer día de dieta, y así hasta completar los 21 días.

DÍA 1

■ Desayuno

- 1 vaso de zumo de frutas
- 1 rebanada de pan integral
- 1 huevo duro

■ Almuerzo

- 1 bistec de carne de ternera magra, grillado
- 1 plato de ensalada de tomate, pepino e hinojo
- 1 rebanada de pan integral
- 1 fruta a elección

■ Media tarde

- 1 vaso de leche descremada o 1 vaso de licuado de frutas con agua

■ Cena

- 120 g / 4,2 oz de ricota o queso untable descremado
- 1 plato de ensalada de espinaca y champiñones
- 1 rebanada de pan integral
- 1 fruta pequeña

DÍA 2

■ Desayuno

- I vaso de zumo de tomate
- I huevo duro
- I rebanada de pan integral

■ Almuerzo

- I filete de salmón rosado grillado
- I plato de ensalada de apio, pepino y lechuga
- I rebanada de pan integral

■ Media tarde

- I manzana al horno

■ Cena

- I plato de legumbres a elección
- I rebanada de pan integral
- I rebanada de piña

DÍA 3

■ Desayuno

- I vaso de leche descremada con cereales endulzados con I cucharadita de miel

■ Almuerzo

- I/2 pechuga de pollo sin piel, grillada
- I plato de ensalada de lechuga y tomate
- I rebanada de pan integral

■ Media tarde

- I manzana o 4 ciruelas pasas cocidas sin azúcar

■ Cena

- I plato de panaché de verduras
- I filete de salmón rosado, grillado
- I rebanada de pan integral
- 2 rebanadas de piña

DÍA 4

■ Desayuno

- I vaso de zumo de naranja
- I taza de té con limón
- I rebanada de pan integral

■ Almuerzo

- I/2 pechuga de pollo sin piel, grillada
- I patata aderezada con aceite y limón
- I plato pequeño de ensalada de hinojo
- I rebanada de pan integral

■ Media tarde

- I vaso de leche descremada

■ Cena

- I bistec de carne de ternera magra, grillada
- 2 rodajas de calabaza al horno
- I plato pequeño de ensalada a elección
- I rebanada de pan integral

DÍA 5

■ Desayuno

- I vaso de yogur descremado con frutas

■ Almuerzo

- I plato pequeño de spaghetti con puré de tomates
- I plato de ensalada de espinaca con yogur natural

■ Media tarde

- I rebanada de piña

■ Cena

- I plato de sopa de verdura
- I tajada de mozzarella
- I plato de ensalada de lechuga, tomate y cebolla
- I rebanada de pan integral

DÍA 6

■ Desayuno

• 2 rebanadas de piña

■ Almuerzo

• 2 huevos duros
• I plato de espárragos al vapor
• I rebanada de pan integral
• I fruta a elección

■ Media tarde

• 2 frutas a elección

■ Cena

• I muslo de pollo sin piel al vapor con salsa de soja y zumo de limón
• I plato pequeño de panaché de verduras
• I rebanada de pan integral

DÍA 7

■ Desayuno

• I taza de té o café con un chorrito de leche descremada
• I porción de ensalada de frutas

■ Almuerzo

• I huevo duro
• 50 g / I,7 oz de ricota descremada
• I plato de panaché de verduras

■ Media tarde

• I vaso de yogur descremado con cereales o frutas

■ Cena

• I plato pequeño de spaghetti con puré de tomates
• I plato de panaché de verduras
• I rebanada de pan integral
• I fruta a elección

PLAN PARA ACTIVAR EL METABOLISMO

INTENSIDAD BAJA	NO ES VEGETARIANA	CONTIENE RECETAS	DURACIÓN
 − ← +			**7** **días**

Con este esquema de alimentación, en el cual se deben ingerir alimentos cada 3 horas, se logra que el metabolismo se acelere y funcione quemando mayor cantidad de grasas.

DÍA 1

■ Desayuno

• 1/2 taza de leche descremada
• 1 taza de té o café
• 3 galletas integrales untadas con queso blanco descremado y mermelada dietética

■ Media mañana

• 1 fruta a elección o 1 vaso de zumo de frutas

■ Almuerzo

• 1 filete de lenguado o salmón blanco, grillado
• 1 plato de ensalada de lechuga y tomate

■ Merienda

• 1 vaso yogur descremado con 2 cucharadas de copos de maíz o trigo

■ Cena

• 1 plato de **"Guisado rápido"** ✪
• Luego de una hora:
1 fruta o 1 porción de postre dietético de vainilla

DÍA 2	DÍA 3
■ Desayuno	**■ Desayuno**
• I vaso de licuado hecho con agua y fruta a elección • I tostada de pan de molde untada con queso blanco descremado y mermelada dietética	• I vaso de yogur descremado con 2 cucharadas de copos de maíz
■ Media mañana	**■ Media mañana**
• I barra de cereal	• I fruta o I vaso de zumo de naranja o pomelo
■ Almuerzo	**■ Almuerzo**
• I filete de pollo grillado • I porción de puré de calabaza	• 2 tajadas delgadas de carne de ternera fría • I plato de ensalada de berro, ajo y tomate
■ Media tarde	**■ Media tarde**
• I vaso de yogur descremado	• I barra de cereal
■ Merienda	**■ Merienda**
• I vaso de zumo de naranja o pomelo • 2 galletas dulces	• I vaso de licuado hecho con agua y fruta a elección
■ Cena	**■ Cena**
• I omelette de arvejas, hecha con I huevo • I plato de ensalada de zanahoria rallada y remolacha • Luego de una hora: I fruta o I porción de postre dietético de vainilla	• I plato de ravioles de verdura con puré de tomates • Luego de una hora: I fruta

DÍA 4

■ **Desayuno**

• 1/2 taza de leche descremada
• 1 taza de té o café
• 3 galletas integrales untadas con queso descremado y mermelada dietética

■ **Media mañana**

• 1 fruta o 1 vaso de zumo de naranja o pomelo

■ **Almuerzo**

• 1 bistec de lomo de ternera, grillado
• 1 plato de brócoli al vapor

■ **Media tarde**

• 1 vaso de yogur descremado

■ **Merienda**

• 1 porción de ensalada de frutas

■ **Cena**

• 1 filete de lenguado o salmón rosado, grillado
• 1 plato de ensalada de zanahoria rallada y tomate
• Luego de una hora: 1 fruta o 1 porción de postre dietético de vainilla

DÍA 5

■ **Desayuno**

• 1 vaso de licuado hecho con agua y fruta a elección
• 1 croissant

■ **Media mañana**

• 1 fruta o 1 vaso de zumo de naranja o pomelo

Almuerzo

• 1 hamburguesa de ternera magra
• 1 plato de ensalada de remolacha y lechuga

■ **Media tarde**

• 1 barra de cereal

■ **Merienda**

• 1 vaso de leche descremada
• 1 taza de infusión
• 3 galletas de agua untadas con queso blanco descremado y mermelada dietética

■ **Cena**

• 1 plato de sopa de verduras
• 1 porción de **"Pinchos italianos"** ✪
• Luego de una hora: 1 melocotón

DÍA 6

■ Desayuno

• 1 vaso de yogur descremado con 2 cucharadas de copos de maíz

■ Media mañana

• 1 fruta a elección

■ Almuerzo

• 1/4 de pollo sin piel, al horno
• 1 plato de ensalada de hojas verdes (rúcula, espinaca, berro, lechuga)

■ Media tarde

• 1 fruta a elección

■ Merienda

• 1 vaso de licuado hecho con agua y fruta a elección
• 1 rebanada de pan integral
• 1 tajada de mozzarella

■ Cena

• 2 porciones pequeñas de pizza de mozzarella y tomate
• Luego de una hora: 1 porción de helado de fruta al agua

DÍA 7

■ Desayuno

• 1 vaso de leche descremada
• 1 taza de infusión
• 1 tostada de pan integral untada con queso blanco descremado y mermelada dietética

■ Media mañana

• 1 vaso de zumo de naranja o pomelo

■ Almuerzo

• 1 bistec de lomo de ternera, grillado
• 1 plato de ensalada de hojas verdes (rúcula, espinaca, berro, lechuga)
• 1 porción de ensalada de frutas

■ Merienda

• 1 vaso de leche descremada
• 1 taza de infusión
• 1 croissant

■ Cena

• 1 plato de sopa de verdura con pasta
• Luego de una hora: 1 taza de fresas con zumo de naranja

⭐ RECETAS INCLUIDAS EN LA DIETA

GUISADO RÁPIDO

¿QUÉ SE NECESITA?

- 1 TAZA DE SPAGHETTI COCIDOS
- 2 CUCHARADAS DE ARVEJAS COCIDAS
- 1 ZANAHORIA PEQUEÑA
- 4 CUCHARADAS DE SALSA DE TOMATE
- 2 CUCHARADAS DE ACEITE DE OLIVA
- SAL
- PIMIENTA

¿CÓMO SE PREPARA?

■ Cortar la zanahoria en juliana (tiras muy delgadas).

■ Calentar el aceite en una sartén y rehogar allí las zanahorias, a fuego fuerte, uno o dos minutos.

■ Incorporar el resto de los ingredientes, salpimentar y servir cuando los spaghettis estén calientes.

PINCHOS ITALIANOS

¿QUÉ SE NECESITA?

- 150 G / 5,2 OZ DE TOMATES CHERRY
- 1 PUÑADO DE HOJAS FRESCAS DE ALBAHACA
- 50 G / 1,7 DE BOCONCCINI (MOZZARELLA PEQUEÑA EN ESFERAS)
- 1 POCILLO DE ACEITE DE OLIVA (MÁS 4 CUCHARADAS)
- SAL
- PIMIENTA

¿CÓMO SE PREPARA?

■ Lavar los tomates cherry y colocarlos en una placa para horno. Rociarlos con las 4 cucharadas de aceite de oliva, salpimentar y llevarlos a horno de temperatura moderada, hasta que estén crujientes. Retirar y reservar.

■ Cortar los boconccini por la mitad.

■ Calentar el aceite de oliva restante en una sartén y freír allí las hojas de albahaca, unos instantes.

■ Retirar la albahaca y dejar que se enfríe.

■ Cuando los tomates estén fríos, armar los pinchos intercalando en palillos de madera un tomate, una o dos hojas de albahaca y una mitad de boconccini. Salpimentar y servir.

DIETA PARA ADELGAZAR COMBATIENDO LA CELULITIS

INTENSIDAD MEDIA	NO ES VEGETARIANA	NO CONTIENE RECETAS	DURACIÓN
− +			**21** **días**

Frecuencia de la dieta

A continuación se presenta el desarrollo de los primeros siete días de dieta. Luego del séptimo día, se vuelve a comenzar con las indicaciones brindadas para el primer día de dieta, y así hasta completar los 21 días.

DÍA 1

■ Desayuno

• 1 vaso de zumo de naranja, pomelo o tomate
• 1 rebanada de pan integral
• 1 huevo duro
• 1 taza de café descafeinado

■ Almuerzo

• 1 filete de pollo sin piel, grillado y rociado con zumo de limón
• 1 plato de ensalada de tomate, pepino e hinojo
• 1 rebanada de pan integral
• 1 fruta a elección

■ A media tarde

• 1 vaso de leche descremada o 1 vaso de licuado hecho con agua y fruta a elección

■ Cena

• 2 tajadas de mozzarella
• 1 plato de ensalada de espinaca y champiñones
• 1 rebanada de pan integral
• 1 fruta pequeña

DÍA 2

■ Desayuno

- 1 vaso de zumo de tomate
- 1 huevo duro
- 1 rebanada de pan integral

■ Almuerzo

- 1 filete de salmón rosado, grillado
- 1 plato de ensalada de apio, pepino y lechuga
- 1 rebanada de pan integral

■ Media tarde

- 1 manzana al horno

■ Cena

- 1 plato de hortalizas al vapor, a elección
- 1 rebanada de pan integral
- 1 rebanada de piña

DÍA 3

■ Desayuno

- 1 vaso de leche descremada con cereales no azucarados endulzados con 1 cucharadita de miel

■ Almuerzo

- 2 tajadas de jamón cocido
- 1 plato de ensalada de lechuga, zanahoria rallada y huevo duro
- 1 rebanada de pan integral

■ Media tarde

- 1 manzana o 4 ciruelas

■ Cena

- 1 plato de panaché de verduras
- 1 filete de lenguado grillado o al horno
- 1 rebanada de pan integral
- 2 rebanadas de piña

DÍA 4	DÍA 5

DÍA 4

■ Desayuno

- I vaso de zumo de naranja
- I taza de té con limón
- I rebanada de pan integral

■ Almuerzo

- I pechuga de pollo sin piel, grillada
- I patata al vapor
- I plato pequeño de ensalada de hinojo
- I rebanada de pan integral

■ Media tarde

- I vaso de leche descremada

■ Cena

- I bistec de lomo de ternera, grillado
- I rodaja de calabaza grillada
- I plato pequeño de ensalada a elección
- I rebanada de pan integral

DÍA 5

■ Desayuno

- I vaso de yogur descremado mezclado con frutas

■ Almuerzo

- I plato pequeño de pasta a elección con puré de tomates
- I plato de ensalada de espinaca y champiñones
- I vaso de yogur bebible descremado

■ Media tarde

- I rebanada de piña

■ Cena

- I plato de sopa de verdura
- I tajada de mozzarella
- I plato de ensalada a elección
- I rebanada de pan integral

DÍA 6

■ Desayuno

• 2 rebanadas de piña

■ Almuerzo

• 2 huevos duros
• 10 espárragos al vapor
• 1 rebanada de pan integral
• 1 fruta a elección

■ Media tarde

• 2 frutas a elección

■ Cena

• 1 muslo de pollo sin piel, grillado
• 1 plato de hortalizas al vapor, a elección
• 1 rebanada de pan integral

DÍA 7

■ Desayuno

• 1 taza de té o café descafeinado
• 2 rebanadas de piña

■ Almuerzo

• 1 huevo duro
• 1 plato de panaché de verduras

■ A media tarde

• 1 vaso de yogur descremado con cereales

■ Cena

• 1 filete de lenguado, grillado
• 1 plato de arroz blanco con puré de tomates
• 1 rebanada de pan integral
• 1 fruta a elección

DIETA PARA ADELGAZAR SIN PERDER NUTRIENTES

INTENSIDAD MEDIA	NO ES VEGETARIANA	CONTIENE RECETAS	DURACIÓN
			**7** días

PARA TODA LA DIETA

■ Desayunos y meriendas

• 1 taza de té común o té verde

Optar por:
• 1 taza de fresas con 1 cucharada de queso blanco descremado
• 1 vaso de yogur descremado con cereales
• 1 rebanada de pan integral con 1 tajada de jamón cocido

■ Colaciones

• 1 vaso de yogur bebible descremado

Optar por:
• 1 tajada de mozzarella
• 2 galletas integrales untadas con mermelada dietética
• 2 galletas de arroz untadas con queso blanco descremado

DÍA 1

■ Almuerzo

• 1 filete de pollo sin piel, grillado
• 1 porción de puré de calabaza y espinaca
• 1 fruta (no cítrica)

■ Cena

• 1 omelette de mozzarella hecha con 1 huevo
• 1 plato de rehogado de zucchinis y cebolla
• 1 porción de ensalada de frutas sin cítricos

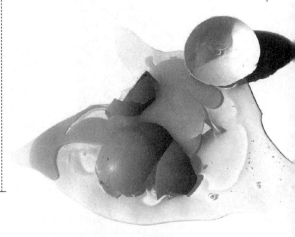

DÍA 2

■ Almuerzo

• 2 **"Hamburguesas de pescado"**
• I plato de ensalada de apio y tomate
• I fruta (no cítrica)

■ Cena

• I plato de spaghetti con puré de tomates
• I flan dietético

DÍA 3

■ Almuerzo

• I hamburguesa de ternera, magra
• I plato de ensalada de remolacha y zanahoria rallada

■ Cena

• I plato de ensalada de arroz blanco con arvejas, pollo y mayonesa light
• I porción de gelatina dietética

DÍA 4

■ Almuerzo

• I/2 pechuga de pollo sin piel, grillada
• I plato de ensalada de tomate y I huevo duro
• I fruta (no cítrica)

■ Cena

• I plato de ravioles de ricota con salsa de tomate
• I fruta (no cítrica)

DÍA 5

■ Almuerzo

• I **"Copa fresca de atún"**
• I fruta (no cítrica)

■ Cena

• I plato de ravioles de ricota con salsa de tomate
• I plato de ensalada de hinojo
• I porción de ensalada de frutas sin cítricos

DÍA 6	DÍA 7
■ Almuerzo • 1 plato de panaché de verduras • 1 plato de ensalada de tomate y apio **■ Cena** • 1 plato de ensalada de lentejas, ajo picado y tomate • 1 fruta (no cítrica)	**■ Almuerzo** • 1 bistec de lomo de ternera, grillado • 1 plato de ensalada de tomate y zanahoria rallada • 1 flan dietético **■ Cena** • 1 plato de arroz blanco con azafrán • 1 plato de ensalada de hinojo y 1 huevo duro • 1 fruta (no cítrica)

HAMBURGUESAS DE PESCADO

¿QUÉ SE NECESITA?

- 1 FILETE GRANDE DE SALMÓN BLANCO
- 1 CUCHARADA DE HARINA DE TRIGO
- 1 CUCHARADA DE AJO Y PEREJIL PICADOS
- 1 HUEVO
- SAL

¿CÓMO SE PREPARA?

■ Cocinar al vapor o al horno el salmón y, cuando esté frío, quitarle las espinas y desmenuzarlo.

■ Mezclarlo con la mitad del huevo y la harina.

■ Agregar sal y pimienta a gusto y el ajo y perejil picados.

■ Formar las dos hamburguesas y cocinarlas al horno o grilladas.

COPA FRESCA DE ATÚN

¿QUÉ SE NECESITA?

- 100 G / 3,5 OZ DE ATÚN AL NATURAL
- 2 CUCHARADAS DE QUESO BLANCO DESCREMADO
- 2 CUCHARADAS DE MAYONESA LIGHT
- 1 CEBOLLA PEQUEÑA
- HIERBAS AROMÁTICAS A ELECCIÓN
- SAL

¿CÓMO SE PREPARA?

■ Picar finamente la cebolla.

■ Desmenuzar el atún y mezclarlo con la cebolla, el queso blanco y la mayonesa. Condimentar y mezclar bien.

■ Colocar en una copa y refrigerar al menos una hora antes de servir.

DIETA GOURMET

INTENSIDAD BAJA	NO ES VEGETARIANA	CONTIENE RECETAS	DURACIÓN
			7 **días**

DÍA 1

■ Desayuno

• 1 taza de capuccino light espolvoreado con canela
• 1 rebanada pan multicereal untada con queso blanco descremado

■ Media mañana

• 1 barra de cereal

■ Almuerzo

• 1 plato de **"Pimiento almendrado"** ✪
• 1 omelette de huevo con champiñones
• 1 pera al borgoña (cocinada con vino tinto)

■ Media tarde

• 1 yogur descremado con 1 cucharada de **"Muesli"** ✪
• 1 vaso de zumo de pomelo

■ Cena

• 1 plato de **"Ensalada griega"** ✪
• 1 flan dietético

DÍA 2

■ Desayuno

• 1 vaso de leche descremada con 1 cucharada de cacao amargo en polvo
• 3 galletas dulces integrales

■ Media mañana

• 1 o 2 kiwis

■ Almuerzo

• 1 plato de **"Chaw fan de huevo"**
• 1 manzana asada espolvoreada con canela

■ Media tarde

• 1 vaso de leche descremada endulzada con 1 cucharadita de miel y mezclada con 3 cucharadas de cereales

■ Cena

• 1 plato de ravioles de ricota con puré de tomates y albahaca fresca
• 1 flan dietético

DÍA 3

■ Desayuno

• 1 vaso de leche descremada con 2 cucharaditas de cacao amargo en polvo
• 2 **"Muffins de avena"** ✪

■ Media mañana

• 4 almendras
• 1 vaso de zumo de pomelo

■ Almuerzo

• 1 plato de ravioles de calabaza con crema de leche liviana
• 1 flan dietético

■ Media tarde

• 1 taza de infusión con leche descremada
• 2 rebanadas de pan multicereal untadas con queso blanco descremado y mermelada dietética

■ Cena

• 3 alcachofas con mayonesa light
• 1 melocotón

DÍA 4

■ Desayuno

• I vaso de leche descremada con I cucharada de cacao amargo en polvo
• I **"Muffin de avena"** ✪

■ Media mañana

• 6 almendras

■ Almuerzo

• I plato de ensalada de atún, lechuga, palmitos y 2 nueces troceadas
• I manzana asada espolvoreada con canela

■ Media tarde

• I vaso de yogur descremado con frutas
• I barra de cereal

■ Cena

• I plato de ensalada de tomate, granos de maíz y I huevo duro
• 10 espárragos gratinados con queso parmesano light
• I porción de gelatina dietética

DÍA 5

■ Desayuno

• I vaso de leche descremada con I cucharada de cacao amargo en polvo
• 3 galletas dulces integrales

■ Media mañana

• I vaso de zumo de frutas

■ Almuerzo

• 6 langostinos grillados
• I plato de arroz blanco con azafrán
• I rodaja de piña

■ Media tarde

• I vaso de leche descremada con I cucharada de cacao amargo en polvo
• 2 rebanadas de pan multicereal untadas con mermelada dietética

■ Cena

• I bistec de lomo de ternera, grillado
• I patata en rodajas, grillada
• I pera al borgoña (cocinada con vino tinto)

DÍA 6

■ Desayuno

• I vaso de leche descremada con I cucharada de cacao amargo en polvo
• 2 rebanadas de pan multicereal untadas con queso blanco descremado

■ Media mañana

• I vaso de yogur descremado con I rodaja de piña en trozos

■ Almuerzo

• I plato de ensalada de arroz, zanahoria rallada, lechuga y mayonesa light
• 10 cerezas

■ Media tarde

• I vaso de leche descremada con I cucharada de cacao amargo en polvo
• I **"Muffin de avena"**

■ Cena

• I plato de ensalada de espinaca, brotes de soja y champiñones
• I filete de lenguado, grillado
• I flan dietético

DÍA 7

■ Desayuno

• I vaso de leche descremada con I cucharada de cacao amargo en polvo
• I croissant

■ Media mañana

• I taza de fresas con zumo de naranja

■ Almuerzo

• I plato de **"Chow mien"** ✪
• I porción de ensalada de frutas mezclada con yogur descremado

■ Media tarde

• I vaso de leche descremada con I cucharada de cacao amargo en polvo
• I rebanada de pan blanco con I tajada de jamón cocido

■ Cena

• I plato de ensalada de tomate, mozzarella y albahaca fresca
• I omelette de champiñones hecha con I huevo
• I manzana asada al horno espolvoreada con canela

PIMIENTO ALMENDRADO

¿QUÉ SE NECESITA?

- 1 PIMIENTO ROJO
- 1/2 TAZA DE ARROZ BLANCO COCIDO
- 8 ALMENDRAS PELADAS Y TRITURADAS
- 1 CEBOLLA PEQUEÑA
- 2 CUCHARADAS DE ACEITE DE OLIVA
- SAL
- PIMIENTA

¿CÓMO SE PREPARA?

■ Picar finamente la cebolla y rehogarla en una sartén en la que se habrá calentado previamente el aceite de oliva.

■ Cuando se ponga transparente, incorporar las almendras, cocinar uno o dos minutos más y retirar del fuego.

■ Mezclar con el arroz cocido y salpimentar.

■ Cortar longitudinalmente el pimiento, retirarle las semillas y rellenar las mitades con la preparación de arroz.

■ Colocar las mitades en una placa para horno y cocinar hasta que el pimiento esté tierno.

MUESLI

¿QUÉ SE NECESITA?

- 1 CUCHARADA DE FRUTOS SECOS (NUECES, ALMENDRAS O AVELLANAS)
- 2 CUCHARADAS DE COPOS DE AVENA
- 1/2 MANZANA VERDE
- 2 CUCHARADAS DE YOGUR DESCREMADO

¿CÓMO SE PREPARA?

■ Colocar los copos de avena dentro de una taza con agua y dejarlos en remojo media hora.

■ Escurrirlos y colocarlos dentro de un bowl.

■ Pelar la media manzana, cortarla en cubos pequeños y mezclarla con los copos.

■ Incorporar el yogur y los frutos secos elegidos, y revolver bien.

CHAW FAN DE HUEVO

¿QUÉ SE NECESITA?

- 1 TAZA DE ARROZ COCIDO
- 1 CEBOLLA PICADA
- 1 CEBOLLA DE VERDEO
- 1 HUEVO APENAS BATIDO
- 4 CUCHARADAS DE ACEITE
- 1 ZANAHORIA
- 1 CUCHARADA DE VINO DE ARROZ O JEREZ
- 1 CUCHARADA DE SEMILLAS DE SÉSAMO TOSTADAS
- SAL

¿CÓMO SE PREPARA?

■ Cortar la cebolla de verdeo en juliana y la zanahoria, en juliana (tiras muy delgadas).

■ Calentar un wok a fuego fuerte con 2 cucharadas de aceite.

■ Verter el huevo, el vino de arroz y la sal. Revolver y retirar la mezcla cuando el huevo forme grumos pequeños. Reservar.

■ Limpiar el wok con una escobilla y volver a calentarlo con el resto del aceite. Agregar las verduras y el arroz, mezclando muy bien.

■ Finalmente agregar el huevo que se había reservado. Mezclar y servir.

■ Espolvorear con las semillas de sésamo.

CHOW MIEN

¿QUÉ SE NECESITA?

- 100 G / 3,5 OZ DE SPAGHETTI
- 75 G / 2,6 OZ DE JUDÍAS VERDES
- 1 ZANAHORIA
- 50 G / 1,7 OZ DE BROTES DE SOJA
- 3 CUCHARADAS DE ACEITE VEGETAL
- 1 DIENTE DE AJO
- 1 CEBOLLA DE VERDEO
- SAL
- PIMIENTA

¿CÓMO SE PREPARA?

■ Cortar las zanahorias en juliana y las cebollas de verdeo en trozos sesgados.

■ Cocinar los spaghetti hasta que estén "al dente", retirarlos, escurrirlos y reservarlos.

■ Picar el ajo. Calentar el wok con el aceite y saltear el ajo, las zanahorias, las judías, las cebollas de verdeo y los brotes de soja.

■ Agregar los spaghetti, salpimentar, cocinar unos instantes más, y servir.

¿QUÉ SE NECESITA?

- 1 PLANTA PEQUEÑA DE LECHUGA
- 1 PEPINO
- 1 TOMATE PEQUEÑO
- 1 CEBOLLA PEQUEÑA
- 75 G / 2,6 OZ DE MOZZARELLA
- 5 ACEITUNAS NEGRAS
- 1 CUCHARADA DE PEREJIL PICADO

ADEREZO
- 2 CUCHARADAS DE VINAGRE
- 2 CUCHARADAS DE ACEITE DE OLIVA
- ZUMO DE 1/2 LIMÓN
- 1 DIENTE DE AJO
- 1 CUCHARADITA DE MOSTAZA
- SAL
- PIMIENTA

¿CÓMO SE PREPARA?

■ Lavar y cortar en trozos medianos, con los dedos, la lechuga. Colocarlos en una ensaladera.

■ Cortar el tomate en cubos; el pepino, en rodajas; la cebolla, en anillos; la mozzarella, en cubos; y las aceitunas, en cuartos. Mezclar estos ingredientes con la lechuga.

■ Para el aderezo, picar finamente los dientes de ajo. Batir en un bowl pequeño el vinagre, el aceite, el zumo de limón y la mostaza. Salpimentar, agregar el ajo picado y mezclar.

■ Servir la ensalada aderezada y espolvoreada con el perejil picado.

¿QUÉ SE NECESITA?

PARA 12 UNIDADES

- 2 TAZAS DE SALVADO DE AVENA
- 2 CUCHARADITAS DE POLVO DE HORNEAR
- 1 LITRO DE LECHE DESCREMADA
- 1 POCILLO DE MIEL
- 1 POCILLO DE AZÚCAR NEGRA
- 2 CLARAS DE HUEVO
- 1 CUCHARADA DE ACEITE DE GIRASOL

¿CÓMO SE PREPARA?

■ Mezclar primero los ingredientes secos (salvado de avena, azúcar negra, sal, polvo de hornear).

■ Luego agregar a dicha mezcla la leche, las claras, la miel y el aceite.

■ Verter en una bandeja de moldes de muffin.

■ Cocinar en horno fuerte durante 15 ó 17 minutos, hasta que estén dorados.

SUGERENCIAS

A la masa se le puede agregar:

■ 1/2 taza de manzana rallada, 1/4 de taza de nueces picadas y 1 cucharadita de canela.

■ 1/4 de taza de pasas de uva y 1/4 de taza de nueces picadas.

DIETA DE OPCIONES PARA ALMORZAR FUERA DE CASA

INTENSIDAD MEDIA	NO ES VEGETARIANA	NO CONTIENE RECETAS	DURACIÓN
 − +			**5 días**

Pasar todo el día fuera de la casa no es excusa para dejar la dieta. A continuación, diez opciones para preparar viandas sencillas. El resto de las comidas diarias pueden tomarse a elección de cualquiera de las dietas incluidas en este capítulo.

■ Opción 1

- 1 plato de ensalada de zanahoria rallada con 1 huevo duro y 1 tajada de mozzarella en cubitos
- 1 manzana

■ Opción 2

- 3 tajadas de jamón cocido
- 1 tomate grande
- 1 vaso de yogur descremado

■ Opción 3

- 10 espárragos con mayonesa light
- 1 plato de ensalada de pepinos
- 1 fruta a elección

■ Opción 4

- 1 sandwich de pan de molde integral hecho con 3 ó 4 hojas de rúcula, 2 rodajas de tomate y 2 rodajas de huevo duro
- 1 kiwi

■ Opción 5

- 1/2 pechuga de pollo sin piel, grillada o al horno
- 1 tomate
- 1 pera

■ Opción 6

- 2 tajadas delgadas de carne de ternera magra, fría
- 1 plato de ensalada de lechuga y tomate
- 1 vaso de yogur descremado

■ Opción 7

• 2 tajadas de jamón cocido
• I huevo duro
• I tomate
• I vaso de yogur descremado

■ Opción 8

• I plato de ensalada de lentejas, pimiento rojo y cebolla
• I kiwi

■ Opción 9

• I sandwich de pan de molde integral hecho con I tajada de mozzarella, I tajada de jamón cocido y mayonesa light
• I manzana

■ Opción 10

• I tomate
• I huevo duro
• I tajada de mozzarella
• I porción de ensalada de frutas

DIETA SHOCK CON TISANAS

INTENSIDAD ALTA	ES VEGETARIANA	NO CONTIENE RECETAS	DURACIÓN
			3 días

DÍAS 1, 2 Y 3

■ Desayuno

• 1 taza de tisana de fucus
• 2 rebanadas de pan de molde untadas con queso blanco descremado

■ Media mañana

• 1 taza de tisana de bardana

■ Almuerzo

• 1 plato de ensalada de hinojo, zanahoria rallada y 1 huevo duro

• 1 taza de té verde

■ Merienda

• 1 taza de tisana de hisopo
• 2 rebanadas de pan de molde untadas con queso blanco descremado

■ Cena

• 1 filete de lenguado grillado
• 1 tomate
• 1 taza de tisana de naranja

Fucus	Conocida como *Fucus Vesiculosus* o *Encina de mar*, el fucus es un alga marina que crece en los acantilados de las costas del norte del océano Atlántico, y es muy apreciada por sus propiedades adelgazantes.
Bardana	Su nombre científico es *Arctium lappa* y es una hierba muy apreciada por sus propiedades depurativas.
Hisopo	Su nombre científico es *Hyssopus officinalis* y es un poderoso estimulante de las funciones digestivas y del sistema nervioso.

DIETA DE DESCENSO ULTRA RÁPIDO / 800 CALORÍAS

INTENSIDAD ALTA	NO ES VEGETARIANA	NO CONTIENE RECETAS	DURACIÓN
– +			**5 días**

Las indicaciones para esta dieta son las mismas para los cinco días de duración estimados.

■ Desayuno

• 1 taza de té o café con leche descremada
• 2 rebanadas de pan integral tostado untadas con queso blanco descremado

■ Media mañana

• 1 vaso de yogur descremado o 1 fruta a elección

■ Almuerzo

• 1 plato de sopa de verduras
• 1 porción (100 g / 3,5 oz) de carne de ternera magra
• 1 plato pequeño de panaché de verduras
• 1 porción de gelatina dietética

■ Merienda

• 1 taza de infusión
• 2 rodajas de pan de molde untadas con mermelada dietética

■ Media tarde

• 1 taza de compota de manzana con edulcorante
• 1 cucharada de queso blanco descremado

■ Cena

• 1 tazón de caldo de verduras
• 1 plato de panaché de verduras
• 1 plato de ensalada de zanahoria rallada
• 1 fruta pequeña

DIETA DE DESCENSO RÁPIDO / 1.000 CALORÍAS

INTENSIDAD ALTA	NO ES VEGETARIANA	NO CONTIENE RECETAS	DURACIÓN
 - +			**5** **días**

Las indicaciones para esta dieta son las mismas para los cinco días de duración estimados.

■ Desayuno

- 1 taza de infusión con leche descremada
- 1 cucharada de queso blanco descremado
- 3 galletas de agua

■ Media mañana

- 1 vaso de yogur bebible descremado

■ Almuerzo

- 1 plato de sopa de verduras
- 1/4 de pollo sin piel, grillado
- 1 ensalada de hojas verdes (rúcula, espinaca, berro, lechuga)
- 1 porción de gelatina dietética

■ Merienda

- 1 taza de infusión
- 1 rodaja de pan de centeno untada con mermelada dietética

■ Media tarde

- 1 fruta pequeña

■ Cena

- 1 tazón de caldo de verduras
- 1 filete de lenguado al horno con hierbas aromáticas a elección
- 1 patata pequeña al horno
- 1 fruta pequeña

DIETA DE DESCENSO MODERADO / 1.200 CALORÍAS

INTENSIDAD ALTA	NO ES VEGETARIANA	NO CONTIENE RECETAS	DURACIÓN
			**5** **días**

Las indicaciones para esta dieta son las mismas para los cinco días de duración estimados.

■ Desayuno

• 1 taza de leche descremada
• 3 galletas de salvado o 1 tostada de pan integral
• 1 cucharada de queso blanco descremado
• 1 taza de infusión

■ Media mañana

• 1 fruta mediana o 2 tajadas de mozzarella

■ Almuerzo

• 1 plato de sopa de verduras
• 1 porción (150 g / 5,2 oz) de carne vacuna magra
• 1 plato de panaché de verduras
• 1 fruta pequeña

■ Merienda

• 1 taza de infusión
• 1 rebanada de pan de centeno untada con mermelada dietética

■ Media tarde

• 1 vaso de yogur descremado

■ Cena

• 1 tazón de caldo de verduras
• 1 plato de ensalada de tomate y atún al agua
• 1 plato de panaché de verduras
• 1 fruta pequeña a elección o 1 porción de compota de frutas

INTENSIDAD ALTA	NO ES VEGETARIANA	NO CONTIENE RECETAS	DURACIÓN
			**5** **días**

Las indicaciones para esta dieta son las mismas para los cinco días de duración estimados. Está dirigida a hombres que desean perder 2 ó 3 kg / 4,4 ó 6,6 lb.

■ Desayuno

• 1 taza de infusión hecha con 1/2 taza de leche descremada
• 3 galletas de salvado
• 1 cucharadita de queso blanco descremado

■ Media mañana

• 1 fruta a elección o 1 vaso de yogur descremado con cereales

■ Almuerzo

• 1 plato de sopa de verduras
• 1 plato de spaghetti con salsa de tomate
• 1 fruta a elección

■ Merienda

• 1 taza de infusión
• 1 rebanada de pan integral untada con queso blanco descremado

■ Media tarde

• 1 porción de ensalada de frutas

■ Cena

• 1 tazón de caldo de verduras
• 1 filete de salmón blanco al horno
• 1 plato de panaché de verduras
• 1 fruta pequeña

DIETA PARA HOMBRES / 1.800 CALORÍAS

INTENSIDAD MEDIA	NO ES VEGETARIANA	NO CONTIENE RECETAS	DURACIÓN
 − +			**5** **días**

Las indicaciones para esta dieta son las mismas para los cinco días de duración estimados.

■ Desayuno

• 1 taza de infusión con 1/2 taza de leche descremada
• 6 galletas de salvado
• 2 cucharadas de queso blando descremado

■ Media mañana

• 1 fruta a elección

■ Almuerzo

• 1 plato de sopa de verduras con 1 cucharada de queso parmesano rallado
• 1 porción (150 g / 5,2 oz) de carne de ternera magra
• 1 plato de panaché de verduras
• 1 plato de ensalada a elección
• 1 fruta a elección

■ Merienda

• 1 taza de infusión
• 2 rodajas de pan integral untadas con queso blanco descremado y mermelada dietética

■ Media tarde

• 1 vaso de yogur descremado con cereales

■ Cena

• 1 tazón de caldo de verduras
• 1 taza de arroz blanco con hortalizas a elección
• 1 plato de ensalada a elección
• 1 fruta a elección

INTENSIDAD BAJA	NO ES VEGETARIANA	NO CONTIENE RECETAS	DURACIÓN
 - +			**5** **días**

Las indicaciones para esta dieta son las mismas para los cinco días de duración estimados.

■ **Desayuno**

• l taza de infusión hecha con l/2 taza de leche descremada
• 2 cucharadas de queso blanco descremado
• l rodaja de mozzarella

■ **Media mañana**

• 2 tajadas de mozzarella
• l vaso de yogur descremado

■ **Almuerzo**

• l plato de sopa de verduras con l cucharada de queso parmesano rallado
• l/4 de pollo sin piel, al horno
• l plato de hortalizas al vapor, a elección
• l plato de ensalada de tomate, apio y cebolla
• l fruta a elección

■ **Merienda**

• l taza de infusión
• 2 rebanadas de pan integral untadas con queso blanco descremado

■ **Media tarde**

• l vaso de yogur descremado

■ **Cena**

• l tazón de caldo de verduras
• l plato de spaghetti con salsa de tomate
• l omelette de mozzarella hecha con l huevo
• l plato de ensalada a elección
• l taza de compota con edulcorante

DIETA DE VIANDAS PARA LLEVAR A LA OFICINA

INTENSIDAD MEDIA	NO ES VEGETARIANA	NO CONTIENE RECETAS	DURACIÓN
			**5 días**

A continuación brindamos cinco opciones de almuerzos sencillos para los días laborales. El resto de las comidas diarias pueden tomarse a elección de cualquiera de las dietas incluidas en este capítulo.

DÍA 1

- 1 plato de ensalada de tomate, granos de maíz y arroz blanco con mayonesa light
- 1 fruta a elección (no cítrica) o 1 vaso de yogur descremado

DÍA 2

- 1 sandwich de pan de molde hecho con 1 tajada de jamón cocido, 2 hojas de rúcula, 2 rodajas de tomate y mayonesa light
- 1 fruta a elección (no cítrica) o 1 barra de cereal

DÍA 3

- 1 sandwich de pan de molde hecho con pollo frío, 1 tajada delgada de aguacate, 3 rodajas de huevo duro y queso blanco descremado
- 1 fruta a elección (no cítrica)

DÍA 4

- 1 plato de ensalada de arroz blanco, pimiento rojo, apio y mayonesa light
- 1 fruta a elección (no cítrica) o 1 barra de cereal

DÍA 5

- 1 plato de ensalada de espinaca, champiñones y 2 nueces molidas
- 1 fruta a elección (no cítrica)

MENÚ HIPOCALÓRICO PARA REDUCIR ABDOMEN

INTENSIDAD ALTA	NO ES VEGETARIANA	NO CONTIENE RECETAS	DURACIÓN
  − +			**3** **días**

Este menú aporta 1.200 calorías para las mujeres y 1.500 calorías para los hombres. La primera cantidad indicada junto a cada alimento es para las mujeres y, la segunda cifra, para los hombres.

■ Desayunos y meriendas

Optar por:
- 1 taza de leche descremada deslactosada o yogur descremado
- 1 taza de té o café descafeinado
- 1 vaso de zumo de cítrico a elección

Optar por:
- 3 / 6 galletas de agua o integrales
- 1 / 2 rebanadas de pan blanco o integral tostado
- 3 / 6 cucharadas soperas de cereales no azucarados

Combinar las galletas o el pan con alguna de las siguientes opciones:
- 1 / 2 cucharadas de queso blanco descremado
- 1 / 2 cucharaditas de mermelada dietética

■ Colaciones

Optar por:
- 1 (mediana) / 1 (grande) manzana sin cáscara
- 1 (mediana) / 1 (grande) pera sin cáscara
- 1 (pequeño) / 1 (mediano) plátano maduro
- 2 / 3 melocotones
- 3 / 5 albaricoques
- 1 / 2 tajadas de mozzarella

■ Almuerzos y cenas

- 3 / 5 tajadas de jamón cocido + 1 (pequeño) / 1 (grande) plato de ensalada a elección + 1 pera cocida con edulcorante
- 1 (pequeño) / 1 (mediano) omelette de zucchini hecho con 1 / 2 huevos + 1 (pequeño) / 1 (grande) tomate + 1 fruta a elección
- 1/2 pechuga de pollo sin piel grillada + 1 (pequeño) / 1 (grande) plato de puré de patata y calabaza + 1 porción de ensalada de frutas
- 1 / 2 filetes de salmón blanco grillado o al horno + 2 / 3 rodajas de calabaza grillada o al horno + 1 fruta a elección
- 1 plato de sopa de verduras con arroz + 1 (pequeño) / 1 (grande) plato de spaghetti con puré de tomates + 1 porción de gelatina dietética

DIETA INTENSA PARA EL VERANO

INTENSIDAD ALTA	ES VEGETARIANA	NO CONTIENE RECETAS	DURACIÓN
			3 días

DÍA 1

■ Desayuno

• 1 vaso de zumo de naranja
• 4 galletas de agua untadas con queso blanco descremado

■ Almuerzo

• 2 tomates
• 1 plato de ensalada de arroz con apio, pimiento rojo y mayonesa light
• 1 taza de cerezas

■ Merienda

• 1 vaso de licuado de melocotón con agua
• 1 sandwich de pan integral hecho con mozzarella, albahaca y tomate

■ Cena

• 1 vaso de zumo de tomate
• 1 plato de spaghetti con puré de tomates
• 3 rodajas de piña

DÍA 2

■ Desayuno

• 1 vaso de zumo de naranja
• 1 porción de ensalada de frutas mezclada con yogur descremado

■ Almuerzo

• 1 plato abundante de ensalada a elección
• 1 porción de gelatina dietética

■ Merienda

• 1 vaso de leche descremada
• 2 rebanadas de pan integral de molde untadas con queso blanco descremado y mermelada dietética

■ Cena

• 1 plato de panaché de verduras
• 1 plato pequeño de arroz blanco
• 1 fruta a elección

DÍA 3

■ Desayuno

• I vaso de zumo de tomate
• I tazón de cereales sin azucarar con yogur descremado

■ Almuerzo

• I sandwich de pan blanco de molde hecho con mozzarella, zanahoria rallada, tomate, apio y albahaca
• 2 tajadas de melón

■ Merienda

• I vaso de licuado de manzana con agua
• 3 galletas integrales untadas con mermelada dietética

■ Cena

• I huevo duro
• I plato de ensalada de zanahoria rallada, brotes de soja y arroz
• I fruta a elección

DIETA COMBINABLE PARA ADELGAZAR EN INVIERNO

INTENSIDAD MEDIA	NO ES VEGETARIANA	CONTIENE RECETAS	DURACIÓN
			7 **días**

Esta dieta se realiza durante siete días, combinando las opciones que se presentan a continuación.

■ Desayuno

Opción 1

- 1 taza de café con leche descremada
- 2 rebanadas de pan integral tostadas y untadas con queso blanco descremado o mermelada dietética

Opción 2

- 1 taza de té con leche descremada
- 3 galletas de salvado untadas con mermelada dietética

Opción 3

- 1 vaso de zumo de naranja
- 1 bowl de cereales sin azucarar con leche descremada y 1 cucharadita de miel

■ Media mañana

Opción 1

- 1 taza de té
- 2 galletas de arroz

Opción 2

- 1 vaso de licuado de melocotón con agua

Opción 3

- 1 taza de sopa de verduras instantánea light

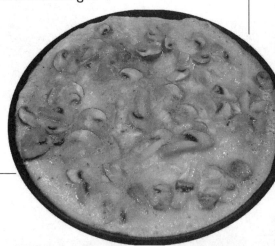

■ Almuerzo

Opción 1

- 1 plato de sopa de verduras
- 1 **"Omelette de jamón y champiñones"** ✪
- 1 flan dietético

Opción 2

- 1/2 pechuga de pollo sin piel, al horno
- 2 rodajas de calabaza al horno
- 1 porción de ensalada de frutas

Opción 3

- 1 plato de **"Salmón al ajillo"** ✪
- 1 plato de ensalada de hojas verdes (berro, rúcula, espinaca, lechuga)
- 1 fruta a elección

■ Media tarde

Opción 1

- 1 vaso de yogur descremado

Opción 2

- 1 porción de gelatina dietética con frutas

Opción 3

- 1 vaso de zumo de naranja
- 1 tajada de mozzarella

■ Merienda

Opción 1

- 1 taza de café con leche descremada
- 3 galletas de agua untadas con queso blanco descremado

Opción 2

- 1 taza de té
- 2 rebanadas de pan negro untadas con queso blanco descremado

Opción 3

- 1 taza de té
- 1 fruta a elección

■ Cena

Opción 1

- 1 plato de **"Sopa Matilde"** ✪
- 1 filete de lenguado al vapor
- 1 patata al vapor
- 1 fruta cítrica

Opción 2

- 1 plato de sopa de verduras con arroz
- 1 porción de **"Albóndigas light"** ✪
- 1 fruta a elección

Opción 3

- 1 plato de ravioles de verdura con puré de tomates
- 1 manzana al horno

OMELETTE DE JAMÓN Y CHAMPIÑONES

¿QUÉ SE NECESITA?

- 2 HUEVOS
- 1 TAJADA DE JAMÓN COCIDO
- 1 CUCHARADITA DE QUESO PARMESANO RALLADO
- 30 G / 1 OZ DE CHAMPIÑONES
- 1 CUCHARADA DE ACEITE
- SAL
- PIMIENTA

¿CÓMO SE PREPARA?

■ Batir los huevos junto con la sal y la pimienta.

■ Agregar al batido el jamón picado, el queso y los champiñones fileteados.

■ Llevar al fuego una sartén con el aceite. Volcar la preparación y cocinar unos cuatro minutos.

■ Doblar la omelette por la mitad y cocinarla tres minutos más.

■ Dar vuelta y continuar la cocción por otros tres minutos y servir.

ALBÓNDIGAS LIGHT

¿QUÉ SE NECESITA?

- 100 G / 3,5 OZ DE CARNE DE TERNERA MOLIDA
- 3 CUCHARADAS DE HARINA DE TRIGO O SALVADO
- 1/2 CEBOLLA
- 1 TALLO DE APIO
- 1/2 TAZA DE CALDO DE VERDURAS
- 1 CHORRITO DE ACEITE DE OLIVA
- SAL
- PIMIENTA

¿CÓMO SE PREPARA?

■ Picar finamente la cebolla y el tallo de apio, y mezclarlos con la carne molida. Salpimentar y agregar 1 cucharada de harina, para integrar bien los ingredientes.

■ Formar esferas del tamaño de un bocado y pasarlas por la harina restante.

■ Calentar el aceite en una sartén amplia y dorar allí las albóndigas, moviéndolas para que la carne se selle en forma pareja.

■ Incorporar el caldo y seguir cocinando a fuego moderado, unos diez minutos más. Retirar y servir.

¿QUÉ SE NECESITA?

- 15 HOJAS DE ESPINACA
- 1 CEBOLLA
- 1 ZANAHORIA
- 1 TOMATE
- 1 CUCHARADA DE PEREJIL PICADO
- 1 AJO PORRO
- 1/2 PIMIENTO ROJO
- 2 CUCHARADAS DE ACEITE DE OLIVA
- 2 CUCHARADITA DE FÉCULA DE MAÍZ
- SAL
- PIMIENTA

¿CÓMO SE PREPARA?

■ Cocinar la espinaca al vapor y procesarla o licuarla.

■ Picar finamente la cebolla, el tomate, el perejil, el ajo porro y el pimiento.

■ Calentar la mitad del aceite en una sartén y sofreír las verduras. Salpimentar y reservar.

■ Pelar y rallar la zanahoria y sofreírlas en otra sartén, con el resto del aceite. Cuando esté blanda, retirar del fuego y licuar.

■ Poner a hervir 1 taza de agua con sal y agregar el licuado de zanahoria y, cuando vuelva a hervir, la mitad del sofrito de verduras.

■ Cocinar durante 5 minutos y, si es necesario, incorporar 1 cucharadita de fécula de maíz para espesar.

■ En otra cacerola, poner a hervir 1 taza de agua con sal y agregar el licuado de espinaca y la mitad restante del sofrito.

■ Cocinar 5 minutos y, si hace falta, incorporar 1 cucharadita de fécula de maíz para espesar.

■ Servir en platos hondos, de ambas cacerolas a la vez: las sopas se "encontrarán" en el centro pero, por su consistencia, no se mezclarán.

¿QUÉ SE NECESITA?

- 1 POSTA DE SALMÓN BLANCO
- 2 DIENTES DE AJO MACHACADOS
- 2 CUCHARADAS DE ACEITE DE OLIVA
- 1 CUCHARADITA DE PIMIENTO MOLIDO
- 2 CUCHARADAS DE ZUMO DE LIMÓN
- SAL

¿CÓMO SE PREPARA?

■ Salar la posta y cocinarla en una sartén en la que se habrá calentado el aceite, durante cuatro minutos de cada lado.

■ Incorporar los ajos machacados, espolvorear con el pimiento molido y rociar con el zumo de limón.

■ Una vez que los ajos se doren, retirar y servir.

DIETA DEL AGUA

INTENSIDAD ALTA	NO ES VEGETARIANA	NO CONTIENE RECETAS	DURACIÓN
			3 **días**

DÍA I

■ Desayuno

- I vaso de agua mineral
- I vaso de leche descremada
- I manzana en compota

■ Media mañana

- I vaso de agua mineral
- I taza de té liviano
- 3 galletas de agua untadas con mermelada dietética

■ Almuerzo

- I vaso de agua mineral
- I bistec de lomo de ternera, grillado
- I plato abundante de ensalada de vegetales con aceitunas y granos de maíz
- I naranja
- I manzana
- I taza de té

■ Media tarde

- I vaso de agua mineral
- I vaso de licuado de fresas con agua

■ Cena

- I vaso de agua mineral
- I plato de ensalada de judías verdes y I huevo duro
- I plato de puré de calabaza
- I manzana rallada
- I taza de té de menta

DÍA 2

■ Desayuno

• I vaso de agua mineral
• I vaso de yogur descremado con cereales
• 2 galletas integrales

■ Media mañana

• I vaso de agua mineral
• I vaso de licuado de melocotón con agua

■ Almuerzo

• I vaso de agua mineral
• I plato abundante de ensalada de col roja, rabanitos y tomate
• 2 tajadas de melón
• I taza de té de menta

■ Media tarde

• I vaso de agua mineral
• I vaso de leche descremada
• 2 galletas integrales untadas con mermelada dietética

■ Cena

• I vaso de agua mineral
• I plato de sopa de verduras
• I porción de ensalada de frutas
• I taza de té liviano

DÍA 3

■ Desayuno

• I vaso de agua mineral
• I manzana en compota

■ Media mañana

• I vaso de agua mineral
• I bowl de yogur descremado con cereales

■ Almuerzo

• I vaso de agua mineral
• I plato de panaché de verduras
• I tajada de melón
• I taza de té verde

■ Media tarde

• I vaso de agua mineral
• I taza de té liviano
• 3 galletas de arroz untadas con queso blanco descremado

■ Cena

• I vaso de agua mineral
• I plato de ensalada de arroz integral, atún al natural y huevo duro
• 2 frutas a elección
• I taza de té de menta

DIETA PARA ADELGAZAR Y TENER UNA PIEL SALUDABLE

INTENSIDAD ALTA	NO ES VEGETARIANA	NO CONTIENE RECETAS	DURACIÓN
 − +			**3** días

DÍA 1

■ Desayuno

• 1 vaso de zumo de naranja
• 1 bowl de leche descremada con cereales

■ Almuerzo

• 1 plato de arroz blanco con atún al natural
• 1 fruta a elección

■ Merienda

• 1 vaso de yogur descremado con frutas

■ Cena

• 1 plato de ravioles de verdura con puré de tomates
• 1 fruta a elección

DÍA 2

■ Desayuno

• 1 taza de infusión con leche descremada
• 2 rebanadas de pan integral untadas con queso blanco descremado

■ Almuerzo

• 1 filete de salmón blanco, al vapor
• 1 plato de hortalizas a elección, al vapor
• 1 fruta a elección

■ Merienda

• 1 vaso de licuado de fruta a elección con leche descremada

■ Cena

• 1 bistec de carne de ternera magra, grillado
• 1 plato de ensalada de zanahoria rallada y tomate
• 1 porción de ensalada de frutas

DÍA 3

■ **Desayuno**

• I vaso de licuado de melocotón con agua
• 3 galletas integrales untadas con mermelada dietética
• 2 nueces

■ **Almuerzo**

• I/4 de pollo sin piel, al horno
• I patata y I cebolla al horno
• I flan dietético

■ **Merienda**

• I bowl de ensalada de frutas con miel y yogur descremado

■ **Cena**

• I plato de spaghetti con puré de tomates
• I porción de ensalada de frutas con semillas de sésamo

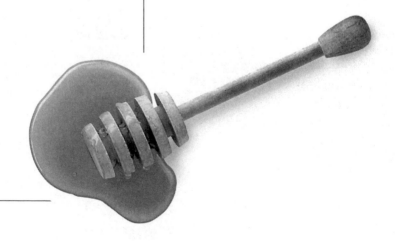

DIETA ANTICELULÍTICA DE ATAQUE

INTENSIDAD ALTA	NO ES VEGETARIANA	CONTIENE RECETAS	DURACIÓN
− +			**7** días

DÍA 1

- ### ◼ Desayuno

  - 1 taza de té con leche descremada

- ### ◼ Media mañana

  - 1 manzana

- ### ◼ Almuerzo

  - 1/4 de pollo sin piel, al horno o grillado
  - 1 plato de vegetales al vapor
  - 1 pera

- ### ◼ Merienda

  - 1 tajada de mozzarella

- ### ◼ Cena

  - 1 plato de ensalada de vegetales a elección
  - 2 ciruelas

DÍA 2

- ### ◼ Desayuno

  - 1 taza de té con leche descremada

- ### ◼ Media mañana

  - 2 ciruelas secas

- ### ◼ Almuerzo

  - 1 filete de lenguado, grillado
  - 1 plato de ensalada de lechuga y tomate
  - 1 pera

- ### ◼ Merienda

  - 1 vaso de yogur descremado

- ### ◼ Cena

  - 1 plato de sopa de verduras y arroz
  - 2 rodajas de calabaza al horno
  - 1 mandarina

DÍA 3

■ **Desayuno**

• I taza de té con leche descremada

■ **Media mañana**

• I manzana

■ **Almuerzo**

• I filete de lenguado, al horno
• I boniato, al horno
• I naranja

■ **Merienda**

• I vaso de zumo de pomelo

■ **Cena**

• I plato pequeño de spaghetti con ajo y aceite de oliva
• I taza de té de menta

DÍA 4

■ **Desayuno**

• I taza de té con leche descremada

■ **Media mañana**

• I mandarina

■ **Almuerzo**

• I bistec de lomo de ternera, grillado
• I plato de ensalada de hojas verdes (lechuga, espinaca, col verde)
• I manzana

■ **Merienda**

• I tajada de mozzarella

■ **Cena**

• I plato de arroz integral con verduras al vapor
• I porción de gelatina dietética

DÍA 5

■ **Desayuno**

• I taza de té con leche descremada

■ **Media mañana**

• I vaso de yogur descremado

■ **Almuerzo**

• I plato de **"Ensaladilla criolla"** ✪
• I naranja

■ **Merienda**

• I vaso de licuado de manzana con agua

■ **Cena**

• I plato pequeño de spaghetti con puré de tomates
• 2 ciruelas

DÍA 6

■ **Desayuno**

• I taza de té con leche descremada

■ **Media mañana**

• I manzana

■ **Almuerzo**

• I filete de lenguado, al vapor
• 2 zanahorias al vapor
• I porción de gelatina dietética

■ **Merienda**

• I vaso de yogur descremado

■ **Cena**

• I plato de **"Sopa de brócoli y coliflor"** ✪
• I plato de ensalada de vegetales a elección
• I naranja

DÍA 7	◾ Cena

◾ Desayuno

• 1 taza de té con leche descremada

◾ Media mañana

• 1 vaso de zumo de naranja

◾ Almuerzo

• 1/4 de pollo sin piel, al horno
• 1 plato de panaché de verduras
• 1 pomelo

◾ Merienda

• 1 vaso de leche descremada

◾ Cena

• 1 **"Berenjena con crema de yogur"** ✪
• 6 langostinos grillados o rehogados con aceite de oliva y ajo
• 1 ciruela

RECETAS INCLUIDAS EN LA DIETA

ENSALADILLA CRIOLLA

¿QUÉ SE NECESITA?

- 1 PATATA
- 1 CEBOLLA
- 1 TAJADA DE CARNE DE TERNERA MAGRA, COCIDA Y FRÍA
- 1 HUEVO DURO
- 1 CUCHARADITA DE AJO Y PEREJIL PICADOS
- ACEITE
- ZUMO DE LIMÓN
- SAL

¿CÓMO SE PREPARA?

■ Cortar la patata en cubos y hervirlos con cuidado de que no se desintegren.

■ Picar finamente la cebolla y el huevo duro.

■ Cortar la carne cocida en cubos.

■ Colocar en una ensaladera los ingredientes preparados y agregarles la picadura de perejil y ajo.

■ Mezclar bien y aderezar con sal, aceite y zumo de limón.

BERENJENA CON CREMA DE YOGUR

¿QUÉ SE NECESITA?

- 1 BERENJENA
- 1 CUCHARADA DE ACEITE
- 1 POCILLO DE YOGUR NATURAL
- 1 DIENTE DE AJO
- 1 CUCHARADITA DE ORÉGANO
- SAL
- PIMIENTA

¿CÓMO SE PREPARA?

■ Pelar la berenjena, cortarla en tajadas a lo largo y rehogarla en el aceite.

■ Agregar una cucharada de agua y tapar la sartén hasta terminar la cocción.

■ Mezclar el yogur con el ajo muy picado y el orégano, y salpimentar a gusto.

■ Cuando la berenjena esté tierna, servirla en una fuente pequeña y cubrirla con el yogur preparado.

¿QUÉ SE NECESITA?

- 200 G / 7 OZ DE BRÓCOLI
- 200 G / 7 OZ DE COLIFLOR
- 1 CEBOLLA
- 1 TALLO DE APIO
- 1 ZANAHORIA
- 1 TAZA DE PURÉ DE TOMATES
- SAL
- PIMIENTA

¿CÓMO SE PREPARA?

■ Desechar las hojas duras de la coliflor, los troncos más fibrosos del brócoli y cortar el resto en trozos.

■ Pelar la cebolla y la zanahoria, y picarlas, junto con el apio.

■ Mezclar todos los vegetales trozados con el puré de tomates y el agua.

■ Salpimentar y cocinar a fuego lento, durante 30 minutos, con la olla tapada.

■ Retirar del fuego y servir.

DIETA DE LOS CÍTRICOS

INTENSIDAD ALTA	NO ES VEGETARIANA	NO CONTIENE RECETAS	DURACIÓN
			2 días

Esta dieta, de alto poder adelgazante y depurativo a la vez, puede realizarse como máximo durante dos días, una vez al mes.

■ Opciones para desayunos y meriendas

Elegir entre las siguientes opciones

- 1 taza de té de cítricos
- 1 vaso de zumo de naranja y pomelo
- 1 vaso de licuado de manzana, agua y zumo de limón
- 1 tazón de fresas con zumo de naranja
- 1 porción de ensalada de cítricos

■ Opciones para almuerzos y cenas

Elegir entre las siguientes opciones

- 1 plato de ensalada de lechuga, tomate, gajos de naranja, mozzarella y zumo de limón
- 1 plato de ensalada de hojas verdes condimentada con zumo de limón
- 1/4 de pollo sin piel, al horno, rociado con zumo de limón
- 1 plato de ensalada de cebolla, tomate, gajos de naranja y rúcula
- 1 plato de ensalada de remolacha, pomelo y cebolla

DIETAS PARA DESINTOXICAR

CAPÍTULO 3

En este capítulo les presentamos nueve dietas cuyo principal objetivo es desintoxicar el organismo mediante la ingesta de alimentos y bebidas saludables y ricos en diversos nutrientes.

Para poder conocer de manera ágil y rápida los principales lineamientos de cada dieta pueden observar la tabla de referencias que figura al principio, que les dará una idea acerca de las características principales de cada dieta.

Recuerden que es el médico quien está mejor capacitado para asesorarlos en relación con la realización de cualquiera de las dietas desintoxicantes aquí incluidas, y por ello recomendamos la consulta previa.

DIETA ZEN VEGETARIANA

INTENSIDAD ALTA	ES VEGETARIANA	NO CONTIENE RECETAS	DURACIÓN
− +			**3** días

Esta dieta, en lugar de realizarse durante tres días, puede extenderse hasta diez.

■ Desayuno

• 1 taza de té Bancha* o té Mu**
• 2 galletas integrales untadas con mermelada dietética

* El té Bancha está elaborado con hojas de té verde que han permanecido al menos tres años en la planta. Es un té suave, sin teína, muy utilizado en la cocina macrobiótica.
** El té Mu se elabora a partir de la mezcla de 16 plantas cultivadas en la montaña. Se lo utiliza en la alimentación macrobiótica. No contiene teína.

■ Almuerzo

• 1 plato de sopa de verduras, algas y salsa de soja
• Un plato combinado de arroz integral con un trozo de alga Kombu, legumbres y tofu (queso de soja)
• 1 manzana en compota

■ Merienda

• 1 taza de té Bancha
• 2 galletas de arroz untadas con mermelada dietética

■ Cena

• 1 plato de sopa de verduras con Shiitake (hongo japonés)
• 1 porción de verduras al vapor con arroz integral

DIETA TAOÍSTA PARA AUMENTAR LA ENERGÍA VITAL

INTENSIDAD ALTA	NO ES VEGETARIANA	NO CONTIENE RECETAS	DURACIÓN
 – +			**3** **días**

Esta dieta debe realizarse una vez por mes o semana por medio.

DÍA 1

■ Desayuno

• 1 taza de café o té (sin leche ni azúcar)
• 1 rodaja de pan integral untada con mantequilla
• 1 plátano maduro

■ Almuerzo

• 1 vaso grande de zumo de zanahoria
• 1 plato abundante de ensalada a elección (sólo vegetales)

■ Cena

• 1 filete de lenguado al vapor, con salsa de soja
• 1 plato de hortalizas rehogadas en aceite de oliva
• 1 taza de té (sin leche ni azúcar)

DÍA 2

■ Desayuno

• 1 taza de café o té (sin leche ni azúcar)
• 2 ó 3 higos secos
• 1 puñado de nueces o almendras

■ Almuerzo

• 1 plato grande de ensalada de frutas
• 1 puñado de nueces o almendras

■ Cena

• 1 plato pequeño de arroz integral o de pasta fresca con hortalizas a elección
• 1 taza de té (sin azúcar)

DÍA 3

■ Desayuno

• I vaso grande de zumo de naranja
• I pomelo

■ Almuerzo

• I plato de verduras frescas, al vapor o rehogadas con aceite de oliva
• I plato de ensalada de vegetales crudos
• I taza de té (sin azúcar)

■ Cena

• I vaso grande de zumo de manzana
• I plato abundante de ensalada a elección (sólo vegetales)
• I puñado de almendras o nueces

DIETA CHINA PARA UNA ALIMENTACIÓN EQUILIBRADA

INTENSIDAD ALTA	ES VEGETARIANA	CONTIENE RECETAS	DURACIÓN
 − → +			**2** **días**

DÍA 1

■ Desayuno y merienda

• 1 taza de infusión de manzanilla, endulzada con azúcar negra
• 1 rebanada de pan de centeno untada con mantequilla

■ Almuerzo

• 1 "Milanesa de soja" ✪
• 1 plato de ensalada de vegetales crudos

■ Cena

• 150 g / 5,2 oz de arroz integral cocido
• 1 plato de "Chop suey de vegetales" ✪

DÍA 2

■ Desayuno y merienda

• 1 taza de Infusión de manzanilla, endulzada con azúcar negra
• 1 rebanada de pan de centeno untada con mantequilla

■ Almuerzo

• 1 plato grande de ensalada de frutas o 1 plato abundante de ensalada de vegetales crudos

■ Cena

• 1 plato de coliflor al vapor, sazonado con semillas de sésamo tostadas y recién molidas
• 1 plato pequeño de ensalada de vegetales crudos

RECETA INCLUIDA EN LA DIETA

MILANESAS DE SOJA

¿QUÉ SE NECESITA?

- 2 TAZAS DE POROTOS DE SOJA
- 1/2 TAZA DE HARINA DE SOJA
- 1 CUCHARADITA DE PEREJIL PICADO
- 1 DIENTE DE AJO PICADO
- SAL MARINA
- ACEITE

¿CÓMO SE PREPARA?

■ Hervir en una olla con abundante agua los porotos de soja y cocinarlos hasta que se encuentren blandos.

■ Retirarlos del fuego, colarlos y hacer un puré.

■ Incorporar el perejil picado, el ajo picado y condimentar con sal marina a gusto.

■ Mezclar todos los ingredientes hasta formar una pasta homogénea.

■ Tomar porciones de la pasta y darles forma de hamburguesa. Pasarlas por la harina de soja.

■ Colocar las milanesas en una placa para horno apenas aceitada y cocinar hasta que estén doradas.

¿QUÉ SE NECESITA?

- 1/2 PIMIENTO VERDE
- 1/2 PIMIENTO ROJO
- 1 CEBOLLA DE VERDEO
- 1 ZANAHORIA
- 1 TAZA DE BROTES DE SOJA
- 2 ó 3 FLORES DE BRÓCOLI
- 1 CEBOLLA PEQUEÑA
- 1/2 CUCHARADA DE ALMIDÓN DE MAÍZ
- 1/2 CUCHARADA DE AZÚCAR
- 2 CUCHARADAS DE ACEITE VEGETAL

¿CÓMO SE PREPARA?

■ Quitarle las semillas a los pimientos y cortarlos en juliana gruesa.

■ Picar groseramente la cebolla de verdeo.

■ Cortar la cebolla en trozos.

■ Cortar las zanahorias en cubos pequeños.

■ Calentar el aceite en un wok y agregar, en primer término, las zanahorias, las flores de brócoli y la cebolla común y la de verdeo.

■ Rehogarlas a fuego alto por dos o tres minutos, sin dejar de revolver (prestar mucha atención a los tiempos de cocción, para que no sean excesivos).

■ Incorporar el resto de las verduras, rehogar un minuto más y adicionar el azúcar y el almidón disueltos previamente en un poco de agua fría.

RÉGIMEN DEPURATIVO

INTENSIDAD ALTA	NO ES VEGETARIANA	NO CONTIENE RECETAS	DURACIÓN
 - +			**7** **días**

DÍA 1

■ **A las 8, 10, 18 y 22 h**

• 1 vaso de zumo de frutas o licuado de fruta, sin azúcar

■ **A las 12 y a las 20 h**

• 1 plato de caldo de verduras casero
• 1 porción de vegetales crudos

DÍA 2

■ **A las 8, 10, 18 y 22 h**

• 1 vaso de zumo de frutas o licuado de fruta, sin azúcar

■ **A las 16 h**

• 1 vaso de yogur natural

■ **A las 12 y a las 20 h**

• 1 plato de caldo de verduras casero
• 1 porción de vegetales crudos
• 1 filete de pescado a elección

DÍA 3

■ **A las 8, 10, 18 y 22 h**

• 1 vaso de zumo de frutas o licuado de fruta, sin azúcar

■ **A las 12 h**

• 1 plato de caldo de verduras casero
• 1 plato de ensalada de tomate, lechuga y zanahoria

■ **A las 20 h**

• 1 plato de caldo de verduras casero
• 1 porción de vegetales crudos
• 1 fruta a elección

DÍA 4	DÍA 5

DÍA 4

■ A las 8, 10, 18 y a las 22 h

• 1 vaso de zumo de frutas o licuado de fruta, sin azúcar

■ A las 12 h

• 1 plato de caldo de verduras casero
• 1 porción de vegetales crudos
• 1 huevo duro

■ A las 20 h

• 1 plato de caldo de verduras casero
• 1 porción de vegetales crudos
• 1 plato de panaché de verduras

DÍA 5

■ A las 8, 10, 18 y a las 22 h

• 1 vaso de zumo de frutas o licuado de fruta, sin azúcar

■ A las 18 h

• 1 barra de cereales

■ A las 12 h

• 1 plato de caldo de verduras casero
• 1 porción de vegetales crudos

■ A las 20 h

• 1 plato de caldo de verduras casero
• 1 porción de vegetales crudos
• 1 manzana en compota sin azúcar

DÍA 6

■ **A las 8, 10, 18 y a las 22 h**

• 1 vaso de zumo de frutas o licuado de fruta, sin azúcar

■ **A las 8 y a las 18 h**

• 1 puñado de cereales sin azucarar

■ **A las 12 h**

• 1 plato de caldo de verduras casero
• 1 porción de vegetales crudos
• 1 filete de pescado a elección

■ **A las 20 h**

• 1 plato de caldo de verduras casero
• 1 porción de vegetales crudos

DÍA 7

■ **A las 8, 10, 18 y 22 h**

• 1 vaso de zumo de frutas o licuado de fruta, sin azúcar

■ **A las 12 h**

• 1 plato de caldo de verduras casero
• 1 porción de vegetales crudos

■ **A las 20 h**

• 1 plato de caldo de verduras casero
• 1 plato de ensalada de espinaca y champiñones

DIETA NATURISTA VEGETARIANA

INTENSIDAD MEDIA	ES VEGETARIANA	CONTIENE RECETAS	DURACIÓN
			**7 días**
− +			

DÍA 1

■ **Desayuno**

- 1 taza de té o café
- 1 naranja
- 2 rebanadas de pan integral tostadas untadas con queso blanco descremado

■ **Almuerzo**

- 1 plato de ensalada de pepinos, tomates y zanahoria

■ **Merienda**

- 1 vaso de zumo de manzana

■ **Cena**

- 1 plato de ensalada de rúcula y col blanca
- 1 fruta a elección

DÍA 2

■ **Desayuno**

- 1 taza de té o café
- 1 vaso de zumo de naranja
- 2 galletas integrales untadas con mermelada dietética

■ **Almuerzo**

- 1 plato de ensalada de berro, espinaca y rabanitos
- 1 fruta a elección

■ **Merienda**

- 1 vaso de leche descremada con edulcorante

■ **Cena**

- 1 plato de ensalada de lentejas y brotes de soja
- 1 fruta a elección

DÍA 3	DÍA 4
■ Desayuno	**■ Desayuno**
• I vaso de leche descremada con edulcorante • 2 galletas de arroz untadas con queso blanco descremado	• I taza de té o café • I fruta a elección • 2 rebanadas de pan tostado untadas con queso blanco descremado
■ Almuerzo	**■ Almuerzo**
• I plato de calabaza y brócoli al vapor • I puñado de avellanas y nueces	• I plato de panaché de verduras • I fruta cítrica
■ Merienda	**■ Merienda**
• I vaso de licuado de melocotón con agua	• I vaso de leche descremada con edulcorante
■ Cena	**■ Cena**
• I plato de **"Ensalada de col y frutas"** ✪ • I porción de ensalada de frutas	• I plato de ensalada de tomate, zanahoria, huevo y lechuga • I fruta a elección

DÍA 5

■ Desayuno

• I vaso de leche descremada con edulcorante

■ Almuerzo

• I plato de panaché de verduras
• I fruta a elección

■ Merienda

• I vaso de licuado de manzana con agua

■ Cena

• I plato de ensalada hecha con 1/2 aguacate y 2 tomates
• I fruta cítrica

DÍA 6

■ Desayuno

• I taza de té
• 1/2 melón pequeño
• 2 galletas integrales untadas con queso blanco descremado

■ Almuerzo

• I plato de lentejas con puré de tomate
• I fruta a elección

■ Merienda

• I vaso de leche descremada con edulcorante

■ Cena

• I plato de **"Ensalada roja"** ✪
• I fruta a elección

DÍA 7

■ Desayuno

• 1 taza de té
• 1 vaso de zumo de naranja
• 2 rodajas de pan integral untadas con mermelada dietética

■ Almuerzo

• 1 plato de **"Ensalada siria"** ✪
• 1 fruta a elección

■ Merienda

• 1 vaso de licuado de melocotón con agua

■ Cena

• 1 plato de arroz integral con verduras al vapor
• 1 fruta a elección

✪ RECETAS INCLUIDAS EN LA DIETA

ENSALADA ROJA

¿QUÉ SE NECESITA?

• 1 REMOLACHA
• 1/2 PIMIENTO ROJO
• 1/2 MANZANA ROJA
• 1/4 DE COL ROJA
• 1 ZANAHORIA
• 3 RABANITOS
• 2 CUCHARADAS DE ACEITE DE OLIVA
• ZUMO DE LIMÓN
• SAL
• PIMIENTA

¿CÓMO SE PREPARA?

■ Rallar con la parte gruesa del rallador la remolacha, la zanahoria y la manzana.

■ Cortar las dos mitades de pimiento y la col roja en juliana fina.

■ Cortar en láminas los rabanitos.

■ Preparar el aderezo mezclando en un bowl pequeño el aceite, el zumo de limón, sal y pimienta.

■ Mezclar todos los ingredientes en un bowl y rociar con el aderezo.

ENSALADA DE COL Y FRUTAS

¿QUÉ SE NECESITA?

- 1 TAZA DE COL BLANCA, CORTADA EN JULIANA
- 1 NARANJA
- 1 MANZANA VERDE
- ZUMO DE 1/2 LIMÓN
- 2 CUCHARADAS DE YOGUR NATURAL DESCREMADO
- 1/2 CUCHARADITA DE MOSTAZA EN POLVO
- SAL
- PIMIENTA

¿CÓMO SE PREPARA?

■ Pelar la naranja y cortarla en gajos.

■ Cortar la manzana en láminas, con la cáscara. Rociarla rápidamente con parte del zumo de limón, para evitar que se oxide.

■ Colocar las frutas y la col en una ensaladera.

■ Aparte, mezclar los aderezos con el yogur y el zumo de limón restante.

■ Verter el aderezo sobre la ensalada y revolver.

ENSALADA SIRIA

¿QUÉ SE NECESITA?

- 2 PEPINOS
- 2 CEBOLLAS DE VERDEO
- HOJAS DE MENTA FRESCA
- 1 POCILLO DE YOGUR NATURAL DESCREMADO
- 1 CUCHARADA DE ACEITE DE OLIVA
- SAL
- PIMIENTA

¿CÓMO SE PREPARA?

■ Lavar los pepinos y, sin sacarles la cáscara, cortarlos en cubitos.

■ Picar las cebollas de verdeo, y cortar en juliana las hojas de menta.

■ Aparte, batir el yogur con el aceite, sal y pimienta.

■ Colocar todos los vegetales en una ensaladera y cubrir con la salsa de yogur.

DIETA FRUTAL ULTRADESINTOXICANTE

INTENSIDAD MEDIA	NO ES VEGETARIANA	CONTIENE RECETAS	DURACIÓN
			7 **días**

DÍA 1

■ Desayuno

- 1/2 taza de fresas
- 2 rebanadas de pan integral tostado
- 1 taza de leche descremada

■ Almuerzo

- 1 ensalada de frutas con 50 g / 1,7 oz de queso blanco descremado
- 2 rebanadas de pan integral tostado

■ Merienda

- 1/2 naranja

■ Cena

- 1 pechuga de pollo sin piel, grillada
- 1/2 taza de arroz blanco
- 1 plato pequeño de ensalada de berro y champiñones
- 1/2 manzana asada

DÍA 2

■ Desayuno

- 1/4 de melón pequeño
- 1/2 taza de leche descremada con cereales sin azucarar

■ Almuerzo

- 100 g / 3,5 oz de atún enlatado al natural
- 1 rebanada de pan integral
- 1 ensalada de 1 kiwi y 6 fresas

■ Merienda

- 1 manzana

■ Cena

- 1 porción de carne de ternera magra, al horno
- 1 patata al horno
- 1 plato de ensalada de lechuga, pepinos y 1/2 naranja
- 1/2 taza de fresas

DÍA 3

■ Desayuno

- 1/2 taza de fresas
- 1 croissant
- 1 taza de leche descremada

■ Almuerzo

- 1 plato de **"Ensalada agridulce"** ✪
- 1 rebanada de pan integral

■ Merienda

- 1/4 de melón pequeño

■ Cena

- 1 filete de salmón rosado, grillado
- 1 plato de ensalada de espinaca, berro y pimiento verde
- 1 mango o 1 pera

DÍA 4

■ Desayuno

- 1/2 taza de uvas
- 1 rebanada de mozzarella
- 1 pan integral pequeño

■ Almuerzo

- 1/4 de melón pequeño
- 1/2 taza de apio
- 3 galletas de soja

■ Merienda

- 2 albaricoques

■ Cena

- 1 bistec de lomo de ternera, grillado
- 1 patata hervida
- 1/2 taza de lentejas
- 2 rebanadas de piña

DÍA 5

■ Desayuno

- 1 melocotón
- 1/2 taza de cereales con 1/2 taza de leche descremada

■ Almuerzo

- 100 g / 3,5 oz de camarones
- 1 plato de ensalada de cebolla y tomate
- 1 rebanada de pan de centeno

■ Merienda

- 300 g / 10,5 oz de sandía cortada en trozos

■ Cena

- 1 filete de pollo o pavo sin piel, grillado
- 1/2 taza de arroz cocido
- 1 plato de ensalada de lechuga, col blanca y coles de Bruselas

DÍA 6

■ Desayuno

- 1 manzana
- 1 rebanada de pan de centeno tostada, untada con queso blanco descremado

■ Almuerzo

- 1 ensalada de pollo, pimiento verde y brotes de soja
- 2 galletas integrales

■ Merienda

- 1/2 taza de cerezas

■ Cena

- 1 filete de lenguado, grillado
- 1 plato de ensalada de espinaca y champiñones
- 3 rebanadas de piña

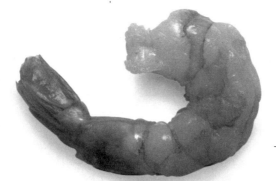

DÍA 7

■ Desayuno

• 1 naranja
• 1 vaso de yogur descremado
• 2 rebanadas de pan de centeno

■ Almuerzo

• 100 g / 3,5 oz de camarones
• 1 plato de arroz blanco con arvejas
• 1 rebanada de pan integral tostada

■ Merienda

• 1 taza de uvas

■ Cena

• 1 porción de carne de ternera magra al horno
• 1 plato de ensalada de zanahoria y apio
• 1 pera
• 1/2 mango

✪ RECETA INCLUIDA EN LA DIETA

ENSALADA AGRIDULCE

¿QUÉ SE NECESITA?

• 100 G / 3,5 OZ DE POLLO COCIDO, SIN PIEL
• 1/4 DE COL BLANCA PEQUEÑA
• 4 ó 5 HOJAS DE ESPINACA
• 1 MELOCOTÓN
• 1 REBANADA DE MOZZARELLA
• 2 CUCHARADAS DE ACEITE DE OLIVA
• SAL
• PIMIENTA

¿CÓMO SE PREPARA?

■ Cortar el pollo y la col en juliana fina.

■ Trocear con los dedos las hojas de espinaca, y cortar en cubos el melocotón y la mozzarella.

■ Mezclar todos los ingredientes en un bowl y aderezar con el aceite, sal y pimienta.

DIETA DE ENSALADAS PURIFICANTES

INTENSIDAD MEDIA	NO ES VEGETARIANA	NO CONTIENE RECETAS	DURACIÓN
			**3** días

DÍA 1

■ Desayuno

- 1 taza de té
- 1/2 vaso de leche descremada
- 1 rebanada de pan integral tostada, untada con queso blanco descremado
- 1 huevo duro

■ Almuerzo

- 1 plato abundante de ensalada de tomate, col roja, zanahoria rallada y atún al natural
- 1 porción de gelatina dietética mezclada con 1 fruta a elección en trozos

■ Merienda

- 1 taza de té
- 1 rebanada de mozzarella
- 2 galletas de salvado

■ Cena

- 1 plato abundante de ensalada de apio, cubitos de manzana verde, zanahoria rallada y trocitos de naranja
- 1 flan dietético

DÍA 2

■ Desayuno

- 1 taza de café con leche descremada
- 2 galletas de arroz
- 2 tajadas de jamón cocido
- 1 vaso de zumo de naranja

■ Almuerzo

- 1 plato abundante de ensalada de rodajas de pepino, rabanitos, fresas y cubitos de mozzarella
- 2 frutas de estación

■ Merienda

- 1 taza de té
- 2 galletas integrales untadas con mermelada dietética
- 1 vaso de licuado de manzana y agua

■ Cena

- 1 plato abundante de ensalada de pollo, apio, huevo duro y cubos de mozzarella
- 1 porción de gelatina dietética mezclada con queso blanco descremado

DÍA 3

■ Desayuno

- 1 taza de té
- 1 vaso de zumo de naranja
- 1 huevo duro
- 2 galletas de soja untadas con ricota descremada y miel

■ Almuerzo

- 1 plato abundante de ensalada de pomelo, melocotón, manzana, palmitos y lechuga
- 1 flan dietético

■ Merienda

- 1 manzana asada con queso blanco
- 1 taza de café con leche descremada

■ Cena

- 1 plato abundante de ensalada de remolacha, apio, zanahoria rallada y dados de jamón cocido, mezclada con queso blanco descremado

DIETA DE 2 EN 2

INTENSIDAD ALTA	ES VEGETARIANA	NO CONTIENE RECETAS	DURACIÓN
			**1** día

Esta dieta se realiza durante un solo día, y puede repetirse cada 20 días.

■ A las 9 hs

• 1 manzana rallada con 6 pasas de uva

■ A las 11 hs

• 1 vaso de zumo de naranja o pomelo

■ A las 13 hs

• 1 pera trozada mezclada con yogur descremado
• 1 vaso de agua mineral

■ A las 15 hs

• 1 taza de té de hierbas

■ A las 17 hs

• Compota de manzana con frutas secas

■ A las 19 hs

• 1 vaso de zumo de pomelo

■ A las 21 hs

• 1 porción de ensalada de frutas sin azúcar con pasas de uva

■ A las 23 hs

• 1 tazón de caldo de verduras

DIETA SHOCK DESINTOXICANTE

INTENSIDAD ALTA	ES VEGETARIANA	CONTIENE RECETAS	DURACIÓN
			1 día

Esta dieta, debido a su intensidad, se hace durante un solo día y puede repetirse cada quince días.

■ Desayuno

- I taza de té de hierbas
- I vaso de zumo de pomelo

■ Media mañana

- I porción de ensalada de frutas

■ Almuerzo

- I vaso grande de agua mineral (antes de ingerir los alimentos indicados a continuación)
- I tazón de caldo de verduras
- I porción de puré de calabaza y zanahoria
- 2 rodajas de pan integral
- I manzana asada

■ Merienda

- I taza de té de hierbas
- I/2 pomelo

■ Media tarde

- I porción de ensalada de frutas

■ Cena

- I tazón de caldo de verduras
- I plato de ensalada de zanahoria, remolacha, brotes de soja y manzana verde
- I porción de **"Soufflé de vegetales"** ✪
- I fruta cítrica

■ Antes de acostarse

- I vaso grande de agua mineral

RECETA INCLUIDA EN LA DIETA

SOUFFLÉ DE VEGETALES

¿QUÉ SE NECESITA?

- 1 CLARA DE HUEVO
- 1 TAZA DE VEGETALES COCIDOS A ELECCIÓN
- PIMIENTA
- NUEZ MOSCADA
- ACEITE
- PAN RALLADO

¿CÓMO SE PREPARA?

■ Batir la clara de huevo a punto nieve.

■ Procesar los vegetales y mezclarlos con la clara.

■ Condimentar con pimienta y nuez moscada a gusto.

■ Volcar la preparación en un recipiente, previamente aceitado y empanado con pan rallado.

■ Llevar a horno medio durante no más de diez minutos.

SALMÓN GRILLADO CON VINAGRETA DE LENTEJAS.

Encuentre esta receta en la pág. 246 (Dieta de entrenamiento nutricional).

SOPA "MATILDE".

Encuentre esta receta en la pág. 183 (Dieta combinable para adelgazar en invierno).

ENSALADA CARIBEÑA.

Encuentre esta receta en la pág. 128 (La dieta de las ocho ensaladas).

COPA FRESCA DE ATÚN.

Encuentre esta receta en la pág. 157 (Dieta para adelgazar sin perder nutrientes).

BROCHETTE DE CARNE Y VEGETALES.

Encuentre esta receta en la pág. 123 (Dieta semilíquida de invierno).

TAHÍNE DE POLLO

Encuentre esta receta en la pág. 305 (Guía para ganar peso en forma sana).

VERDIBLANCA.

Encuentre esta
receta en la pág. 276
(Diagrama
combinado semanal
de mantenimiento).

**TORTILLA
CLÁSICA
ESPAÑOLA.**

Encuentre esta
receta en la pág. 236
(Dieta para
aumentar masa
muscular); y en la
pág. 348 (Dieta para
adolescentes).

FARFALLE CON RÚCULA Y TOMATES CHERRY.

Encuentre esta receta en la pág. 262 (Dieta de puesta a punto).

ENSALADA GRIEGA.

Encuentre esta receta en la pág. 128 (La dieta de las ocho ensaladas); y en la pág. 164 (Dieta gourmet).

ENSALADA DE MANZANAS Y PATATAS.

Encuentre esta receta en la pág. 107 (Dieta hipocalórica para toda la semana).

TARTAR DE ATÚN A LA OLIVA.

Encuentre esta receta en la pág. 231 (Dieta para tonificar músculos).

CARPACCIO DE ANCHOAS.

Encuentre esta receta en la pág. 98 (Plan alimentario semanal).

CARPACCIO DE CHAMPIÑONES Y JAMÓN SERRANO.

Encuentre esta receta en la pág. 345 (Plan balanceado para jóvenes / 25 a 35 años).

**PINCHOS
ITALIANOS.**

Encuentre esta
receta en la pág. 149
(Plan para activar
el metabolismo).

**MUFFINS
DE AVENA.**

Encuentre esta
receta en la pág. 165
(Dieta gourmet);
y en la pág. 227
(Dieta fitness
para deportistas).

DIETAS PARA FORTALECER Y TONIFICAR

CAPÍTULO 4

En este capítulo les presentamos tres dietas cuyo principal objetivo es fortalecer y tonificar músculos, razón por la cual están especialmente dirigidas a deportistas amateurs y todo tipo de personas que practiquen actividad física de manera regular.

Para poder conocer de manera ágil y rápida los principales lineamientos de cada dieta pueden observar la tabla de referencias que figura al principio, que les dará una idea acerca de las características principales de cada dieta.

Recuerden que es el médico quien está mejor capacitado para asesorarlos en relación con la realización de cualquiera de los planes alimenticios aquí incluidos, y por ello recomendamos la consulta previa.

DIETA FITNESS PARA DEPORTISTAS

INTENSIDAD ALTA	NO ES VEGETARIANA	CONTIENE RECETAS	DURACIÓN
- +			**4** **días**

Esta dieta está especialmente diseñada para los 4 días previos a una competencia deportiva.

■ **Opciones para desayuno**

Opción 1

- 1 taza de té con leche descremada
- 100 g / 3,5 oz de cereales mezclados con yogur descremado
- 1 fruta a elección
- 2 vasos de agua mineral

Opción 2

- 1 taza de té con leche descremada
- 1 huevo duro
- 2 vasos de agua mineral

■ **Opciones para media mañana**

Opción 1

- 2 rebanadas de pan integral untadas con mermelada o queso blanco

Opción 2

- 1 plátano
- 2 galletas de salvado

■ **Opciones para almuerzo**

Opción 1

- 1 plato de spaghetti o macarrones con salsa de tomate y queso rallado
- 1 bistec de carne de ternera magra, al horno o grillada
- 1 fruta a elección

Opción 2

- 1 bistec de carne de ternera magra, grillada
- 1 plato abundante de ensalada de vegetales a elección
- 1 porción de ensalada de frutas

■ Opciones para media tarde

Opción 1

• 3 "Muffins de avena" ✪

Opción 2

• 1 fruta a elección
• 10 nueces

■ Opciones para merienda

Opción 1

• 1 taza de café o té con leche descremada
• 1 puñado de frutos secos (nueces, almendras, etc.)

Opción 2

• 1 vaso de zumo de naranja
• 2 rebanadas de pan integral untadas con queso blanco

■ Opciones para cena

Opción 1

• 1 filete de pescado a elección, al vapor
• 1 plato abundante de ensalada de hojas verdes (rúcula, espinaca, lechuga, berro)
• 1 patata al vapor

Opción 2

• 1 plato abundante de arroz integral con panaché de verduras
• 1 huevo duro
• 1 fruta a elección

■ Antes y después del entrenamiento

• 1 plátano
• 2 vasos grandes de agua mineral

RECETA INCLUIDA EN LA DIETA

MUFFINS DE AVENA

¿QUÉ SE NECESITA?

PARA 12 UNIDADES
- 2 TAZAS DE SALVADO DE AVENA
- 2 CUCHARADITAS DE POLVO DE HORNEAR
- 1 LITRO DE LECHE DESCREMADA
- 1 POCILLO DE MIEL
- 1 POCILLO DE AZÚCAR NEGRA
- 2 CLARAS DE HUEVO
- 1 CUCHARADA DE ACEITE DE GIRASOL

¿CÓMO SE PREPARA?

■ Mezclar primero los ingredientes secos (salvado de avena, azúcar negra, sal, polvo de hornear).

■ Luego agregar a dicha mezcla la leche, las claras, la miel y el aceite.

■ Verter en una bandeja de moldes de muffin.

■ Cocinar en horno fuerte durante 15 ó 17 minutos, hasta que estén dorados.

SUGERENCIAS

A la masa se le puede agregar:

■ 1/2 taza de manzana rallada, 1/4 de taza de nueces picadas y 1 cucharadita de canela.

■ 1/4 de taza de pasas de uva y 1/4 de taza de nueces picadas.

DIETA PARA TONIFICAR MÚSCULOS

INTENSIDAD MEDIA	NO ES VEGETARIANA	CONTIENE RECETAS	DURACIÓN
 − +			**6** días

DÍA 1

■ Desayuno

• 1 taza de té o café con leche
• 3 rebanadas de pan de salvado tostado, untadas con queso blanco
• 1 vaso de zumo de naranja mezclado con 100 g / 3,5 oz de avena

■ Media mañana

• 1 barra de cereal

■ Almuerzo

• 1 plato de **"Tartar de atún a la oliva"** ✪
• 1 plato abundante de ensalada de lechuga, tomate, zanahoria y huevo duro
• 1 fruta a elección

■ Media tarde

• 1 vaso de yogur entero con **"Muesli"** ✪

■ Cena

• 1 filete grande de pescado, al horno
• 1 patata y 2 rodajas de calabaza, al horno
• 1 plato de ensalada de lentejas y tomate
• 1 fruta cítrica a elección

DÍA 2

■ **Desayuno**

• I taza de infusión con leche
• 2 rebanadas de pan multicereal untadas con miel

■ **Media mañana**

• I vaso de yogur entero con **"Muesli"**

■ **Almuerzo**

• I plato de ensalada de coliflor, tomate, berro y perejil
• I revuelto de zucchini hecho con I huevo y mozzarella
• I melocotón en compota

■ **Media tarde**

• I taza de infusión con leche
• 3 galletas integrales untadas con queso blanco

■ **Cena**

• I/4 de pollo sin piel, al horno
• I plato de lentejas guisadas con cebolla y pimiento rojo
• I porción de ensalada de frutas cítricas

DÍA 3

■ **Desayuno**

• I/2 taza de leche con **"Muesli"**
• I vaso de zumo de frutas cítricas a elección

■ **Media mañana**

• I vaso de yogur frutado

■ **Almuerzo**

• I plato de ensalada de zanahoria rallada, col blanca y apio
• I plato abundante de brócoli, calabaza y coliflor al vapor
• 2 kiwis

■ **Media tarde**

• I taza de infusión con leche y I cucharadita de miel
• 2 rebanadas de pan blanco de molde untadas con mermelada

■ **Cena**

• 2 hamburguesas de carne de ternera magra
• I plato de espinaca rehogada con cebolla y queso parmesano rallado
• I tazón de fresas

DÍA 4

■ Desayuno

• 1 taza de infusión con leche
y 1 cucharadita de miel
• 2 rebanadas de pan integral tostado,
untadas con queso blanco y miel

■ Media mañana

• 1 barra de cereal

■ Almuerzo

• 1 plato de ensalada de berro, ajo y
tomate
• 1 plato de spaghetti con crema de
leche liviana
• 2 rodajas de piña

■ Media tarde

• 1 tazón de cereales, manzana verde
cortada en cubitos, canela y pasas de
uva

■ Cena

• 1 plato de arroz integral
• 1 plato de **"Ensalada roja"** ✪
• 1 pomelo

DÍA 5

■ Desayuno

• 1 taza de infusión con leche
• 2 rodajas de pan blanco de molde
untadas con mermelada

■ Media mañana

• 1 vaso de yogur con cereales

■ Almuerzo

• 1 plato de guisado de lentejas con
cebolla, pimiento rojo, ajo porro y
calabaza
• 2 kiwis

■ Media tarde

• 1 taza de infusión con leche
• 3 galletas de arroz untadas con
mermelada

■ Cena

• 2 filetes de pescado, grillados
• 1 plato abundante de ensalada a
elección
• 1 manzana en compota con
"Muesli" ✪

DÍA 6

■ Desayuno

• 1 taza de infusión con leche
• 3 galletas de arroz untadas con mermelada

■ Media mañana

• 1 barra de cereal

■ Almuerzo

• 1 plato de ensalada de verduras con atún en lata al natural
• 1 fruta a elección

■ Media tarde

• 1 vaso de yogur

■ Cena

• 1 plato de ravioles de verdura con salsa de tomate
• 1 fruta cítrica

■ Antes y después de entrenar

• 1 plátano

⭐ RECETAS INCLUIDAS EN LA DIETA

TARTAR DE ATÚN A LA OLIVA

¿QUÉ SE NECESITA?

• 250 G / 8,8 OZ DE LOMO DE ATÚN FRESCO
• 3 Ó 4 TALLOS DE CIBOULETTE
• 8 CUCHARADAS DE ACEITE DE OLIVA
• 1 CUCHARADITA DE JENGIBRE FRESCO RALLADO
• 1 CUCHARADA DE SALSA DE SOJA
• 1 PUÑADO DE BROTES DE ALFALFA
• 1 PUÑADO DE BROTES DE SOJA

¿CÓMO SE PREPARA?

■ Mezclar el aceite de oliva con el jengibre y la salsa de soja.

■ Procesar el lomo de atún hasta que quede completamente desmenuzado, y agregar la mitad del aceite preparado anteriormente.

■ Con dos cucharas soperas, preparar los tartar.

■ Acompañar con los brotes, aderezados con el aceite restante.

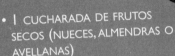

¿QUÉ SE NECESITA?

- 1 CUCHARADA DE FRUTOS SECOS (NUECES, ALMENDRAS O AVELLANAS)
- 2 CUCHARADAS DE COPOS DE AVENA
- 1/2 MANZANA VERDE
- 2 CUCHARADAS DE YOGUR DESCREMADO

¿CÓMO SE PREPARA?

■ Colocar los copos de avena dentro de una taza con agua y dejarlos en remojo media hora.

■ Escurrirlos y colocarlos dentro de un bowl.

■ Pelar la media manzana, cortarla en cubos pequeños y mezclarla con los copos.

■ Incorporar el yogur y los frutos secos elegidos, y revolver bien.

ENSALADA ROJA

¿QUÉ SE NECESITA?

- 1 REMOLACHA
- 1/2 PIMIENTO ROJO
- 1/2 MANZANA ROJA
- 1/4 DE COL ROJA
- 1 ZANAHORIA
- 3 RABANITOS
- 2 CUCHARADAS DE ACEITE DE OLIVA
- ZUMO DE LIMÓN
- SAL
- PIMIENTA

¿CÓMO SE PREPARA?

■ Rallar con la parte gruesa del rallador la remolacha, la zanahoria y la manzana.

■ Cortar las dos mitades de pimiento y la col roja en juliana fina.

■ Cortar en láminas los rabanitos.

■ Preparar el aderezo mezclando en un bowl pequeño el aceite, el zumo de limón, sal y pimienta.

■ Mezclar todos los ingredientes en un bowl y rociar con el aderezo.

DIETA PARA AUMENTAR MASA MUSCULAR

INTENSIDAD BAJA	NO ES VEGETARIANA	CONTIENE RECETAS	DURACIÓN
			**7** **días**

■ Opciones para desayuno

Opción 1

- 1 taza de té o café con leche
- 3 rebanadas de pan blanco de molde untadas con queso blanco y mermelada
- 1 vaso de licuado de manzana con agua

Opción 2

- 1 taza de té o café con leche
- 4 rebanadas de pan integral de molde untadas con queso blanco
- 5 almendras
- 2 vasos de agua mineral

Opción 3

- 1 taza de té o café con leche
- 5 galletas de salvado untadas con queso blanco
- 5 nueces y 5 pasas de uva
- 1 vaso de zumo de naranja

■ Opciones para almuerzo

Opción 1

- 1 porción de **"Tortilla clásica española"** ✪
- 1 plato de spaghetti con salsa de tomate y queso rallado
- 1 fruta a elección

Opción 2

- 1 plato de ensalada de vegetales crudos
- 2 filetes de pescado, al horno
- 1 patata al horno
- 1 fruta a elección

Opción 3

- 1 plato de ensalada de vegetales crudos
- 2 hamburguesas de carne de ternera magra
- 1 fruta a elección

Opción 4

- 1 plato de sopa de verduras
- 1 plato de arroz con vegetales rehogados o al vapor
- 1 fruta a elección

■ Opciones para media tarde

Opción 1

- 1 vaso de yogur entero con cereales
- 1 puñado de frutos secos a elección

Opción 2

- 1 barra de cereal

Opción 3

- 1 vaso de licuado de plátano con leche

■ Opciones para merienda

Opción 1

- 1 taza dé o café con leche
- 3 rebanadas de pan blanco de molde untadas con queso blanco y mermelada
- 1 barra de cereal

Opción 2

- 1 taza de té o café con leche
- 1 tazón de cereales con leche o yogur

Opción 3

- 1 taza de té o café con leche
- 1 vaso de yogur con **"Muesli"** ✪

■ Opciones para cena

Opción 1

- 1/4 de pollo sin piel, al horno
- 1 plato de arroz con arvejas
- 1 plato de ensalada de lechuga y tomate
- 1 fruta cítrica

Opción 2

- 1 plato abundante de arroz guisado con lentejas y cebolla
- 1 fruta a elección

Opción 3

- 1 plato de spaghetti o cualquier pasta sin relleno con salsa de tomate
- 1 fruta a elección

■ Antes del entrenamiento

Siempre: por lo menos medio litro de agua mineral

Opción 1

- 1 vaso de licuado de plátano con leche

Opción 2	Opción 1
• 1 barra de cereal	• 1 plátano
Opción 3	**Opción 2**
• 1 vaso de yogur con cereales	• 1 vaso de zumo de fruta a elección
	Opción 3
■ **Después del entrenamiento**	• 1 huevo duro
Siempre: por lo menos medio litro de agua mineral	

✪ RECETAS INCLUIDAS EN LA DIETA

MUESLI

¿QUÉ SE NECESITA?

- 1 CUCHARADA DE FRUTOS SECOS (NUECES, ALMENDRAS O AVELLANAS)
- 2 CUCHARADAS DE COPOS DE AVENA
- 1/2 MANZANA VERDE
- 2 CUCHARADAS DE YOGUR DESCREMADO

¿CÓMO SE PREPARA?

■ Colocar los copos de avena dentro de una taza con agua y dejarlos en remojo media hora.

■ Escurrirlos y colocarlos dentro de un bowl.

■ Pelar la media manzana, cortarla en cubos pequeños y mezclarla con los copos.

■ Incorporar el yogur y los frutos secos elegidos, y revolver bien.

TORTILLA CLÁSICA ESPAÑOLA

¿QUÉ SE NECESITA?

PARA 6 PORCIONES
- 500 G / 1,1 LB DE PATATA
- 2 CEBOLLAS
- 6 HUEVOS
- 1 TAZA DE ACEITE DE OLIVA
- SAL
- PIMIENTA

¿CÓMO SE PREPARA?

■ Pelar las patatas y cortarlas en cubos de 2 ó 3 cm de lado.

■ Pelar las cebollas y cortarlas en rodajas. Separarlas en anillos.

■ Calentar el aceite en una sartén y freír las patatas. Cuando comiencen a dorarse, incorporar las cebollas. Mezclar bien y, cuando las patatas estén cocidas, retirar patatas y cebollas de la sartén. Dejar que escurran el exceso de aceite colocándolas sobre papel absorbente.

■ Verter el aceite de fritura en un bowl.

■ Batir los huevos en un bowl grande, y salpimentar. Incorporar las patatas y las cebollas y revolver. Dejar unos 5 minutos en reposo.

■ Calentar una sartén profunda de 20 ó 22 cm de diámetro con dos o tres cucharadas del aceite reservado.

■ Cuando el aceite comience a humear verter la preparación y cocinar un minuto a fuego máximo.

■ Bajar a fuego moderado y seguir cocinando moviendo ligeramente la sartén para que el huevo no se pegue.

■ Cuando la tortilla comience a dorarse por debajo y casi haya cuajado la superficie, apoyar un plato del mismo diámetro que la sartén sobre ella y dar vuelta la tortilla.

■ Subir a fuego máximo y cocinar un minuto. Luego bajar a fuego moderado y cocinar unos dos o tres minutos más, para que termine de dorarse y quede ligeramente jugosa por dentro.

■ Pasar la tortilla a un plato, pincelar su superficie con el aceite de oliva reservado y dejar que se enfríe, antes de cortarla y servirla.

DIETAS PARA MANTENER EL PESO

CAPÍTULO 5

En este capítulo les presentamos catorce dietas cuyo principal objetivo es mantener el peso, ya sea luego de la realización de una dieta de adelgazamiento o debido a que quien lleve a la práctica cualquiera de ellas desea conservar su peso, sin alteraciones.

Para poder conocer de manera ágil y rápida los principales lineamientos de cada dieta pueden observar la tabla de referencias que figura al principio, que les dará una idea acerca de las características principales de cada dieta.

Recuerden que es el médico quien está mejor capacitado para asesorarlos en relación con la realización de cualquiera de los planes alimenticios aquí incluidos, y por ello recomendamos la consulta previa.

DIETA DE ENTRENAMIENTO NUTRICIONAL

INTENSIDAD MEDIA	NO ES VEGETARIANA	CONTIENE RECETAS	DURACIÓN
			**14** días

Si se llegó al peso deseado, ahora sólo faltan 15 días de entrenamiento nutricional para que luego se mantenga el peso permanentemente.

PARA TODOS LOS DÍAS

■ Bebidas

- Agua
- Refrescos light
- Zumos naturales
- Infusiones

■ Postres

- 1 porción de gelatina dietética
- 1 pieza de fruta mediana

■ Colaciones

- 1 vaso de yogur descremado
- 1 zanahoria mediana
- 5 tallos de apio
- 1/2 manzana
- Infusiones

■ Desayunos y meriendas

- 2 rebanadas de pan integral tostadas, untadas con mermelada dietética o queso blanco descremado
- Infusiones
- 1 vaso de leche descremada

DÍA 1

■ Almuerzo

- 1 plato de ensalada de zanahoria y lechuga
- 1 plato de arroz integral
- 1 tomate

■ Cena

- 1 tomate con sal y orégano
- 1 plato de ensalada de judías verdes
- 1 bistec de lomo de ternera, grillado
- 1 rodaja de pan integral

DÍA 2

■ Almuerzo

- 1 plato de ensalada de espinaca, rábanos, pimiento rojo, arroz y alcachofa

■ Cena

- 1 plato de ensalada de judías verdes
- 1 berenjena grillada
- 1 rodaja de pan integral

DÍA 3

■ Almuerzo

- 1 plato de spaghetti con puré de tomates y queso rallado

■ Cena

- 1 plato de ensalada de lechuga y tomate
- 1 plato de puré de patata y calabaza
- 1 huevo duro
- 1 rodaja de pan integral

DÍA 4

■ Almuerzo

- 1 plato abundante de ensalada de tomate, lentejas y pepino

■ Cena

- 1 plato de espinacas hervidas y rehogadas con 1 diente de ajo picado
- 1 porción de queso descremadode160 g / 5,6 oz

DÍA 5

■ Almuerzo

• I plato de ensalada de hojas verdes (lechuga, rúcula, espinaca)
• I porción de **"Salmón grillado con vinagreta de lentejas"** ✪
• I/2 rodaja de pan integral

■ Cena

• I plato de ensalada de pimiento rojo, palmitos, apio y zanahoria
• I/4 de pollo sin piel, grillado
• I rodaja de pan integral

DÍA 7

■ Almuerzo

• I plato de ensalada de zanahoria, lechuga y apio
• I/4 de pollo sin piel, grillado

■ Cena

• I plato de ensalada de hojas verdes con brotes de soja
• I porción de **"Pimiento mediterráneo"** ✪

DÍA 6

■ Almuerzo

• I plato de arroz integral
• I tomate

■ Cena

• I tazón de sopa de verduras
• I plato de ensalada de judías verdes
• I bistec de lomo de ternera, grillado

DÍA 8

■ Almuerzo

• I plato de **"Spaghetti napolitanos"** ✪

■ Cena

• I tazón de caldo de verduras
• I plato pequeño de espinaca hervida, con zumo de limón
• 2 tajadas de carne magra al horno
• I rodaja de pan integral

DÍA 9

■ **Almuerzo**

• I plato de ensalada de arroz integral, rabanitos y pepino

■ **Cena**

• I plato de espinaca rehogada con cebolla y pimiento rojo
• I tomate
• 2 rebanadas de pan integral tostadas

DÍA 10

■ **Almuerzo**

• I patata hervida, con perejil picado
• I plato de ensalada de hinojo y apio

■ **Cena**

• I plato de ensalada de hojas verdes (lechuga, rúcula, espinaca)
• 6 langostinos rehogados con I diente de ajo picado

DÍA 11

■ **Almuerzo**

• I plato de ensalada de lechuga y tomate
• I plato de arroz integral con lentejas

■ **Cena**

• I plato de ensalada de pimiento rojo y berenjena
• I **"Tortilla de espárragos"** ✪

DÍA 12

■ **Almuerzo**

• I plato de spaghetti con I tomate cubeteado y hojas frescas de albahaca

■ **Cena**

• I bistec de lomo de ternera, grillado
• I plato de ensalada de apio, champiñones y pepino
• I rodaja de pan integral

DÍA 13	DÍA 14
■ **Almuerzo**	■ **Almuerzo**
• 1 plato de ensalada de coliflor y arroz integral • 1 filete de lenguado o salmón blanco, grillado	• 1 plato de ensalada de tomate y alcachofas • 1 porción de **"Albóndigas light"** 
■ **Cena**	■ **Cena**
• 1 plato de espinaca al vapor con cebolla y pimiento rojo • 1 tomate • 2 rebanadas de pan integral tostadas	• 1 plato de ensalada de judías verdes, cebolla y 1 huevo duro • 1 porción de **"Hígado a la cacerola"**

RECETAS INCLUIDAS EN LA DIETA

SALMÓN GRILLADO CON VINAGRETA DE LENTEJAS

¿QUÉ SE NECESITA?

- 1 POSTA DE SALMÓN BLANCO
- 1/2 TAZAS DE LENTEJAS COCIDAS
- 1/4 DE PIMIENTO ROJO
- 1 ZANAHORIA PEQUEÑA
- 1 DIENTE DE AJO
- 1 CUCHARADAS DE PEREJIL PICADO
- 2 CUCHARADAS DE VINAGRE DE ALCOHOL
- ACEITE DE OLIVA
- SAL
- PIMIENTA

¿CÓMO SE PREPARA?

■ Cortar en brunoise (cubos muy pequeños) el pimiento y la zanahoria.

■ Calentar un chorro de aceite de oliva en una sartén y rehogar estas hortalizas hasta que comiencen a dorarse. Retirar y reservar.

■ Cocinar la posta en una plancha de hierro, de ambos lados, hasta que esté bien marcada. Retirarla y disponerla en una placa para horno, ligeramente aceitada.

■ Llevar a horno de temperatura moderada unos 15 minutos.

■ Cortar el diente de ajo en láminas delgadas y rehogarlo en una sartén, en la que se habrá calentado un chorrito de aceite. Retirar del fuego, pasar los ajos con su aceite a un bowl y, cuando esté tibio, agregar el vinagre de alcohol y las hortalizas rehogadas.

■ Disponer la posta en un plato y, a su lado, una porción de lentejas. Verter por encima la vinagreta de ajo y hortalizas y, finalmente, espolvorear con perejil picado.

PIMIENTO MEDITERRÁNEO

¿QUÉ SE NECESITA?

- 1 PIMIENTO ROJO
- 2 TAJADAS DE MOZZARELLA
- 1 CEBOLLA
- 4 ACEITUNAS NEGRAS
- 1 CUCHARADA DE ACEITE DE OLIVA
- SAL
- PIMIENTA

¿CÓMO SE PREPARA?

■ Cortar en mitades longitudinales el pimiento y quitarles el semillero y el cabo.

■ Cortar en anillos delgados la cebolla y rehogarla en una sartén pequeña, en la que se habrá calentado el aceite. Salpimentar y reservar.

■ Picar no muy finamente las aceitunas negras.

■ Colocar, dentro de cada mitad de pimiento, la mitad de la cebolla y la mitad de las aceitunas. Cubrir con una tajada de mozzarella.

■ Cocinar en grill hasta que el queso se haya fundido.

SPAGHETTI NAPOLITANOS

¿QUÉ SE NECESITA?

- 1 TAZA DE SPAGHETTI COCIDOS
- 1/2 PIMIENTO ROJO
- 1 CEBOLLA PEQUEÑA
- 1 DIENTE DE AJO
- 4 CUCHARADAS DE PURÉ DE TOMATES
- 4 CUCHARADAS DE ACEITE DE OLIVA
- SAL
- PIMIENTA

¿CÓMO SE PREPARA?

■ Picar finamente la cebolla y el diente de ajo. Cortar en brunoise (cubos muy pequeños) el pimiento.

■ Calentar el aceite en una sartén y rehogar estos ingredientes hasta que la cebolla comience a ponerse transparente. Incorporar el puré de tomates y salpimentar.

■ Incorporar los spaghetti a la sartén, calentar unos instantes y servir.

TORTILLA DE ESPÁRRAGOS

¿QUÉ SE NECESITA?

- 2 HUEVOS
- 6 ESPÁRRAGOS COCIDOS
- 1 CHORRITO DE ACEITE DE OLIVA
- SAL
- PIMIENTA

¿CÓMO SE PREPARA?

■ Batir ligeramente los huevos y salpimentar.

■ Cortar los espárragos en secciones de 3 cm, aproximadamente, y mezclarlos con los huevos.

■ Calentar el aceite en una sartén pequeña y volcar allí la preparación.

■ Cocinar a fuego moderado, con la sartén tapada, hasta que el huevo comience a cuajar.

■ Dar vuelta la tortilla para que se cocine de ambos lados, retirar y servir.

ALBÓNDIGAS LIGHT

¿QUÉ SE NECESITA?

- 100 G / 3,5 OZ DE CARNE DE TERNERA MOLIDA
- 3 CUCHARADAS DE HARINA DE TRIGO O SALVADO
- 1/2 CEBOLLA
- 1 TALLO DE APIO
- 1/2 TAZA DE CALDO DE VERDURAS
- 1 CHORRITO DE ACEITE DE OLIVA
- SAL
- PIMIENTA

¿CÓMO SE PREPARA?

■ Picar finamente la cebolla y el tallo de apio, y mezclarlos con la carne molida. Salpimentar y agregar 1 cucharada de harina, para integrar bien los ingredientes.

■ Formar esferas del tamaño de un bocado y pasarlas por la harina restante.

■ Calentar el aceite en una sartén amplia y dorar allí las albóndigas, moviéndolas para que la carne se selle en forma pareja.

■ Incorporar el caldo y seguir cocinando a fuego moderado, unos diez minutos más. Retirar y servir.

¿QUÉ SE NECESITA?

- 1 BISTEC DE HÍGADO DE TERNERA
- 2 CUCHARADAS DE VINO BLANCO
- 1 CEBOLLA PEQUEÑA
- 1 TOMATE FIRME
- 4 CUCHARADAS DE ACEITE DE OLIVA
- SAL
- PIMIENTA

¿CÓMO SE PREPARA?

■ Cortar en cubos del tamaño de un bocado el bistec de hígado. Salpimentarlos y reservar.

■ Cortar en anillos delgados la cebolla y en cubos el tomate.

■ Calentar el aceite en una sartén amplia y rehogar allí el hígado junto con la cebolla.

■ Cuando la carne comience a dorarse, agregar los cubos de tomate y el vino blanco.

■ Mezclar, cocinar dos o tres minutos más, retirar y servir.

DIETA DE LAS VIANDAS

INTENSIDAD MEDIA	ES VEGETARIANA	NO CONTIENE RECETAS	DURACIÓN
			**5 días**

Para complementar esta dieta puede optar por los desayunos, colaciones, meriendas y cenas de cualquiera de las dietas para adelgazar incluidas en el Capítulo 2, siempre y cuando sea de intensidad moderada.

DÍA 1

■ **Almuerzo**

• 1 taza de sopa de verduras instantánea
• 2 rodajas de calabaza gratinada con mozzarella
• 1 fruta a elección

DÍA 2

■ **Almuerzo**

• 1 taza de sopa de verduras instantánea
• 1 porción de cazuela de judías verdes, calabaza en cubitos y arvejas (opción: zanahoria hervida en cubitos)
• 1 fruta a elección

DÍA 3

■ **Almuerzo**

• 1 taza de sopa de verduras instantánea
• 1 sandwich de pan de molde hecho con huevo duro, tomate y hojas de rúcula
• 1 fruta a elección

DÍA 4

■ Almuerzo

• I taza de sopa de verduras instantánea
• I berenjena cortada en rodajas y grillada
• I porción de arroz blanco con queso rallado
• I fruta a elección

DÍA 5

■ Almuerzo

• I taza de sopa de verduras instantánea
• I porción de ensalada de patatas, huevo duro, mayonesa light y perejil picado
• I fruta a elección

PLAN SEMANAL DE MANTENIMIENTO

INTENSIDAD MEDIA	NO ES VEGETARIANA	CONTIENE RECETAS	DURACIÓN
 - +			**7** **días**

DÍA 1

■ Desayuno

• 1 taza de infusión con leche descremada
• 1 galleta de arroz untada con queso blanco descremado y mermelada dietética

■ Media mañana

• 4 tallos de apio

■ Almuerzo

• 1 tazón de caldo de verduras
• 1 hamburguesa de 120 g / 4,2 oz
• 1 plato de ensalada de col blanca y tomate
• 1 manzana o pera asada

■ Media tarde

• 1 porción de gelatina dietética
• 1 fruta a elección

■ Merienda

• 1 taza de infusión con leche descremada
• 1 rebanada de pan integral tostada, untada con queso blanco descremado

■ Cena

• 1 tazón de caldo de verduras
• 1 plato de ensalada de hinojo, 1 huevo duro y zanahoria rallada
• 1 porción de zucchinis rehogados con cebolla y ajo picado
• 1 fruta a elección

DÍA 2

■ Desayuno

• 1 taza de infusión con leche descremada
• 1 rebanada de pan integral tostada, untada con queso blanco descremado y 1 tajada de jamón cocido

■ Media mañana

• I mandarina o 1/2 pomelo

■ Almuerzo

• I plato de sopa de verduras
• I plato de arroz integral con salsa de soja y brotes de soja
• I porción de gelatina dietética

■ Media tarde

• I tomate

■ Merienda

• I taza de infusión con leche descremada
• 2 galletas de arroz untadas con queso blanco descremado y mermelada dietética

■ Cena

• I tazón de caldo de verduras
• I plato de ensalada de tomate y remolacha
• 1/2 pechuga de pollo sin piel, al horno
• I kiwi

DÍA 3

■ Desayuno

• I taza de infusión con leche descremada
• I rebanada de pan integral tostada, untada con queso blanco descremado

■ Media mañana

• I vaso de yogur descremado

■ Almuerzo

• I tazón de caldo de verduras
• I **"Berenjena a la napolitana"** ✪
• I fruta a elección

■ Media tarde

• I porción de gelatina dietética
• I manzana

■ Merienda

• I taza de infusión con leche descremada
• 2 galletas de arroz untadas con queso blanco descremado y mermelada dietética

■ Cena

- I tazón de caldo de verduras
- 1/4 de pollo sin piel, al horno
- 2 rodajas de calabaza al horno
- I porción de gelatina dietética
- I fruta a elección

DÍA 4

■ Desayuno

- I infusión con leche descremada
- I tazón de fresas con zumo de naranja

■ Media mañana

- I pepino

■ Almuerzo

- I tazón de caldo de verdura
- I filete de pescado a elección, grillado
- I plato de ensalada de judías verdes y tomate
- I porción de gelatina dietética mezclada con 1/2 vaso de yogur descremado

■ Media tarde

- I zahahoria

■ Merienda

- I taza de infusión con leche descremada
- I galleta de arroz untada con queso blanco descremado y I tajada de jamón

■ Cena

- I tazón de caldo de verdura
- I plato de panaché de verduras
- I plato de ensalada de hinojo, zanahoria rallada y lechuga
- I fruta a elección

DÍA 5

■ Desayuno

- I taza de infusión con leche descremada
- I porción de gelatina dietética mezclada con I cucharada de queso blanco descremado

■ Media mañana

- I naranja
- 1/2 vaso de yogur descremado

■ Almuerzo

- 1 tazón de caldo de verduras
- 2 rodajas de calabaza al horno
- 1 plato de ensalada de col blanca, apio y zanahoria rallada
- 1 porción de gelatina dietética

■ Media tarde

- 1 porción de ensalada de frutas

■ Merienda

- 1/2 vaso de yogur descremado con gelatina dietética

■ Cena

- 1 tazón de caldo de verduras
- 1 plato de ensalada de arroz blanco, mayonesa light, atún al natural y arvejas
- 1 tazón de fresas con queso blanco descremado, endulzado

DÍA 6

■ Desayuno

- 1 taza de infusión con leche descremada
- 1 galleta de arroz untada con queso blanco descremado y mermelada dietética

■ Media mañana

- 1 fruta a elección

■ Almuerzo

- 1 tazón de caldo de verduras
- 1 filete de pescado a elección, grillado
- 1 plato de espinacas rehogadas con cebolla y ajo picado
- 1 fruta a elección

■ Media tarde

- 1 vaso de zumo de tomate
- 3 tallos de apio

■ Merienda

- 1 taza de infusión con leche descremada
- 1 rebanada de pan integral tostada, con una tajada de mozzarella

■ Cena

- 1/4 de pollo sin piel, grillado
- 1 plato de ensalada de zanahoria rallada y tomate
- 1 porción de gelatina dietética mezclada con 1 cucharada de queso blanco descremado endulzado

DÍA 7

■ Desayuno

- 1 taza de infusión con leche descremada
- 1 rebanada de pan integral tostada, untada con queso blanco descremado

■ Media mañana

- 1 zanahoria

■ Almuerzo

- 1 tazón de caldo de verduras
- 2 filetes de pescado al horno
- 1 porción de puré de calabaza
- 1 fruta a elección

■ Media tarde

- 1 porción de gelatina dietética mezclada con 1/2 vaso de yogur descremado

■ Merienda

- 1 taza de infusión con leche descremada
- 2 galletas de arroz untadas con queso blanco descremado y mermelada dietética

■ Cena

- 1 tazón de caldo de verduras
- 1 bistec de lomo de ternera, grillado
- 1 porción de puré de patata
- 1 kiwi

RECETA INCLUIDA EN LA DIETA

BERENJENA A LA NAPOLITANA

¿QUÉ SE NECESITA?

- 1 BERENJENA
- 1 TOMATE PEQUEÑO
- 3 TAJADAS DE MOZZARELLA
- 1 CUCHARADA DE ACEITE DE OLIVA
- SAL
- PIMIENTA

¿CÓMO SE PREPARA?

■ Cortarle los extremos a la berenjena y luego cortarla en tres tajadas longitudinales.

■ Colocarlas sobre una rejilla metálica y espolvorearlas con sal gruesa, para eliminar el amargor.

■ Cortar el tomate en rodajas delgadas.

■ Lavar ligeramente las tajadas de berenjena y disponerlas sobre una placa para horno.

■ Distribuir sobre ellas las rodajas de tomate y la mozzarella.

■ Salpimentar y rociar con el aceite de oliva.

■ Llevar al horno hasta que el queso esté fundido.

DIETA DE PUESTA A PUNTO

INTENSIDAD MEDIA	NO ES VEGETARIANA	CONTIENE RECETAS	DURACIÓN
			**7** días

DÍA 1

■ Desayuno y merienda

- 1 taza de infusión con leche descremada
- 2 rebanadas de pan integral tostadas, untadas con queso blanco descremado y mermelada dietética

■ Almuerzo

- 1 filete de pescado a elección, al horno
- 1 porción de puré de calabaza
- 1 fruta a elección

■ Cena

- 1 plato de sopa de arroz con 1 cucharada de queso rallado
- 1/4 de pollo sin piel, grillado
- 1 plato de ensalada de berro y tomate
- 1 fruta a elección

■ Colaciones

- 1 vaso de yogur descremado
- 50 g / 1,7 oz de mozzarella

DÍA 2

■ Desayuno y merienda

- 1 taza de infusión con leche descremada
- 2 rebanadas de pan integral tostadas, untadas con queso blanco descremado y mermelada dietética

■ Almuerzo

- 1 bistec de lomo de ternera, grillado
- 1 plato de ensalada de tomate, albahaca y mozzarella
- 1 fruta a elección

■ Cena

- 1 plato de **"Farfalle con rúcula y tomates cherry"** ✪
- 1 manzana al horno

Colaciones

- I vaso de yogur descremado
- I fruta a elección

DÍA 3

■ Desayuno y merienda

- I taza de infusión con leche descremada
- 2 rebanadas de pan integral tostadas, untadas con queso blanco descremado y mermelada dietética

■ Almuerzo

- I/2 pechuga de pollo sin piel, grillada
- I plato de arroz con arvejas y mantequilla dietética
- I porción de postre instantáneo de vainilla, dietético

■ Cena

- I plato de **"Lenguado con crema de hierbas y limón"**
- I plato de ensalada de hojas verdes (rúcula, lechuga, espinaca)
- I fruta a elección

■ Colaciones

- I fruta a elección
- I barra de cereal

DÍA 4

■ Desayuno y merienda

- I taza de infusión con leche descremada
- 2 rebanadas de pan integral tostadas, untadas con queso blanco descremado y mermelada dietética

■ Almuerzo

- 2 filetes de pescado al horno
- I plato de ensalada de hojas verdes y champiñones
- I fruta a elección

■ Cena

- I plato de sopa de verduras con cubitos de mozzarella
- I plato de spaghetti con mantequilla dietética y queso rallado
- I fruta a elección

■ Colaciones

- I vaso de yogur descremado
- 4 galletas untadas con mermelada dietética

DÍA 5	DÍA 6

DÍA 5

■ Desayuno y merienda

• 1 taza de infusión con leche descremada
• 2 rebanadas de pan integral tostadas, untadas con queso blanco descremado y mermelada dietética

■ Almuerzo

• 1 porción de carne de ternera magra, al horno
• 1 porción de puré de calabaza
• 1 fruta a elección

■ Cena

• 1 plato de **"Cazuela de verduras y arroz"**
• 1 porción de postre instantáneo de chocolate, dietético

■ Colaciones

• 1 fruta a elección
• 50 g / 1,7 oz de mozzarella

DÍA 6

■ Desayuno y merienda

• 1 taza de infusión con leche descremada
• 2 rebanadas de pan integral tostadas, untadas con queso blanco descremado y mermelada dietética

■ Almuerzo

• 1 omelette hecha con 2 huevos y 6 espárragos
• 1 fruta a elección

■ Cena

• 1 plato de spaghetti con brócoli al vapor
• 1 porción de gelatina dietética con frutas

■ Colaciones

• 1 vaso de yogur descremado
• 1 fruta a elección

DÍA 7

■ Desayuno y merienda

• 1 taza de infusión con leche descremada
• 2 rebanadas de pan integral tostadas, untadas con queso blanco descremado y mermelada dietética

■ Almuerzo

• 1 hamburguesa de carne de ternera magra
• 1 plato de ensalada de tomate, lechuga y zanahoria rallada
• 1 fruta a elección

■ Cena

• 1 plato de spaghetti con zucchini
• 1 fruta a elección

■ Colaciones

• 2 galletas dulces livianas
• 1 vaso de yogur descremado

⭐ RECETAS INCLUIDAS EN LA DIETA

CAZUELA DE VERDURAS Y ARROZ

¿QUÉ SE NECESITA?

- 1 TAZA DE ARROZ COCIDO
- 1/2 PIMIENTO ROJO
- 1 CEBOLLA
- 1 ZUCCHINI
- 3 CUCHARADAS DE ACEITE DE OLIVA
- SAL
- PIMIENTA

¿CÓMO SE PREPARA?

■ Cortar en tiras delgadas el pimiento y picar no muy finamente la cebolla.

■ Cortar el zucchini en rodajas de 4 mm de espesor, aproximadamente.

■ Calentar el aceite en una sartén profunda y rehogar el pimiento, la cebolla y el zucchini hasta que la cebolla comience a ponerse transparente.

■ Salpimentar, incorporar el arroz, cocinar unos momentos más para que se caliente y servir.

FARFALLE CON RÚCULA Y TOMATES CHERRY

¿QUÉ SE NECESITA?

- 1 TAZÓN DE FARFALLE COCIDOS
- 100 G / 3,5 OZ DE TOMATES CHERRY
- 1/2 POCILLO DE ACEITE DE OLIVA
- 6 HOJAS DE RÚCULA
- 1 CUCHARADA DE QUESO PARMESANO RALLADO
- SAL
- PIMIENTA

¿CÓMO SE PREPARA?

■ Cortar los tomates por la mitad, a lo largo. Lavar las hojas de rúcula y cortarlas en trozos medianos, con los dedos.

■ Calentar el aceite en una sartén grande y cocinar allí las mitades de tomate, sin dejar de revolver, apenas unos instantes, para que no se deshagan. Reservar.

■ Incorporar los farfalle, salpimentar, mezclar y agregar la rúcula. Calentar unos momentos a fuego moderado y verterlos sobre un plato.

■ Espolvorear con el queso rallado o cortado en virutas, y servir.

¿QUÉ SE NECESITA?

- 2 FILETES DE LENGUADO
- 1 POCILLO DE AGUA
- ZUMO DE 1/2 LIMÓN
- 1 CUCHARADITA DE ORÉGANO
- 1 HOJA DE LAUREL

PARA LA SALSA
- 1 POCILLO DE QUESO BLANCO
- 1 CUCHARADA DE ZUMO DE LIMÓN
- 1 CUCHARADA DE LECHE DESCREMADA
- 1 CUCHARADA DE HIERBAS AROMÁTICAS A ELECCIÓN
- SAL
- PIMIENTA

¿CÓMO SE PREPARA?

■ Para la salsa, batir el queso blanco junto con el zumo de limón, la leche y las hierbas hasta obtener una mezcla de consistencia cremosa. Salpimentar y reservar.

■ Encender el horno a temperatura moderada.

■ Colocar los filetes en una fuente para horno. Mezclar el zumo de limón, el agua, el laurel, el orégano y rociar el pescado. Llevar al horno y cocinar durante 15 minutos.

■ Servir los filetes salseados con la crema de hierbas y limón.

DIETA DE DÍAS ALTERNADOS

INTENSIDAD ALTA	NO ES VEGETARIANA	NO CONTIENE RECETAS	DURACIÓN
			**7** días

Esta dieta de mantenimiento debe realizarse durante 7 días, alternando entre día 1 y día 2.

DÍA 1

■ **Desayuno**

• 1 taza de té o de café
Optar por:
• 1 naranja
• 2 tajadas de melón
• 1 melocotón
• 1 manzana

■ **Media mañana**

• 1 fruta a elección

■ **Almuerzo**

• 1 plato de ensalada de hojas verdes (lechuga, rúcula, espinaca)
Optar por:
• 1 porción de carne vacuna magra, grillada
• 1/4 de pollo sin piel, grillado
• 2 filetes de lenguado, grillados
• 1/2 lata de atún al agua

■ **Media tarde**

• 2 tajadas de mozzarella

■ **Merienda**

• 1 vaso de yogur descremado
• 1 taza de infusión

■ **Cena**

• 1 plato de ensalada de hojas verdes (lechuga, rúcula, espinaca)
Optar por:
• 1 porción de carne vacuna magra, grillada
• 1/4 de pollo sin piel, grillado
• 2 filetes de lenguado, grillados
• 1/2 lata de atún al agua

DÍA 2

■ Desayuno

Optar por:
• 1 vaso de leche descremada y 1 galleta de arroz
• 1 taza de café con leche descremada y 1 galleta de arroz untada con queso blanco descremado

■ Media mañana

Optar por:
• 1 tomate
• 1 zanahoria

■ Almuerzo

• 1 tazón de caldo de verduras
• 1 plato abundante de panaché de verduras con arroz blanco
• 1 fruta cítrica a elección

■ Merienda

• 1 vaso de leche descremada
• 1 galleta de arroz

■ Media tarde

Optar por:
• 1 tomate
• 1 zanahoria

■ Cena

• 1 tazón de caldo de verduras
• 100 g / 3,5 oz de carne (vacuna, pollo, pescado o atún al agua)
• 1 plato abundante de ensalada a elección
• 1 fruta cítrica a elección

DIETA PARA OLVIDARSE DE ADELGAZAR / VERSIÓN I

INTENSIDAD MEDIA	NO ES VEGETARIANA	CONTIENE RECETAS	DURACIÓN
 − +			**7** **días**

Opciones para desayunos y meriendas

■ Opción 1

- 1 taza de infusión con leche descremada
- 2 rebanadas de pan de salvado untadas con mermelada dietética
- 2 tajadas de mozzarella

■ Opción 2

- 1 taza de infusión con leche descremada
- 1 rebanada de pan de salvado untada con queso blanco descremado y mermelada dietética
- 1 vaso de zumo de naranja

■ Opción 3

- 1 tazón de yogur descremado con cereales

■ Opción 4

- 1 taza de infusión con leche descremada
- 1 porción de ensalada de frutas

Opciones para colaciones (media mañana y media tarde)

■ Opción 1

- 1 taza de infusión
- 1 barra de cereal

■ Opción 2

- 1 vaso de yogur descremado

DÍA 1

■ Almuerzo

• 10 espárragos gratinados con queso rallado light
• 1 fruta a elección

■ Cena

• 1 plato de spaghetti con puré de tomates
• 1 fruta a elección

DÍA 2

■ Almuerzo

• 1 porción de revuelto de zucchinis hecho con 1 huevo
• 1 fruta a elección

■ Cena

• 1 bistec de carne de ternera magra, grillado
• 1 plato de ensalada a elección
• 1 fruta a elección

DÍA 3

■ Almuerzo

• 1 plato de panaché de verduras
• 1 fruta a elección

■ Cena

• 1/2 pechuga de pollo sin piel, al horno
• 1 porción de brócoli al vapor
• 1 fruta a elección

DÍA 4

■ Almuerzo

• 1 porción de **"Chop suey de ternera y champiñones"** ✪
• 1 fruta a elección

■ Cena

• 1 bistec de lomo de ternera, grillado
• 1 plato de ensalada de zanahoria rallada, tomate y apio
• 1 fruta a elección

DÍA 5	DÍAS 6 Y 7
■ Almuerzo • I plato de espinaca rehogada con I huevo duro • I fruta a elección **■ Cena** • I plato de **"Cazuela rápida de pollo"** ✪ • I fruta a elección	Hay libertad para elegir las comidas. Sólo trate de evitar que tanto el almuerzo como la cena sean de alto valor calórico. Disfrute sin perder el control.

✪ RECETAS INCLUIDAS EN LA DIETA

CHOP SUEY DE TERNERA Y CHAMPIÑONES

¿QUÉ SE NECESITA?

• I BISTEC GRUESO DE LOMO DE TERNERA
• 6 CHAMPIÑONES
• I PUÑADO DE BROTES DE SOJA
• I PIMIENTO PICANTE
• 3 CUCHARADAS DE SALSA DE SOJA LIGHT
• 4 CUCHARADAS DE ACEITE

¿CÓMO SE PREPARA?

■ Cortar en bastones delgados la carne de ternera y los champiñones, en láminas gruesas.

■ Retirarle las semillas al pimiento picante y picarlo finamente.

■ Calentar el aceite en un wok o sartén profunda y rehogar allí los bastones de carne, a fuego fuerte, uno o dos minutos.

■ Incorporar el resto de los ingredientes y cocinar dos o tres minutos más sin dejar de mezclar.

■ Retirar y servir.

CAZUELA RÁPIDA DE POLLO

¿QUÉ SE NECESITA?

- 1/2 PECHUGA DE POLLO SIN PIEL
- 1 CEBOLLA
- 1/2 PIMIENTO ROJO
- 1 TALLO DE APIO
- 1 ZANAHORIA
- 1 CUCHARADA DE AJO Y PEREJIL PICADOS
- 1 CHORRITO DE ACEITE DE OLIVA
- 1 CHORRITO DE SALSA DE SOJA LIGHT
- 1/2 TAZA DE CALDO DESGRASADO

¿CÓMO SE PREPARA?

■ Cortar en cubos del tamaño de un bocado la carne del pollo, salpimentarla y reservar.

■ Cortar en trozos todos los vegetales.

■ Calentar el aceite de oliva en una sartén amplia y rehogar los dados de pollo hasta que estén sellados en todos sus lados.

■ Incorporar las hortalizas y la salsa de soja, y seguir cocinando dos o tres minutos más.

■ Verter el caldo desgrasado y cocinar, revolviendo cada tanto, hasta que la zanahoria esté tierna.

■ Retirar, espolvorear con el ajo y perejil picados, y servir.

DIETA PARA OLVIDARSE DE ADELGAZAR / VERSIÓN 2

INTENSIDAD MEDIA	NO ES VEGETARIANA	CONTIENE RECETAS	DURACIÓN
			**7** **días**

Opciones para desayunos y meriendas

■ **Opción 1**

• 1 vaso de licuado de naranja y melocotón con agua
• 2 rebanadas de pan de salvado untadas con queso blanco descremado

■ **Opción 2**

• 1 taza de infusión con leche descremada
• 1 galleta de arroz untada con queso blanco descremado y mermelada dietética

■ **Opción 3**

• 1 vaso de yogur bebible con cereales

Opciones para colaciones

■ **Opción 1**

• 1 taza de infusión
• 1 barra de cereal

■ **Opción 2**

• 1 vaso de yogur descremado

DÍA 1

■ Almuerzo

- 1 plato de sopa de verduras con arroz y cubitos de mozzarella
- 1 plato de panaché de verduras
- 1 fruta a elección

■ Cena

- 1 bistec de lomo de ternera, grillado
- 1 plato de ensalada de lechuga, zanahoria, tomate y cebolla
- 1 fruta a elección

DÍA 2

■ Almuerzo

- 2 filetes de lenguado, al horno
- 2 rodajas de calabaza al horno
- 1 fruta a elección

■ Cena

- 1/4 de pollo sin piel, al horno
- 1 plato de ensalada de hojas verdes (lechuga, berro, rúcula, espinaca)
- 1 fruta a elección

DÍA 3

■ Almuerzo

- 1 **"Berenjena napolitana"** ✪
- 1 fruta a elección

■ Cena

- 1 plato de pasta a elección apenas rehogada con ajo y albahaca
- 1 fruta a elección

DÍA 4

■ Almuerzo

- 1 plato abundante de ensalada de arroz, zanahoria, arvejas, pollo y mayonesa light
- 1 fruta a elección

■ Cena

- 1 plato de **"Salmón con guarnición de vegetales"** ✪
- 1 fruta a elección

DÍA 5	DÍAS 6 Y 7
■ Almuerzo • I plato de revuelto de zucchinis hecho con I huevo • I fruta a elección **■ Cena** • I porción de carne de ternera magra, al horno • I patata al horno • I fruta a elección	Hay libertad para elegir las comidas. Sólo trate de evitar que tanto el almuerzo como la cena sean de alto valor calórico. Disfrute sin perder el control.

★ RECETAS INCLUIDAS EN LA DIETA

SALMÓN CON GUARNICIÓN DE VEGETALES

¿QUÉ SE NECESITA?

- I FILETE DE SALMÓN BLANCO
- I AJO PORRO
- I ZANAHORIA
- I REMOLACHA
- I TOMATE
- I CUCHARADITA DE PEREJIL PICADO
- 6 CUCHARADAS DE VINAGRE
- 4 CUCHARADAS DE ACEITE DE OLIVA
- SAL
- PIMIENTA

¿CÓMO SE PREPARA?

■ Cortar la zanahoria y la remolacha en juliana; picar finamente el ajo porro; y cocinar los vegetales al vapor.

■ Luego colocar el filete en una fuente para horno, salpimentarlo, cubrirlo con un papel de aluminio y llevarlo a horno moderado, aproximadamente 10 minutos.

■ Mientras tanto cortar el tomate en cubos y marinarlos en el aceite, el vinagre y el perejil picado.

■ Servir el filete junto con los vegetales, y rociado con la salsa de vinagre.

BERENJENA A LA NAPOLITANA

¿QUÉ SE NECESITA?

- 1 BERENJENA
- 1 TOMATE PEQUEÑO
- 3 TAJADAS DE MOZZARELLA
- 1 CUCHARADA DE ACEITE DE OLIVA
- SAL
- PIMIENTA

¿CÓMO SE PREPARA?

■ Cortarle los extremos a la berenjena y luego cortarla en tres tajadas longitudinales.

■ Colocarlas sobre una rejilla metálica y espolvorearlas con sal gruesa, para eliminar el amargor.

■ Cortar el tomate en rodajas delgadas.

■ Lavar ligeramente las tajadas de berenjena y disponerlas sobre una placa para horno.

■ Distribuir sobre ellas las rodajas de tomate y la mozzarella.

■ Salpimentar y rociar con el aceite de oliva.

■ Llevar al horno hasta que el queso esté fundido.

INTENSIDAD MEDIA	NO ES VEGETARIANA	CONTIENE RECETAS	DURACIÓN
			**7** **días**

Recuerde iniciar las comidas principales con una taza de sopa de verduras instantánea en invierno y con una ensalada variada en verano.

Las opciones que se brindan a continuación corresponden a días de la semana. Los fines de semana son libres de dieta, aunque la alimentación debe ser controlada.

Opciones para desayunos y meriendas

■ Opción 1

• 1 infusión con leche descremada
• 2 rebanadas de pan de salvado o pan blanco untadas con mermelada dietética
• 1 tajada de mozzarella

■ Opción 2

• 1 infusión con leche descremada
• 1 rebanada de pan blanco untada con queso blanco descremado y mermelada dietética
• 1 vaso de zumo de naranja

■ Opción 3

• 1 vaso de yogur descremado con cereales

■ Opción 4

• 1 infusión con leche descremada
• 1 porción de ensalada de frutas

Opciones para colaciones (media mañana y media tarde)

■ Opción 1

• 1 infusión
• 1 barra de cereal

■ Opción 2

• 1 vaso de yogur descremado

Opciones para almuerzos

■ Opción 1

- 1 taza de sopa de verduras instantánea (invierno) / 1 plato de ensalada (verano)
- 10 espárragos con mozzarella
- 1 fruta a elección

■ Opción 2

- 1 taza de sopa de verduras instantánea (invierno) / 1 plato de ensalada (verano)
- 1 plato de revuelto de zucchini hecho con 1 huevo
- 1 fruta a elección

■ Opción 3

- 1 taza de sopa de verduras instantánea (invierno) / 1 plato de ensalada (verano)
- 1 plato de ensalada **"Verdiblanca"** ✪
- 1 fruta a elección

■ Opción 4

- 1 taza de sopa de verduras instantánea (invierno) / 1 plato de ensalada (verano)
- 1 plato de **"Chop suey de ternera y champiñones"** ✪
- 1 fruta a elección

■ Opción 5

- 1 taza de sopa de verduras instantánea (invierno) / 1 plato de ensalada (verano)
- 1 plato de espinaca rehogada con cebolla y 1 huevo duro
- 1 fruta a elección

Opciones para cenas

■ Opción 1

- 1 plato de pasta a elección con puré de tomates y queso parmesano rallado
- 1 fruta a elección

■ Opción 2

- 1 bistec de lomo de ternera, grillado
- 1 plato de hortalizas al vapor, a elección
- 1 fruta a elección

■ Opción 3

- 1/4 de pollo sin piel, al horno
- 1 plato de brócoli rehogado con 1 diente de ajo
- 1 fruta a elección

■ Opción 4

- 1 porción de carne de ternera magra, al horno
- 1 fruta a elección

■ Opción 5

- 1 plato de ensalada de atún al natural, arroz, mayonesa light y huevo duro
- 1 fruta a elección

⭐ RECETAS INCLUIDAS EN LA DIETA

CHOP SUEY DE TERNERA Y CHAMPIÑONES

¿QUÉ SE NECESITA?

- 1 BISTEC GRUESO DE LOMO DE TERNERA
- 6 CHAMPIÑONES
- 1 PUÑADO DE BROTES DE SOJA
- 1 PIMIENTO PICANTE
- 3 CUCHARADAS DE SALSA DE SOJA LIGHT
- 4 CUCHARADAS DE ACEITE

¿CÓMO SE PREPARA?

■ Cortar en bastones delgados la carne de ternera y los champiñones, en láminas gruesas.

■ Retirarle las semillas al pimiento picante y picarlo finamente.

■ Calentar el aceite en un wok o sartén profunda y rehogar allí los bastones de carne, a fuego fuerte, uno o dos minutos.

■ Incorporar el resto de los ingredientes y cocinar dos o tres minutos más sin dejar de mezclar.

■ Retirar y servir.

VERDIBLANCA

¿QUÉ SE NECESITA?

- 100 G / 3,5 OZ DE GARBANZOS SECOS
- 100 G / 3,5 OZ DE BRÓCOLI
- 1 CEBOLLA PEQUEÑA
- 1 CUCHARADITA DE AJO Y PEREJIL PICADO
- 2 CUCHARADAS DE ACEITE DE OLIVA
- 2 CUCHARADAS DE VINO BLANCO
- 50 G / 1,7 OZ DE YOGUR NATURAL

¿CÓMO SE PREPARA?

■ Poner en remojo los garbanzos en un recipiente con agua que los cubra, desde la noche anterior. Al día siguiente, cocinarlos en abundante agua con sal hasta que estén apenas blandos. Escurrirlos y dejar que se enfríen.

■ Separar las flores de brócoli y cocinarlas en agua hasta que estén apenas tiernas.

■ Picar la cebolla y rehogarla en el aceite hasta que esté transparente. Retirarla y procesarla junto con el vino y el yogur. Reservar.

■ En una ensaladera, colocar y mezclar los garbanzos con el brócoli, el el ajo y el perejil. Bañarlos con la crema de yogur y cebollas y servir.

PROGRAMA DE MANTENIMIENTO A LARGO PLAZO

INTENSIDAD MEDIA	NO ES VEGETARIANA	NO CONTIENE RECETAS	DURACIÓN
			14 **días**

Se realiza como mínimo durante dos semanas y la idea es que se siga este tipo de alimentación siempre, ya que es sana y nutritiva.

Opciones para desayuno

■ Opción 1

• 1 taza de café o té con leche descremada
• 1 sandwich pequeño de pan blanco y jamón cocido

■ Opción 2

• 1 bowl de leche descremada con 4 cucharadas de cereales no azucarados

Opciones para media mañana

■ Opción 1

• 1 fruta a elección

■ Opción 2

• 1 vaso grande de zumo de frutas a elección

Opciones para merienda

■ Opción 1

• 1 vaso de leche descremada
• 1 rebanada de pan integral

■ Opción 2

• 1 vaso de yogur bebible descremado

Opciones para almuerzo

■ Opción 1

• 1 plato de ensalada a elección
• 1/4 de pollo sin piel, grillado
• 1 fruta a elección o 1 vaso de yogur descremado

■ Opción 2

• 1 plato de ensalada a elección
• 2 costillas de cerdo, grilladas
• 1 fruta a elección o 1 vaso de yogur descremado

■ Opción 3

• 1 plato de ensalada a elección
• 2 filetes de pescado, al horno
• 1 fruta a elección o 1 vaso de yogur descremado

■ Opción 4

• 1 plato de ensalada a elección
• 1 porción de carne de ternera magra, al horno
• 1 fruta a elección o 1 vaso de yogur descremado

Opciones para cena

■ Opciones para primer plato

• 1 tazón de caldo de verduras con cubitos de mozzarella
• 1 plato de sopa de verduras y pasta
• 1 plato de puré de patata y calabaza, o patata y espinaca
• 1 vaso de zumo de tomate con 3 tallos de apio

■ Opciones para plato principal

• 1 pechuga de pollo al horno con ensalada a elección
• 2 filetes de salmón blanco con hortalizas al vapor
• 1 bistec grueso de lomo de ternera, grillado, con arroz blanco
• 1 plato de spaghetti con salsa de tomates

■ Opciones para postre

• 1 fruta a elección
• 1 porción de ensalada de frutas
• 1 vaso de yogur descremado

DIETA DE LAS CALORÍAS

INTENSIDAD BAJA	NO ES VEGETARIANA	CONTIENE RECETAS	DURACIÓN
 - +			**5** **días**

DÍA 1

■ Desayuno

- 1 taza de café o té
- 1 rodaja de pan integral o 2 galletas integrales
- 1 tajada de mozzarella
- 1/2 taza de leche descremada

■ Media mañana

- 1 manzana

■ Almuerzo

- 1 bistec de lomo de ternera, grillado
- 1 plato de ensalada de zanahoria, lechuga, tomate y aceitunas verdes
- 1 **"Sorbete de naranja y melón"** ✪

■ Merienda

- 1 taza de té
- 1 vaso de zumo de naranja
- 2 galletas integrales

■ Cena

- 1 tazón de caldo de verduras
- 1/2 pechuga de pollo sin piel, al horno
- 1 taza de arroz integral con aceite
- 1 porción de gelatina dietética

DÍA 2	DÍA 3

DÍA 2

■ Desayuno

• 1 taza de té o café hecha con 1/2 taza de leche descremada
• 2 galletas integrales untadas con mermelada dietética

■ Media mañana

• 1 vaso de yogur descremado

■ Almuerzo

• 100 g / 3,5 oz de atún al natural
• 1 plato pequeño de ensalada de patata, tomate y 1 huevo duro
• 1 fruta a elección

■ Merienda

• 1 vaso de zumo de naranja o pomelo

■ Cena

• 1 bistec de lomo de ternera, grillado
• 1 taza de legumbres cocidas
• 1 rodaja de pan integral
• 1 manzana en compota

DÍA 3

■ Desayuno

• 1 taza de té o café
• 1 porción de ensalada de frutas

■ Media mañana

• 1 vaso de leche descremada
• 2 galletas de soja untadas con queso blanco descremado

■ Almuerzo

• 1 pechuga de pollo sin piel, grillada
• 1 plato de arroz blanco con arvejas
• 1 porción de gelatina dietética

■ Merienda

• 1 taza de té
• 2 rebanadas de pan integral tostado untadas con mermelada dietética

■ Cena

• 1 plato de **"Salpicón de ave"** ✪
• 1 rodaja de pan integral
• 1 pera y 1 melocotón

DÍA 4

■ Desayuno

- 1 vaso de zumo de naranja o pomelo
- 2 galletas de soja untadas con miel
- 1 vaso de leche descremada

■ Media mañana

- 1 vaso de yogur descremado

■ Almuerzo

- 1 filete de salmón rosado, grillado y rociado con zumo de limón
- 1 plato de ensalada de tomate y huevo duro
- 1 porción de ensalada de frutas

■ Merienda

- 1 manzana en compota
- 1 vaso de yogur descremado

■ Cena

- 1 **"Calabaza rellena"** ✪
- 1 huevo duro
- 1 rodaja de pan integral
- 1 fruta a elección

DÍA 5

■ Desayuno

- 1 taza de té o café hecho con 1/2 taza de leche descremada
- 2 galletas integrales untadas con queso blanco descremado

■ Media mañana

- 1 tazón de cereales sin azucarar con 1 manzana rallada

■ Almuerzo

- 2 canelones de verdura con salsa liviana
- 1 rebanada de pan integral
- 1 porción de ensalada de frutas

■ Merienda

- 1 taza de leche descremada
- 2 galletas de arroz untadas con mermelada dietética y queso blanco descremado

■ Cena

- 1 pechuga de pollo sin piel, al horno, rociada con zumo de limón
- 1 plato de ensalada de lentejas, apio y pimiento rojo
- 1 rebanada de pan integral
- 1 porción de gelatina dietética

⭐ RECETAS INCLUIDAS EN LA DIETA

CALABAZA RELLENA

¿QUÉ SE NECESITA?

- 1 CALABAZA PEQUEÑA
- 1 CEBOLLA
- 1/2 TAZA DE ARROZ COCIDO
- 1 ZANAHORIA
- 2 TAJADAS DE MOZZARELLA
- ACEITE
- SAL
- PIMIENTA

¿CÓMO SE PREPARA?

■ Limpiar bien la calabaza y cortarla por la mitad, a lo largo.

■ Retirarle las semillas y colocar las mitades en una fuente con un dedo de agua.

■ Cocinar las mitades de calabaza en horno fuerte hasta que su carne esté tierna, aunque no demasiado.

■ Para preparar el relleno, rallar la zanahoria con la parte gruesa del rallador y cortar la cebolla en juliana fina.

■ Rehogar ambas verduras en una sartén con un poco de aceite. Salpimentar y mezclar con el arroz cocido.

■ Rellenar las mitades de calabaza con esta mezcla y colocar una tajada de mozzarella sobre cada una.

■ Hornear hasta que el queso se funda.

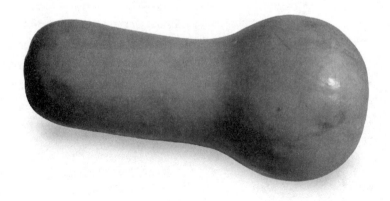

SALPICÓN DE AVE

¿QUÉ SE NECESITA?

- 1/2 PECHUGA DE POLLO SIN PIEL, COCIDA AL VAPOR O AL HORNO
- 2 TALLOS DE APIO
- 1 REMOLACHA
- 1 ZANAHORIA
- 3 CUCHARADAS DE MAYONESA LIGHT
- SAL
- PIMIENTA

¿CÓMO SE PREPARA?

■ Cortar en cubos la carne de pollo.

■ Rallar con la parte gruesa del rallador la remolacha y la zanahoria.

■ Cortar en trozos pequeños los tallos de apio.

■ Salpimentar y mezclar todos los ingredientes.

■ Agregar la mayonesa light y mezclar hasta obtener una ensalada homogénea.

SORBETE DE NARANJA Y MELÓN

¿QUÉ SE NECESITA?

- 1 VASO DE ZUMO DE NARANJA
- 3 TAJADAS DE MELÓN
- 1/2 VASO DE AGUA MINERAL GASIFICADA
- 1 POCILLO DE HIELO GRANIZADO
- EDULCORANTE

¿CÓMO SE PREPARA?

■ Pelar y quitar las semillas al melón. Cortarlo en trozos y procesarlo junto con los demás ingredientes.

■ Servir en copas, y beber bien frío.

DIETA 3X3

INTENSIDAD MEDIA	NO ES VEGETARIANA	CONTIENE RECETAS	DURACIÓN
− +			**3** días

DÍA 1

■ Desayuno

- 1 vaso de zumo de zanahoria
- 1 tazón de yogur descremado con cereales
- 2 galletas integrales untadas con queso blanco descremado

■ Almuerzo

- 1 tazón de caldo de verduras
- 1 tazón de arroz integral con porotos de soja
- 1 plato de ensalada de patata, mayonesa light y perejil picado
- 1 tajada de melón

■ Cena

- 1 taza de leche descremada
- 1 plato de **"Ensalada de coliflor al curry"** ✪

DÍA 2

■ Desayuno

- 1 vaso de zumo de piña
- 1 porción de ensalada de frutas
- 2 rebanadas de pan integral tostado untadas con mermelada dietética

■ Almuerzo

- 1 filete de lenguado, grillado o al vapor
- 1 plato de panaché de verduras
- 1 pera

■ Cena

- 1 taza de leche descremada
- 1 sandwich de pan integral hecho con mozzarella, tomate y albahaca
- 1 porción de **"Budín de arroz"** ✪

286

DÍA 3

■ Desayuno

• 1 vaso de licuado de pomelo y manzana con agua
• 1 tazón de yogur descremado con cereales
• 3 galletas de agua untadas con miel o mermelada dietética

■ Almuerzo

• 1 tazón de caldo de verduras
• 1 bistec de hígado de ternera, grillado
• 1 plato de ensalada a elección
• 1 pera

■ Cena

• 1 taza de té
• 1 porción de ensalada de frutas
• 1 tazón de yogur descremado con cereales y frutas secas
• 2 rebanadas de pan integral tostadas, untadas con queso blanco descremado

⭐ RECETAS INCLUIDAS EN LA DIETA

BUDÍN DE ARROZ

¿QUÉ SE NECESITA?

• 1 TAZA DE ARROZ INTEGRAL
• AGUA
• 1 HUEVO
• 1 CUCHARADA DE PASAS
• NUEZ MOSCADA
• SAL MARINA
• ACEITE
• CANELA

¿CÓMO SE PREPARA?

■ Cocinar el arroz en suficiente agua, hasta que esté blando.

■ Colarlo y agregarle el huevo batido.

■ Añadir 1 pocillo de agua, las pasas, una pizca de nuez moscada y sal marina.

■ Colocar el preparado en una budinera previamente aceitada y espolvorear con canela.

■ Llevar a horno medio durante quince minutos.

■ Retirar y, una vez frío, desmoldar y servir.

ENSALADA DE COLIFLOR AL CURRY

¿QUÉ SE NECESITA?

- 200 G / 7 OZ DE COLIFLOR
- 1 HUEVO DURO
- 1 AJO PORRO
- 2 CUCHARADAS DE AGUA
- ZUMO DE 1/2 LIMÓN
- 1 CUCHARADITA DE ACEITE DE OLIVA
- 1/2 CUCHARADITA DE CURRY, A ELECCIÓN
- 20 G / 0,7 OZ DE MOZZARELLA
- 1 CUCHARADITA DE SAL GRUESA
- SAL
- PIMIENTA

¿CÓMO SE PREPARA?

■ Separar la coliflor en flores pequeñas y cocinarlas en una olla con agua hirviendo y la sal gruesa, hasta que comience a ponerse tierna.

■ Retirar y colocar en baño de María invertido –agua fría con cubitos de hielo– para evitar que continúe la cocción.

■ Colocar las flores de coliflor en una fuente ensaladera o en un bowl.

■ Cortar en trozos pequeños el huevo y agregarlos a la fuente.

■ Picar muy finamente el ajo porro y mezclarlo con el zumo de limón, el agua, el aceite y el curry. Salpimentar y batir para obtener una emulsión.

■ Aderezar la ensalada con este preparado y espolvorear con la muzzarella, previamente rallada.

DIETA DE CONSERVACIÓN DEL PESO

INTENSIDAD MEDIA	NO ES VEGETARIANA	CONTIENE RECETAS	DURACIÓN
			**5** días

DÍA 1

■ **Desayuno**

• I taza de café o té
• I pomelo o I naranja

■ **Almuerzo**

• I porción de **"Tortilla de espárragos"** ✪
• I plato de ensalada de tomate, lechuga y I huevo duro
• I fruta a elección

■ **Merienda**

• I plátano trozado y mezclado con I cucharadita de miel

■ **Cena**

• I bistec de lomo de ternera, grillado
• I plato de ensalada de zanahoria y manzana
• I flan dietético

DÍA 2

■ **Desayuno**

• I vaso de zumo de naranja y piña
• 2 rebanadas de pan integral tostado untadas con mermelada dietética y queso blanco descremado

■ **Almuerzo**

• I tazón de sopa de verdura con puntas de espárragos
• I plato de spaghetti con **"Salsa de tomates al natural"** ✪
• I manzana

■ **Merienda**

• I croissant
• I taza de café con leche descremada

■ **Cena**

• I/2 pechuga de pollo sin piel, grillada
• I plato de panaché de verduras
• I fruta a elección

DÍA 3

■ Desayuno

- 1 taza de té o café
- 1 pera

■ Almuerzo

- 2 filetes de lenguado, grillados o al horno
- 1 plato de ensalada de berro y pepino
- 1 kiwi

■ Merienda

- 1 porción de ensalada de frutas
- 1 vaso de yogur descremado

■ Cena

- 1 plato de panaché de verduras
- 1 omelette de mozzarella y palmitos hecha con 1 huevo
- 1 pera

DÍA 4

■ Desayuno

- 1 vaso de zumo de naranja
- 1 sandwich de pan integral hecho con queso blanco descremado y jamón cocido

■ Almuerzo

- 1 tazón de **"Sopa de col"** ✪
- 1/2 pechuga de pollo sin piel, al horno
- 1 plato de ensalada de tomate, mozzarella y naranja

■ Merienda

- 1 tazón de cereales con yogur bebible descremado

■ Cena

- 1 hamburguesa de carne de ternera magra
- 1 plato de ensalada de tomate, mozzarella y albahaca
- 1 fruta a elección

DÍA 5

■ **Desayuno**

• I taza de té o café
• 3 galletas de agua untadas con queso blanco descremado

■ **Almuerzo**

• I porción de **"Judías verdes con queso"** ✪

■ **Merienda**

• I taza de té
• I tazón de cereales con yogur descremado y almendras picadas

■ **Cena**

• I porción de carne de ternera magra, al horno
• I plato de panaché de verduras
• I manzana rallada mezclada con I cucharadita de miel

RECETAS INCLUIDAS EN LA DIETA

TORTILLA DE ESPÁRRAGOS

¿QUÉ SE NECESITA?

- 2 HUEVOS
- 6 ESPÁRRAGOS COCIDOS
- 1 CHORRITO DE ACEITE DE OLIVA
- SAL
- PIMIENTA

¿CÓMO SE PREPARA?

■ Batir ligeramente los huevos y salpimentar.

■ Cortar los espárragos en secciones de 3 cm, aproximadamente, y mezclarlos con los huevos.

■ Calentar el aceite en una sartén pequeña y volcar allí la preparación.

■ Cocinar a fuego moderado, con la sartén tapada, hasta que el huevo comience a cuajar.

■ Dar vuelta la tortilla para que se cocine de ambos lados, retirar y servir.

SALSA DE TOMATES AL NATURAL

¿QUÉ SE NECESITA?

- 2 TOMATES MADUROS
- 1 CEBOLLA PEQUEÑA
- 1 CUCHARADITA DE ACEITE DE OLIVA
- HIERBAS AROMÁTICAS

¿CÓMO SE PREPARA?

■ Triturar los tomates maduros y picar la cebolla.

■ Colocar tanto los tomates como la cebolla en una sartén con un pocillo de agua.

■ Llevar a fuego suave y dejar concentrar los ingredientes.

■ Retirar e incorporar hierbas aromáticas a gusto, junto con la cucharadita de aceite de oliva.

SOPA DE COL

¿QUÉ SE NECESITA?

- 1/2 COL VERDE PEQUEÑA
- 3 TAZAS DE CALDO DIETÉTICO
- 1 PATATA
- 1 ZANAHORIA
- 1 CEBOLLA DE VERDEO
- 1 DIENTE DE AJO

¿CÓMO SE PREPARA?

■ Lavar la col y picarla finamente.

■ Cortar la patata en cubos pequeños, la zanahoria en rodajas delgadas y la cebolla de verdeo en juliana fina.

■ Cocinar estas hortalizas –excepto la col– en una cacerola con el caldo dietético durante diez minutos.

■ Incorporar la col, el diente de ajo picado, y cocinar unos diez minutos más.

JUDÍAS VERDES CON QUESO

¿QUÉ SE NECESITA?

- 250 G / 8,8 OZ DE JUDÍAS VERDES
- 100 G / 3,5 OZ DE MOZZARELLA
- 1 CUCHARADITA DE MANTEQUILLA

¿CÓMO SE PREPARA?

■ Lavar las judías, quitarles las puntas y cocinarlas en una cacerola con agua.

■ Cuando estén apenas tiernas, retirarlas de la cocción y escurrirlas.

■ Cortar la mozzarella en cubitos.

■ Fundir la mantequilla en una sartén y agregar las judías y el queso. Revolver con cuchara de madera y, cuando el queso se derrita, retirar y servir de inmediato.

DIETA PARA MANTENERSE EN FORMA

INTENSIDAD BAJA	NO ES VEGETARIANA	CONTIENE RECETAS	DURACIÓN
  − **+**			**5** **días**

DÍA 1

■ En ayunas

• 1 vaso de agua mineral

■ Desayuno

• 1 taza de té de hierbas
• 3 ciruelas

■ Media mañana

• 1 vaso de yogur descremado
con 1 fruta trozada

■ Almuerzo

• 1/2 pechuga de pollo sin piel, grillada
o al horno
• 1 plato de ensalada de zanahoria,
tomate y 1 huevo duro
• 1 plátano trozado mezclado
con 1 cucharada de miel

■ Media tarde

• 2 croissants
• 1 taza de té

■ Cena

• 1 hamburguesa de carne de ternera
magra
• 1 plato de patata, boniato y calabaza
al vapor
• 1 pera o 1 manzana

DÍA 2

■ En ayunas

- 1 vaso de agua mineral

■ Desayuno

- 1 vaso de zumo de naranja
- 1 taza de té o café
- 2 rebanadas de pan integral untadas con queso blanco descremado

■ Media mañana

- 1 taza de cereales con yogur descremado y almendras picadas

■ Almuerzo

- 1 plato de ravioles de verdura con **"Salsa de tomates al natural"** ✪
- 1 flan dietético

■ Media tarde

- 1 porción de ensalada de frutas

■ Cena

- 1 bistec de hígado de ternera, grillado
- 1 plato de ensalada de tomate, queso, huevo duro, apio, pepino y brotes de soja
- 1 pomelo

DÍA 3

■ En ayunas

- 1 vaso de agua mineral

■ Desayuno

- 1 taza de té o café
- 1 tazón de cereales con leche o yogur descremado y frutas en trozos
- 2 galletas integrales untadas con mermelada dietética

■ Media mañana

- 1 sandwich de pan integral hecho con jamón cocido, mozzarella y tomate

■ Almuerzo

- 1 plato de pasta a elección con **"Salsa de tomates al natural"** ✪
- 1 plato de ensalada de zanahoria
- 1 fruta a elección

■ Media tarde

- 1 porción de helado de fruta, al agua

■ Cena

- 2 filetes de lenguado grillados rociados con zumo de limón
- 1 porción de puré de patatas
- 1 ensalada de tomate y berro
- 1 manzana

DÍA 4	DÍA 5
■ En ayunas	**■ En ayunas**
• I vaso de agua mineral	• I vaso de agua mineral
■ Desayuno	**■ Desayuno**
• I porción de gelatina dietética con frutas en trozos • I vaso de leche o yogur descremado	• I vaso de zumo de naranja y pomelo • I taza de té o café • 2 tostadas o galletas integrales untadas con miel
■ Media mañana	**■ Media mañana**
• I flan dietético	• I porción de gelatina dietética
■ Almuerzo	**■ Almuerzo**
• I/2 pechuga de pollo sin piel, al horno • I ensalada de arroz integral, tomate, queso y champiñones • I vaso de yogur descremado	• 2 **"Hamburguesas de soja"**  • I tazón de arroz integral con arvejas • I manzana asada
■ Media tarde	**■ Media tarde**
• I sandwich de pan integral hecho con mozzarella, jamón cocido y tomate	• I vaso de licuado de frutas con agua
■ Cena	**■ Cena**
• I bistec de lomo de ternera, grillado • I plato de **"Ensalada veraniega"**  • 2 frutas a elección	• I bistec de lomo de ternera, grillado • I/2 calabaza rellena con arroz integral y mozzarella • I porción de ensalada de frutas con yogur descremado y nueces picadas

RECETAS INCLUIDAS EN LA DIETA

SALSA DE TOMATES AL NATURAL

¿QUÉ SE NECESITA?

- 2 TOMATES MADUROS
- I CEBOLLA PEQUEÑA
- I CUCHARADITA DE ACEITE DE OLIVA
- HIERBAS AROMÁTICAS

¿CÓMO SE PREPARA?

■ Triturar los tomates maduros y picar la cebolla.

■ Colocar tanto los tomates como la cebolla en una sartén con un pocillo de agua.

■ Llevar a fuego suave y dejar concentrar los ingredientes.

■ Retirar e incorporar hierbas aromáticas a gusto, junto con la cucharadita de aceite de oliva.

ENSALADA VERANIEGA

¿QUÉ SE NECESITA?

- I/2 PECHUGA DE POLLO SIN PIEL, GRILLADA
- I TOMATE
- I PATATA PEQUEÑA HERVIDA
- I/2 TAZA DE ARVEJAS
- I TALLO DE APIO
- I CUCHARADA DE MAYONESA LIGHT
- ORÉGANO
- SAL MARINA

¿CÓMO SE PREPARA?

■ Cortar el pollo y la patata en cubos pequeños.

■ Cortar el tomate en rodajas y el apio, en trozos pequeños.

■ Mezclar estos ingredientes junto con las arvejas en un bowl.

■ Aderezar con la mayonesa, orégano a gusto y sal marina.

¿QUÉ SE NECESITA?

- 2 TAZAS DE POROTOS DE SOJA
- 1 CUCHARADITA DE PEREJIL PICADO
- 1 DIENTE DE AJO PICADO
- SAL MARINA
- ACEITE

¿CÓMO SE PREPARA?

■ Hervir en una olla con abundante agua los porotos de soja y cocinarlos hasta que se encuentren blandos.

■ Retirarlos del fuego, colarlos y hacer un puré.

■ Incorporar el perejil picado, el ajo picado y condimentar con sal marina a gusto.

■ Mezclar todos los ingredientes hasta formar una pasta homogénea.

■ Tomar porciones de la pasta y darles forma de hamburguesa.

■ Cocinarlas en una placa para horno ligeramente aceitada.

DIETA DE LAS MINI PORCIONES

INTENSIDAD MEDIA	NO ES VEGETARIANA	NO CONTIENE RECETAS	DURACIÓN
 - +			**5** **días**

DÍA I

■ Desayuno

- 1 taza de té o café
- 1 vaso de zumo de naranja o pomelo
- 2 galletas untadas con mermelada dietética

■ Almuerzo

- 1 bistec de lomo de ternera, grillado
- 3 cucharadas de arroz integral
- 1/2 tomate con aceite, sal y orégano
- 1/4 de zanahoria rallada
- 1 porción pequeña de flan dietético

■ Merienda

- 1 infusión a elección
- 2 rebanadas de pan blanco de molde tostadas untadas con queso blanco descremado

■ Cena

- 1 pechuga de pollo sin piel, al horno
- 1 rodaja de calabaza al horno con mozzarella
- 3 tallos de apio
- 1 porción pequeña de ensalada de frutas

DÍA 2

■ Desayuno

- I taza té o café
- I/2 vaso de leche entera o descremada
- 2 rebanadas de pan blanco de molde untadas con miel

■ Almuerzo

- I huevo duro
- I patata pequeña al horno
- I boniato pequeño al horno
- 2 cucharadas de atún al natural
- 2 aceitunas verdes
- I melocotón

■ Merienda

- I vaso de zumo de naranja o pomelo
- 2 galletas untadas con mermelada a elección

■ Cena

- I filete pequeño de pescado a elección, al vapor
- I porción pequeña de puré de patata
- 3 cucharadas de arroz integral o blanco con atún
- I manzana asada con queso blanco descremado y canela

DÍA 3

■ Desayuno

- I infusión a elección
- I porción pequeña de ensalada de frutas

■ Almuerzo

- I plato pequeño de spaghetti con mantequilla y queso parmesano
- I plato pequeño de ensalada de espinaca, champiñones y tomate
- I porción pequeña de compota de manzana

■ Merienda

- I vaso de licuado de melocotón con agua
- 2 rebanadas de pan blanco de molde untadas con mermelada a elección

■ Cena

- I bistec de lomo de ternera, grillado
- I patata pequeña al vapor
- I tomate
- I naranja

DÍA 4

■ Desayuno

- 1 taza de té o café con leche
- 2 galletas de soja untadas con queso blanco descremado

■ Almuerzo

- 1 plato de sopa de arroz
- 1 costilla de cerdo, grillada
- 3 cucharadas de ensalada de remolacha, zanahoria y tomate
- 1 fruta a elección

■ Merienda

- 1 plátano

■ Cena

- 1/2 taza de lentejas
- 1 patata pequeña hervida
- 2 rodajas de calabaza
- 1/2 taza de piña cortada en trozos

DÍA 5

■ Desayuno

- 1 taza de infusión a elección
- 1/2 vaso de leche descremada
- 1 galleta integral untada con mermelada

■ Almuerzo

- 1/2 taza de spaghetti con mantequilla y queso parmesano
- 4 hojas de espinaca al vapor
- 1 huevo duro
- 3 cucharadas de apio trozado
- 1 kiwi

■ Merienda

- 1 flan dietético

■ Cena

- 1 filete pequeño de pescado a elección, grillado
- 3 cucharadas de arroz con arvejas
- 1 rodaja de calabaza al horno con mozzarella
- 1 rodaja de tomate
- 2 cucharadas de remolacha rallada
- 1 manzana rallada con pasas

DIETAS PARA GANAR PESO

CAPÍTULO 6

En este capítulo les presentamos dos dietas cuyo principal objetivo es ganar peso, pero haciéndolo en forma equilibrada y saludable, incorporando nutrientes y evitando las grasas.

Para poder conocer de manera ágil y rápida los principales lineamientos de cada dieta pueden observar la tabla de referencias que figura al principio, que les dará una idea acerca de las características principales de cada dieta.

Recuerden que es el médico quien está mejor capacitado para asesorarlos en relación con la realización de cualquiera de los planes alimenticios aquí incluidos, y por ello recomendamos la consulta previa.

GUÍA PARA GANAR PESO EN FORMA SANA

Claves para ganar peso en forma saludable

- Tomar conciencia de que el aumento de peso se realizará en forma gradual. Cualquier cambio brusco en el organismo siempre es perjudicial. Es necesario tener paciencia y constancia en la realización de la dieta.

- Alimentarse un mínimo de cinco veces al día. Cuantas más veces se fraccionen los alimentos durante el día, mejor. Para ganar peso es necesario ingerir alimentos en forma frecuente y provechosa, por lo que es necesario evitar los "atracones" del almuerzo o la cena que saturan el estómago, dejan la sensación de estar "llenos" e impiden la incorporación de nuevos y variados alimentos en el organismo.

- Optar por bebidas no gaseosas, como los zumos naturales o el agua. Los refrescos inflaman el estómago y producen una falsa saciedad.

- Elegir alimentos que sean de fácil desmenuzamiento, como por ejemplo cereales, flanes, budines, pastas, quesos blandos, frutos secos picados, etc., y todos aquellos que permitan una mínima masticación para ser deshechos. Es necesario aclarar que la regla de oro de la buena salud es la suficiente masticación del alimento para que llegue al estómago lo más digerido posible. Pero para quienes desean aumentar de peso, la excesiva masticación produce que el organismo se satisfaga con poco alimento, por lo que la persona rápidamente pierde deseos de ingerirlo.

- Presentar la comida para que resulte atractiva y genere deseos de alimentarse. Siempre es preferible pequeñas porciones de variados alimentos a grandes porciones de uno solo.

- En las comidas, es preferible ingerir líquidos al terminar la misma. De esta forma, el estómago tendrá lugar para recibir mayor cantidad de alimento y, por consiguiente, calorías para procesar y distribuir.

- Plantearse un cambio de vida: en las personas que tienen dificultad para engordar, el constante estrés y la tensión nerviosa colaboran para que se pierdan libras con excesiva frecuencia. Mantener el peso adecuado se encuentra en estrecha y directa relación, en este caso, con una vida de mayor tranquilidad y satisfacción.

MENÚ 1

■ Desayuno

- 1 taza de café o té con leche común y azúcar
- 3 rebanadas de pan multicereal untadas con queso blanco o mermelada

■ Media mañana

- 2 muffins de chocolate

■ Almuerzo

- 1 porción de ensalada de arroz blanco, huevo, queso fresco, arvejas y zanahorias
- 1 porción de **"Tahíne de pollo"**
- 1 porción de gelatina con frutas

■ Media tarde

- 1 vaso de zumo de fruta a elección con agua
- 5 almendras

■ Cena

- 1 plato de ensalada de tomate
- 1 pechuga de pollo sin piel, al horno
- 1 **"Mini budín de melocotón"**

MENÚ 2

■ Desayuno

- 1 vaso de licuado de plátano con leche
- 2 galletas dulces

■ Media mañana

- 1 tazón de yogur con cereales

■ Almuerzo

- 1 plato de ensalada de lentejas, cebolla y pimiento rojo
- 1 flan con huevo

■ Media tarde

- 1 vaso de zumo de fruta a elección con agua
- 5 galletas a elección

■ Cena

- 1 plato de **"Pollo con crema de jengibre"**
- 2 patatas al horno
- 1 plátano

RECETAS INCLUIDAS EN LA DIETA

TAHÍNE DE POLLO

¿QUÉ SE NECESITA?

- 1 PECHUGA DE POLLO
- 50 G / 1,7 OZ DE CIRUELAS PASAS
- 1 CEBOLLA
- 50 G / 1,7 OZ DE ALMENDRAS PELADAS
- 1 CUCHARADA DE MIEL
- 1 RAMA DE CANELA Y 1/2 CUCHARADITA DE CANELA EN POLVO
- 1 CUCHARADA DE SEMILLAS DE SÉSAMO TOSTADAS
- 1 HOJA DE LAUREL
- 1 CUCHARADITA DE JENGIBRE FRESCO RALLADO
- 3 Ó 4 HEBRAS DE AZAFRÁN
- 1 TROZO DE CÁSCARA DE NARANJA
- ACEITE DE OLIVA
- SAL
- PIMIENTA

¿CÓMO SE PREPARA?

■ Hidratar las ciruelas en una olla con agua hirviendo, tapada, fuera del fuego.

■ Mientras tanto, picar finamente la cebolla y cortar el pollo en cubos medianos. Salpimentar el pollo.

■ Calentar un pocillo de aceite en una sartén amplia y rehogar allí la cebolla picada.

■ Cuando la cebolla esté transparente, incorporar los cubos de pollo y revolver con cuchara de madera para que se doren en forma pareja.

■ Cuando esté dorado, agregar el azafrán, el jengibre, la hoja de laurel, la canela y la cáscara de naranja.

■ Escurrir las ciruelas e incorporarlas a la preparación junto con la miel y las almendras, enteras.

■ Seguir cocinando a fuego moderado y agregar agua, de ser necesario.

■ Unos momentos después, retirar del fuego, espolvorear con las semillas de sésamo y con la canela en polvo.

■ Dejar reposar con la sartén tapada unos momentos antes de servir.

MINI BUDÍN DE MELOCOTÓN

¿QUÉ SE NECESITA?

- 50 G / 1,7 OZ DE QUESO BLANCO
- 25 G / 0,8 OZ DE YOGUR BEBIBLE
- 4 CUCHARADAS DE MERMELADA DE MELOCOTÓN
- RALLADURA DE CÁSCARA DE 1/2 LIMÓN
- 1 CUCHARADA DE GELATINA SIN SABOR DISUELTA EN AGUA

¿CÓMO SE PREPARA?

- Mezclar la mermelada con el queso untable y el yogur.

- Añadir la ralladura de limón y la gelatina.

- Llenar con la mezcla un molde individual.

- Refrigerar 2 horas para que tome consistencia.

- Retirar y desmoldar.

POLLO CON CREMA DE JENGIBRE

¿QUÉ SE NECESITA?

- 1 PECHUGA DE POLLO
- 50 G / 1,7 OZ DE QUESO BLANCO DESCREMADO
- 1 CUCHARADA DE JENGIBRE FRESCO RALLADO
- 1/2 POCILLO DE VINAGRE DE ALCOHOL
- 1/2 POCILLO DE VINO BLANCO
- 1/2 POCILLO DE CALDO DE VERDURAS
- ACEITE
- PIMIENTA
- SAL

¿CÓMO SE PREPARA?

- Quitarle la piel a la pechuga, salpimentarla y acomodarla en una fuente.

- Mezclar el vinagre, el vino, el caldo y el jengibre y bañar con el líquido la pechuga. Dejarla macerar en la nevera durante toda una noche.

- Retirar la pechuga y mezclar el líquido de maceración con el queso blanco.

- Colocar la pechuga en una fuente para horno untada con aceite y cocinarla en horno fuerte unos 20 minutos.

- En la mitad de la cocción, bañarla con la salsa de jengibre.

DIETA PARA GANAR LIBRAS

INTENSIDAD BAJA	NO ES VEGETARIANA	CONTIENE RECETAS	DURACIÓN
			7 **días**

DÍA 1

■ Desayuno

- 1 taza de café con leche
- 1 vaso de zumo de naranja
- 1 rebanada de pan blanco de molde untada con mantequilla vegetal y mermelada o miel

■ Almuerzo

- 1 plato de panaché de verduras
- 1 huevo duro
- 1 bistec de carne de ternera magra, grillada
- 1 fruta a elección

■ Merienda

- 1 taza de té con leche
- 1 vaso de zumo de naranja
- 1 rebanada de pan blanco de molde untada con mantequilla vegetal y mermelada o miel
- 1 vaso de yogur

■ Cena

- 1 plato de ensalada a elección
- 1 pechuga de pollo sin piel, al horno o grillada
- 1 plato de puré de patatas
- 1 fruta a elección

DÍA 2	DÍA 3

DÍA 2

■ Desayuno

- I taza de café con leche
- I vaso de zumo de naranja
- I rebanada de pan blanco de molde untada con mantequilla vegetal y mermelada o miel

■ Almuerzo

- I plato de arroz con atún o legumbres con verduras
- 2 filetes de pescado a elección, grillados
- I plato pequeño de patatas fritas
- I fruta a elección
- I vaso de yogur frutado

■ Merienda

- I taza de té con leche
- I vaso de zumo de naranja
- I rebanada de pan blanco de molde untada con mantequilla vegetal y mermelada o miel
- I vaso de yogur

■ Cena

- I plato de sopa de verduras con arroz y queso rallado
- I plato de **"Fettucine a la carbonara"**
- I fruta a elección o I vaso de yogur

DÍA 3

■ Desayuno

- I taza de café con leche
- I vaso de zumo de naranja
- I rebanada de pan blanco de molde untada con mantequilla vegetal y mermelada o miel

■ Almuerzo

- I pechuga de pollo sin piel, al horno
- I patata y 2 rodajas de calabaza, al horno
- I flan de huevo

■ Merienda

- I taza de té con leche
- I vaso de zumo de naranja
- I rebanada de pan blanco de molde untada con mantequilla vegetal y mermelada o miel
- I vaso de yogur

■ Cena

- I plato de ensalada de espinaca, nueces y huevo duro
- 2 hamburguesas de carne de ternera magra
- I postre de chocolate o de vainilla

DÍA 4	DÍA 5

DÍA 4

■ Desayuno

- I taza de café con leche
- I vaso de zumo de naranja
- I rebanada de pan blanco de molde untada con mantequilla vegetal y mermelada o miel

■ Almuerzo

- I plato abundante de guisado de garbanzos, porotos de soja, arroz y verduras a elección
- I fruta a elección o I flan de huevo

■ Merienda

- I taza de té con leche
- I vaso de zumo de naranja
- I rebanada de pan blanco de molde untada con mantequilla vegetal y mermelada o miel
- I vaso de yogur

■ Cena

- I omelette de jamón y mozzarella hecha con 2 huevos
- I plato de ensalada de tomate, lechuga y zanahoria
- I fruta a elección o I flan de huevo

DÍA 5

■ Desayuno

- I taza de café con leche
- I vaso de zumo de naranja
- I rebanada de pan blanco de molde untada con mantequilla vegetal y mermelada o miel

■ Almuerzo

- I plato de revuelto de espinacas con huevo y cebolla
- I pechuga de pollo sin piel, grillada
- I porción de ensalada de frutas

■ Merienda

- I taza de té con leche
- I vaso de zumo de naranja
- I rebanada de pan blanco de molde untada con mantequilla vegetal y mermelada o miel
- I vaso de yogur

■ Cena

- I plato de arroz con arvejas
- 2 filetes de pescado a elección, al horno
- I porción de helado cremoso, de sabor a elección

DÍA 6	DÍA 7

DÍA 6

■ Desayuno

- 1 taza de café con leche
- 1 vaso de zumo de naranja
- 1 rebanada de pan blanco de molde untada con mantequilla vegetal y mermelada o miel

■ Almuerzo

- 1 plato de spaghetti con salsa de tomate
- 1 bistec de lomo de ternera, grillado
- 1 manzana o 1 pera en compota

■ Merienda

- 1 taza de té con leche
- 1 vaso de zumo de naranja
- 1 rebanada de pan blanco de molde untada con mantequilla vegetal y mermelada o miel
- 1 vaso de yogur

■ Cena

- 1 plato de sopa de verduras y pasta a elección, con cubos de mozzarella
- 1 plato de panaché de verduras
- 1 filete de pescado a elección, al vapor
- 1 flan de huevo

DÍA 7

■ Desayuno

- 1 taza de café con leche
- 1 vaso de zumo de naranja
- 1 rebanada de pan blanco de molde untada con mantequilla vegetal y mermelada o miel

■ Almuerzo

- 1 plato de ensalada de tomate y 1 huevo duro
- 1 porción de carne de ternera magra, al horno
- 2 patatas al horno
- 1 porción de ensalada de frutas

■ Merienda

- 1 taza de té con leche
- 1 vaso de zumo de naranja
- 1 rebanada de pan blanco de molde untada con mantequilla vegetal y mermelada o miel
- 1 vaso de yogur

■ Cena

- 1 plato de sopa de verduras con arroz
- 1 plato de **"Pollo con guarnición agridulce"** ✪
- 1 fruta a elección

RECETAS INCLUIDAS EN LA DIETA

FETTUCCINE A LA CARBONARA

¿QUÉ SE NECESITA?

- 200 G / 7 OZ DE FETTUCCINE
- 20 G / 0,7 OZ DE MANTEQUILLA
- 1 POCILLO DE ACEITE DE OLIVA
- 50 G / 1,7 OZ DE TOCINO AHUMADO
- 2 YEMAS DE HUEVO
- 20 G / 0,7 OZ DE QUESO PARMESANO RALLADO
- 1 CUCHARADITA DE PEREJIL PICADO
- SAL
- PIMIENTA

¿CÓMO SE PREPARA?

■ Picar groseramente el tocino. Fundir la mantequilla junto con el aceite en una sartén amplia y rehogar allí el tocino, hasta que comience a dorarse. Retirar y reservar.

■ Cocinar los fettuccine en una olla con abundante agua y sal.

■ Batir en un bowl las yemas de huevo junto con el queso parmesano. Incorporar el perejil y salpimentar.

■ Cuando los fettuccine estén al dente, colarlos y volcarlos en la sartén donde se había reservado el tocino.

■ Incorporar el batido de yemas y queso, revolver bien con cuchara de madera y calentar a fuego medio.

■ Servir de inmediato.

¿QUÉ SE NECESITA?

- 1 PRESA DE POLLO, SIN PIEL
- 1 CEBOLLA PEQUEÑA
- 2 DIENTES DE AJO
- 1 POCILLO DE VINO BLANCO SECO
- 1 POCILLO DE ACEITE DE OLIVA
- 1 TAZA DE AGUA
- SAL
- PIMIENTA

PARA LA GUARNICIÓN
- 1 MANZANA VERDE
- 1 PATATA
- 50 G / 1,7 OZ DE TOCINO SALADO
- 1 PUÑADO PEQUEÑO DE ALMENDRAS PELADAS
- 1 POCILLO DE ACEITE DE OLIVA

¿CÓMO SE PREPARA?

■ Para la presa de pollo, calentar el aceite de oliva en una sartén, salpimentar la presa y dorarla de ambos lados. Retirar, reservar el aceite y disponer la presa en una olla de hierro. Verter por encima el vino y reservar.

■ Picar la cebolla y los dientes de ajo y rehogarlos en la sartén, con el mismo aceite que se utilizó para el pollo. Verter el rehogado, junto con el aceite, sobre la presa. Reservar.

■ Para la guarnición, pelar la patata y la manzana y cortarlas en cubos de tamaño mediano. Cortar el tocino en cubos pequeños y picar groseramente las almendras.

■ Rehogar estos cuatro ingredientes en una sartén en la que se habrá calentado previamente el aceite. Retirar y separar la preparación en tres partes iguales.

■ A la primera, procesarla y colarla por un colador de malla fina. Luego, verterla sobre la presa de pollo.

■ Encender el fuego a mínimo para comenzar a calentar la presa.

■ Volcar la segunda parte de la preparación, sin procesar, sobre la presa.

■ Con el fuego a mínimo, seguir cocinando hasta que el pollo esté bien caliente.

■ Calentar, aparte, la tercera parte de la preparación. Servir la presa salseada y, a un costado, colocar la guarnición.

DIETAS PARA TODA LA FAMILIA

CAPÍTULO 7

En este capítulo les presentamos diez dietas dirigidas a toda la familia, pero también a niños, mujeres embarazadas, adultos mayores, jóvenes y adolescentes, cuyo principal objetivo es sostener una alimentación equilibrada, saludable y acorde con cada etapa.

Recuerden que es el médico quien está mejor capacitado para asesorarlos en relación con la realización de cualquiera de los planes alimenticios aquí incluidos, y por ello recomendamos la consulta previa.

DIETA PARA COMPARTIR CON LA FAMILIA

INTENSIDAD BAJA	NO ES VEGETARIANA	CONTIENE RECETAS	DURACIÓN
			**7 días**

El siguiente es un plan de alimentación equilibrada que pueden compartir padres con hijos. En el caso de los niños, y atendiendo a su edad, deberán agregarse colaciones y meriendas que sean de su agrado.

DÍA 1

Bebida energizante
• 1 vaso de zumo de manzana
con 1 cucharada de vinagre de manzana

■ Desayuno
• 1 **"Copa de queso y frutas"** ✪
• 1 rebanada de pan integral tostada

■ Almuerzo
• 1 plato de ravioles de verdura con mantequilla y queso rallado
• 1 fruta a elección

■ Cena
• 1 plato abundante de **"Ensalada de la costa"** ✪
• 1 porción de gelatina mezclada con fruta en trozos

Bebida para dormir bien
• 1 taza de infusión de manzanilla endulzada con miel y unas gotas de zumo de limón

DÍA 2

Bebida energizante
• 1 vaso de agua mineral
con 1 cucharada de vinagre de manzana
y 1 cucharadita de miel

■ Desayuno
• 1 taza de té
• 1 taza de cereales sin azucarar con fresas y yogur descremado
• 1 rebanada de pan de centeno untada con queso blanco descremado

■ Almuerzo

• I plato de **"Carne de ternera picante con arroz"** ✪
• I flan dietético

■ Cena

• I plato de **"Revuelto de champiñones"** ✪
• I fruta a elección

Bebida para dormir bien
• I vaso de zumo de pomelo con edulcorante o miel

DÍA 3

Bebida energizante
• I vaso de zumo de naranja

■ Desayuno

• I taza de café descafeinado con leche descremada
• I tajada de **"Pan de molde con champiñones"** ✪

■ Almuerzo

• I plato de spaghetti con **"Salsa de tomates al natural"** ✪

■ Cena

• I plato de **"Consomé de queso"** ✪
• I filete de salmón blanco, grillado
• I plato pequeño de puré de calabaza
• I rebanada de pan integral

Bebida para dormir bien
• I vaso de zumo de manzana

DÍA 4

Bebida energizante
• I vaso de zumo de tomate

■ Desayuno

• I taza de té con leche
• 2 rebanadas de pan integral untadas con queso blanco descremado y mermelada dietética
• I tajada de mozzarella

■ Almuerzo

• I plato de **"Pechuga de pollo con ensalada tibia de patatas"** ✪
• I porción de gelatina dietética

■ Cena

• I bistec de lomo de ternera, grillado
• I patata al horno o al vapor
• I porción de postre dietético de vainilla

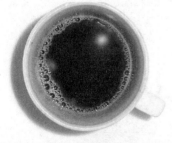

Bebida para dormir bien
• 1 vaso de zumo de manzana

DÍA 5

Bebida energizante
• 1 vaso de zumo de naranja y pomelo

■ Desayuno

• 1 vaso de licuado de plátano y leche descremada
• 4 galletas de soja
• 1 vaso de yogur descremado

■ Almuerzo

• 1 plato de arroz con arvejas
• 1/2 pechuga de pollo sin piel, al horno
• 1 fruta de estación

■ Cena

• 1 plato de spaghetti con **"Salsa de verduras"** ✪

Preparado para dormir bien
• 1 manzana hecha puré mezclada con 1 cucharadita de salvado de trigo

DÍA 6

Bebida energizante
• 1 vaso de yogur bebible descremado

■ Desayuno

• 1 taza de té
• 2 porciones de **"Tarta de manzana"** ✪

■ Almuerzo

• 1 sandwich de pan de molde hecho con tomate, huevo duro, jamón cocido y mozzarella
• 1 fruta a elección

■ Cena

• 1 plato de **"Lenguado con hortalizas"** ✪

Alimento para dormir bien
• 1 taza de manzana en daditos rociada con zumo de limón y edulcorante

DÍA 7

Bebida energizante
• I vaso grande de agua mineral

■ Desayuno

• I taza de té
• 2 rebanadas de pan integral untadas con mermelada dietética

■ Almuerzo

• I plato de **"Ensalada napolitana"** ✪
• I porción de ensalada de frutas

■ Cena

• I plato de **"Ternera con vegetales"** ✪

Alimento para dormir bien
• 100 g / 3,5 oz de yogur descremado mezclado con 100 cc de leche descremada, endulzado con I cucharadita de miel y espolvoreado con canela

⭐ RECETAS INCLUIDAS EN LA DIETA

En vista de que éste es un plan de alimentación familiar, las recetas que se describen a continuación están diseñadas para obtener 4 porciones.

COPA DE QUESO Y FRUTAS

¿QUÉ SE NECESITA?

- 200 G / 7 OZ DE QUESO BLANCO DESCREMADO
- 2 NARANJAS
- 12 FRESAS
- 1/2 CUCHARADITA DE ESENCIA DE VAINILLA
- EDULCORANTE

¿CÓMO SE PREPARA?

■ Quitarle la cáscara y las semillas a la naranja y cortar su pulpa en trozos del tamaño de un bocado.

■ Limpiar las fresas y cortarlas en cuartos o en mitades.

■ Mezclar el queso blanco con la esencia de vainilla y el edulcorante e incorporarle los trozos de fruta.

■ Repartir la preparación en cuatro copas o bowls individuales, y servir.

ENSALADA DE LA COSTA

¿QUÉ SE NECESITA?

- 400 G / 10,5 OZ DE CAMARONES PELADOS Y COCIDOS
- 1 COLIFLOR PEQUEÑA
- 1 CEBOLLA
- 2 HUEVOS DUROS
- 100 G / 3,5 OZ DE YOGUR DESCREMADO NATURAL
- 3 CUCHARADAS DE PURÉ DE TOMATES
- ZUMO DE LIMÓN
- SAL
- PIMIENTA

¿CÓMO SE PREPARA?

■ Separar la coliflor en flores pequeñas y cocinarlas al vapor.

■ Picar muy finamente la cebolla.

■ Cuando la coliflor esté fría mezclarla con los camarones, los huevos duros trozados y la cebolla, revolviendo bien.

■ Prepara el aderezo mezclando el yogur, el puré de tomates, zumo de limón, sal y pimienta, y bañar la ensalada justo antes de servirla.

CARNE DE TERNERA PICANTE CON ARROZ

¿QUÉ SE NECESITA?

- 4 BISTECS DELGADOS DE LOMO DE TERNERA
- 1 CEBOLLA
- 2 CUCHARADAS DE ACEITE DE OLIVA
- 1 TAZA DE CALDO DIETÉTICO
- 2 TAZAS DE ARROZ COCIDO
- ZUMO DE LIMÓN
- 1/2 CUCHARADITA DE FÉCULA DE MAÍZ
- 2 CUCHARADAS DE CREMA DE LECHE LIVIANA
- PEREJIL PICADO
- SAL
- PIMIENTA

¿CÓMO SE PREPARA?

■ Cortar los bistecs en bastones de 2 x 4 cm aproximadamente y salpimentarlos.

■ Picar finamente la cebolla y rehogarla junto con la carne, en una sartén con el aceite de oliva.

■ Cuando la cebolla comience a dorarse, verter el caldo dietético y revolver bien.

■ Dejar cocinar a fuego suave con la sartén tapada durante unos veinte minutos.

■ Cuando la carne esté lista, retirarla del fuego y condimentar el fondo de cocción con el zumo de limón, sal y pimienta. Espesarlo con la fécula de maíz previamente disuelta en un pocillo de agua.

■ Alivianar la salsa obtenida con dos cucharadas de crema de leche liviana.

■ Pincelar un bowl con aceite y en él colocar el arroz hervido mezclado con el perejil picado.

■ Desmoldar el arroz en un plato y colocar alrededor las tiritas de carne, bañadas con la salsa preparada.

REVUELTO DE CHAMPIÑONES

¿QUÉ SE NECESITA?

- 200 G / 7 OZ DE CHAMPIÑONES
- 3 HUEVOS
- 2 CEBOLLAS DE VERDEO
- 2 CUCHARADAS DE ACEITE DE OLIVA
- SAL
- PIMIENTA

¿CÓMO SE PREPARA?

■ Cortar los champiñones en láminas delgadas y la cebolla de verdeo, en rodajas.

■ Calentar el aceite en una sartén amplia y cocinar los champiñones unos cinco minutos, a fuego bajo.

■ Incorporar la cebolla de verdeo y cocinar unos momentos más.

■ Batir los huevos, salpimentarlos y agregarlos a la preparación, sin dejar de revolver, hasta que comiencen a cuajar.

■ Servir de inmediato.

CONSOMÉ DE QUESO

¿QUÉ SE NECESITA?

- 1 LITRO DE CALDO DE VERDURAS
- 4 TAJADAS DE MOZZARELLA
- 8 CUCHARADAS DE QUESO PARMESANO RALLADO
- 2 CUCHARADAS DE PEREJIL PICADO

¿CÓMO SE PREPARA?

■ Cortar la mozzarella en cubos del tamaño de un bocado.

■ Calentar el caldo y distribuirlo en cuatro platos o tazones.

■ Distribuir los cubos de mozzarella en los platos y espolvorear con el queso parmesano y el perejil, justo antes de servir.

SALSA DE TOMATES AL NATURAL

¿QUÉ SE NECESITA?

- 2 TOMATES MADUROS
- I CEBOLLA PEQUEÑA
- I CUCHARADITA DE ACEITE DE OLIVA
- HIERBAS AROMÁTICAS

¿CÓMO SE PREPARA?

■ Triturar los tomates maduros y picar la cebolla.

■ Colocar tanto los tomates como la cebolla en una sartén con un pocillo de agua.

■ Llevar a fuego suave y dejar concentrar los ingredientes.

■ Retirar e incorporar hierbas aromáticas a gusto, junto con la cucharadita de aceite de oliva.

PAN DE MOLDE CON CHAMPIÑONES

¿QUÉ SE NECESITA?

- 4 RODAJAS DE PAN DE MOLDE INTEGRAL
- I CEBOLLA
- I CUCHARADA DE ACEITE DE OLIVA
- I CHORRITO DE ZUMO DE LIMÓN
- 100 G / 3,5 OZ DE CHAMPIÑONES
- 2 CUCHARADAS DE CREMA DE LECHE LIVIANA.
- I CUCHARADA DE PEREJIL PICADO.
- 2 CUCHARADAS DE QUESO PARMESANO RALLADO
- SAL
- PIMIENTA

¿CÓMO SE PREPARA?

■ Picar finamente la cebolla y cortar en láminas delgadas los champiñones.

■ Calentar el aceite en una sartén y rehogar allí ambos vegetales, hasta que la cebolla comience a ponerse transparente.

■ Salpimentar y agregar el zumo de limón y la crema de leche.

■ Revolver, agregar el perejil picado y retirar del fuego.

■ Distribuir la preparación sobre las cuatro rebanadas de pan integral y espolvorear cada una con el queso parmesano.

■ Llevarlas al horno unos minutos, para gratinar el queso.

PECHUGA DE POLLO CON ENSALADA TIBIA DE PATATAS

¿QUÉ SE NECESITA?

- 2 PATATAS
- 2 CEBOLLAS
- 4 CUCHARADAS DE ACEITE DE OLIVA
- 1 POCILLO DE CALDO DE VERDURAS
- 1 HOJA DE LAUREL
- 1 CUCHARADA DE PEREJIL PICADO
- 4 PECHUGAS PEQUEÑAS DE POLLO
- 300 G / 10,5 OZ DE ARVEJAS
- SAL
- PIMIENTA

¿CÓMO SE PREPARA?

■ Cocinar la dos patatas al vapor, cortarlas en cubos y reservarlos de modo que se mantengan tibios.

■ Picar finamente las cebollas y rehogarlas en una sartén en la que se habrá calentado previamente el aceite.

■ Cuando estén transparentes, incorporar el caldo de verduras, las arvejas, el laurel y el perejil picado.

■ Agregar los cubos de papa y retirar del fuego. Mientras tanto, grillar las pechugas de pollo, previamente salpimentadas, hasta que estén doradas de ambos lados.

■ Servir las pechugas acompañadas de la ensalada tibia de patatas.

SALSA DE VERDURAS

¿QUÉ SE NECESITA?

- 2 RODAJAS DE CALABAZA
- 1 PUÑADO DE HOJAS DE ESPINACA
- 1 AJO PORRO
- 1 POCILLO DE CREMA DE LECHE LIVIANA
- 1 CHORRITO DE SALSA DE SOJA
- 1 CUCHARADITA DE MOSTAZA
- 1 DIENTE DE AJO
- 2 ó 3 ALMENDRAS
- SAL

¿CÓMO SE PREPARA?

■ Cortar en trozos la calabaza, el diente de ajo y el ajo porro y cocinarlos en una olla con agua hirviendo.

■ Cocinar al vapor las hojas de espinaca.

■ Colocar las verduras en la procesadora junto con el resto de los ingredientes y procesar hasta obtener una crema ligera y homogénea. De ser necesario, agregar caldo dietético hasta lograr la consistencia deseada.

TARTA DE MANZANA

¿QUÉ SE NECESITA?

- 1 DISCO DE MASA DE HOJALDRE
- 1 CUCHARADA DE MERMELADA DIETÉTICA
- 1 CUCHARADA DE CREMA DE LECHE LIVIANA
- 2 MANZANAS VERDES
- 1 CHORRITO DE ZUMO DE LIMÓN
- EDULCORANTE LÍQUIDO

¿CÓMO SE PREPARA?

■ Colocar el disco de masa en un molde para tarta.

■ Mezclar la mermelada con la crema de leche y untar la superficie del disco.

■ Pelar las manzanas, cortarlas en gajos delgados y rociarlos con edulcorante y zumo de limón.

■ Distribuir los gajos sobre toda la superficie del disco de masa y llevar al horno durante quince minutos aproximadamente.

LENGUADO CON HORTALIZAS

¿QUÉ SE NECESITA?

- 4 FILETES DE LENGUADO
- 250 G / 8,8 OZ DE JUDÍAS VERDES
- 2 TOMATES
- 1 CEBOLLA
- 1/2 TAZA DE CALDO DE VERDURAS
- 1 HUEVO DURO
- SAL
- PIMIENTA

¿CÓMO SE PREPARA?

■ Cocinar las judías verdes en una olla con agua y sal.

■ Rallar la cebolla y cocinarla en el caldo hirviente, unos cinco minutos. Mezclar esta preparación con las judías.

■ Cortar el tomate en cubos pequeños y el huevo duro, en rodajas.

■ Grillar los filetes de lenguado, salpimentarlos y distribuirlos en cuatro platos.

■ Disponer, a modo de guarnición, los cubos de tomate y las rodajas de huevo duro, y la preparación de judías y cebolla.

¿QUÉ SE NECESITA?

- 750 G / 1,6 LB DE CARNE DE TERNERA MAGRA
- 2 CUCHARADAS DE AZÚCAR MORENO
- 10 CUCHARADAS DE SALSA DE SOJA
- 3 PIMIENTOS PICANTES ROJOS
- 1 PIMIENTO VERDE
- 2 DIENTES DE AJO
- 3 CEBOLLAS DE VERDEO
- 8 CUCHARADAS DE ACEITE VEGETAL
- 1 CUCHARADITA DE FÉCULA DE MAÍZ
- 3 CUCHARADAS DE AGUA
- SAL

¿CÓMO SE PREPARA?

■ Mezclar el azúcar con la salsa de soja y sal.

■ Cortar la carne en bastones de 2 x 4 cm y macerarlos en la mezcla durante media hora. Luego escurrirla y reservar. Desechar el líquido.

■ Retirarles a los pimientos picantes y al pimiento verde las semillas, y cortarlos en bastones de 2 x 4 cm. Picar finamente las cebollas de verdeo y los dientes de ajo.

■ Calentar el wok con aceite y rehogar la carne en tandas hasta que se dore. Reservar.

■ Limpiar el wok dejando un poco de aceite en su superficie. Llevarlo a fuego medio y rehogar la cebolla. Luego añadir el ajo, el pimiento picante y el pimiento verde y cocinar a durante dos minutos sin dejar de revolver. Añadir la carne y seguir revolviendo durante un minuto.

■ Diluir la fécula de maíz en agua e incorporarla a la preparación.

■ Cocinar hasta que espese y servir.

¿QUÉ SE NECESITA?

- 2 CEBOLLAS
- 1 PIMIENTO VERDE
- 1 CUCHARADA DE ACEITE DE OLIVA
- 2 TOMATES
- 1 DIENTE DE AJO
- 250 G / 8,8 OZ DE PASTA COCIDA PARA ENSALADA
- SAL
- PIMIENTA

¿CÓMO SE PREPARA?

■ Cortar las cebollas en rodajas y separarlas en anillos.

■ Cortar en juliana el pimiento verde y los tomates, en gajos.

■ Calentar el aceite en una sartén antiadherente y cocinar allí las cebollas y el pimiento, a fuego bajo, durante cinco minutos.

■ Transcurrido este lapso, incorporar los gajos de tomate, salpimentar y cocinar dos minutos más.

■ Retirar del fuego y llevar la preparación a la nevera hasta que se enfríe.

■ Machacar el ajo y frotar con él la superficie interna del bowl en el que se servirá la ensalada.

■ Mezclar la pasta elegida con las hortalizas rehogadas, salpimentar y servir.

DIETA PARA EMBARAZADAS / 2.000 CALORÍAS

Si bien es el médico de cabecera quien debe diseñar el plan alimentario acorde con cada etapa del embarazo, a continuación se brinda un plan semanal a modo de ejemplo, con el cual se incorporaran 2.000 calorías diarias.

DÍA 1

■ Desayuno

- 1 taza de té o café descafeinado con leche
- 40 g / 1,4 oz de cereales
- 1 vaso de zumo de naranja

■ Media mañana

- 1 vaso de yogur descremado

■ Almuerzo

- 1 filete de pescado, grillado
- 1 plato de puré de calabaza
- 1 flan de huevo

■ Merienda

- 1 fruta a elección

■ Cena

- 1 pechuga de pollo sin piel, grillada
- 1 plato de ensalada de lechuga, tomate y huevo duro
- 1 fruta a elección

DÍA 2

■ Desayuno

- 1 taza de té o café descafeinado con leche
- 2 rebanadas de pan blanco de molde untadas con queso untable a elección

■ Media mañana

- 1 vaso de licuado de plátano con leche

■ Almuerzo

- 1 plato de spaghetti con salsa de tomates y queso parmesano rallado
- 1 fruta a elección

■ Cena

- 1 bistec de carne de ternera magra, grillado
- 1 plato de ensalada de tomate
- 1 fruta cítrica a elección

DÍA 3

■ Desayuno

• I taza de té o café descafeinado con leche
• 2 rebanadas de pan blanco de molde untadas con mermelada dietética

■ Media mañana

• I vaso de leche descremada
• I vaso de yogur descremado

■ Almuerzo

• I plato de ensalada de tomate con atún al natural
• I fruta a elección

■ Merienda

• I barra de cereal

■ Cena

• I/4 de pollo sin piel, al horno
• I patata al horno
• I fruta a elección

DÍA 4

■ Desayuno

• I taza de té o café descafeinado con leche entera
• I tazón de yogur descremado con **"Muesli"**

■ Media mañana

• I barra de cereal

■ Almuerzo

• 2 porciones pequeñas de pizza de tomate y mozzarella
• I fruta a elección

■ Merienda

• I taza de infusión con leche
• 2 rebanadas de pan integral tostadas, untadas con queso blanco descremado

■ Cena

• I filete de pescado a elección, al vapor
• 2 rodajas de calabaza al vapor

DÍA 5

■ Desayuno

• 1 taza de té o café descafeinado con leche
• 2 muffins a elección

■ Media mañana

• 1 vaso de zumo de naranja

■ Almuerzo

• 1 pechuga de pollo sin piel, grillada
• 1 plato de ensalada de hojas verdes (rúcula, berro, espinaca, lechuga)
• 1 fruta a elección

■ Merienda

• 1 vaso de yogur descremado

■ Cena

• 1 plato de panaché de verduras
• 1 flan con huevo

DÍA 6

■ Desayuno

• 1 taza de té o café descafeinado con leche
• 2 rebanadas de pan blanco de molde untadas con queso untable a elección

■ Media mañana

• 1 vaso de licuado de melocotón con agua

■ Almuerzo

• 1 plato de guisado de lentejas, cebolla y pimiento rojo
• 1 fruta a elección

■ Merienda

• 1 barra de cereal

■ Cena

• 1 bistec de carne de ternera magra, grillada
• 1 plato de ensalada de lechuga, tomate y huevo duro
• 1 fruta cítrica

DÍA 7

■ Desayuno

• I taza de té o café descafeinado con leche
• 3 galletas integrales untadas con queso blanco descremado y mermelada

■ Media mañana

• I vaso de yogur descremado

■ Almuerzo

• I plato de pastas rellenas con verdura, con mantequilla y queso rallado
• 2 rebanadas de piña

■ Merienda

• I vaso de licuado de plátano con leche

■ Cena

• I/4 de pollo sin piel, al horno
• I patata al horno
• I fruta a elección

MUESLI

¿QUÉ SE NECESITA?

- 1 CUCHARADA DE FRUTOS SECOS (NUECES, ALMENDRAS O AVELLANAS)
- 2 CUCHARADAS DE COPOS DE AVENA
- 1/2 MANZANA VERDE
- 2 CUCHARADAS DE YOGUR DESCREMADO

¿CÓMO SE PREPARA?

■ Colocar los copos de avena dentro de una taza con agua y dejarlos en remojo media hora.

■ Escurrirlos y colocarlos dentro de un bowl.

■ Pelar la media manzana, cortarla en cubos pequeños y mezclarla con los copos.

■ Incorporar el yogur y los frutos secos elegidos, y revolver bien.

PLAN BALANCEADO PARA NIÑOS / 3 A 6 AÑOS

Claves para una dieta exitosa en niños de 3 a 6 años

■ Organizar la alimentación diaria en cinco o seis raciones por día, como mínimo.

■ La variedad en sabores y colores resulta fundamental para despertar su interés por la comida.

■ Alimentos que se destaquen por su buen aroma y delicadas texturas serán ideales para que se acostumbren a incorporar todo tipo de alimento, aunque siempre en forma paulatina.

■ Si bien todas las comidas son importantes, el desayuno resulta prioritario: una taza de leche con galletas y queso o mermelada les darán los nutrientes necesarios para encarar el día con energía.

■ Cuando se desea incorporar un alimento nuevo es mejor ofrecérselos en primer lugar, es decir, cuando tienen más apetito. Luego se les ofrecerán los alimentos que consumen habitualmente. La incorporación de un alimento nuevo debe ser siempre paulatina para que los niños se acostumbren al nuevo sabor percibido.

■ Las golosinas, productos industrializados como las patatas fritas y los dulces de pastelería deben ser racionalizadas en su consumo. No sólo no los nutren sino que además les quitan el apetito para ingerir los nutrientes que sí necesitan.

ALIMENTOS QUE NO DEBEN FALTAR

- Arroz
- Legumbres
- Carnes rojas y blancas
- Pescados
- Verduras de todo tipo, crudas y cocidas
- Huevos
- Cereales
- Lácteos
- Quesos
- Frutas
- Zumos naturales de frutas
- Licuados de frutas con agua o con leche
- Agua

¿QUÉ SE DEBE EVITAR O CONSUMIR EN POCA CANTIDAD?

- Frituras
- Refrescos industriales
- Alimentos industrializados como patatas fritas y otros snacks similares
- Dulces y cremas industrializadas
- Hamburguesas y preparaciones no caseras (pizzas, repostería, etc.)

GUÍA BÁSICA DE FRECUENCIA EN EL CONSUMO DE LOS ALIMENTOS

ALIMENTO	CONSUMO RECOMENDADO
Frutas	Todos los días
Verduras	Todos los días
Pan	Todos los días
Legumbres	2 veces por semana (como mínimo)
Arroz	3 veces por semana
Pastas	De 3 a 4 veces por semana
Patatas	3 veces por semana
Huevos	De 3 a 4 veces por semana (no abusar de los fritos)
Pescados	3 veces por semana
Carnes	3 veces por semana
Alimentos industrializados	En forma ocasional

DÍA 1

■ Desayuno

• 1 taza de leche común o descremada (puede ser con cacao) con azúcar
• 2 rebanadas de pan blanco de molde untadas con queso untable a elección

■ Media mañana

• 1 vaso de zumo de naranja

■ Almuerzo

• 2 canelones de granos de maíz o verdura con salsa de tomates
• 1 fruta a elección

■ Media tarde

• 1 vaso de licuado de plátano con leche

■ Merienda

• 1 taza de leche común o descremada (puede ser con cacao) con azúcar
• 1 porción de pastel casero

■ Cena

• 1 bistec de carne de ternera magra, grillado
• 1 plato de ensalada de tomate, lechuga y zanahoria
• 1 fruta a elección

DÍA 2

■ Desayuno

• 1 taza de leche común o descremada (puede ser con cacao) con azúcar
• Galletas a elección

Media mañana

• 1 bowl de yogur con cereales

■ Almuerzo

• 1 plato de sopa de verduras (en invierno)
• 1/4 de pollo sin piel, al horno
• 1 patata pequeña, al horno
• 1 fruta a elección

■ Media tarde

• 1 vaso de zumo de naranja

■ Merienda

• 1 taza de leche común o descremada (puede ser con cacao) con azúcar
• 1 sandwich de pan blanco de molde hecho con jamón cocido y mozzarella

■ Cena

• 1 hamburguesa de carne de ternera magra
• 2 rodajas de calabaza, al vapor
• 1 fruta a elección

DÍA 3

■ Desayuno

• 1 taza de leche común o descremada (puede ser con cacao) con azúcar
• 4 galletas untadas con mermelada

■ Media mañana

• 1 vaso de yogur con cereales

■ Almuerzo

• 1 plato de spaghetti con salsa de tomates y queso rallado
• 1 fruta a elección

■ Media tarde

• 1 porción de helado de crema (si es casero, mejor)

■ Merienda

• 1 taza de leche común o descremada (puede ser con cacao) con azúcar
• Galletas a gusto

■ Cena

• 1 filete de pescado a elección, grillado
• 1 plato de puré de calabaza
• 1 fruta a elección

PLAN BALANCEADO PARA NIÑOS / 6 A 12 AÑOS

A continuación se ofrecen las claves básicas que deben regir la alimentación de los niños comprendidos en este rango de edades, junto con una dieta modelo, expuesta a título orientativo.

GUÍA BÁSICA DE FRECUENCIA EN EL CONSUMO DE LOS ALIMENTOS	
ALIMENTO	CONSUMO RECOMENDADO
Frutas	Todos los días
Verduras	Todos los días
Pan	Todos los días
Legumbres	4 veces por semana, alternando como plato principal y como guarnición
Arroz	De 3 a 4 veces por semana
Pastas	De 3 a 4 veces por semana
Patatas	De 3 a 4 veces por semana (no abusar de los fritos)
Huevos	De 3 a 4 veces por semana (no abusar de los fritos)
Pescados	De 3 a 4 veces por semana
Carnes	De 3 a 4 veces por semana
Alimentos industrializados	En forma ocasional

En el caso de los niños de 6 a 12 años la cantidad de alimento por día irá aumentando de acuerdo con las necesidades de crecimiento y del desgaste energético propio de la edad. Lo que debe respetarse es la presencia de los alimentos básicos indicados, es decir, que ingieran mayor cantidad de carne no significa que deban dejar de comer la guarnición de verduras o legumbres que la acompaña.

Una dieta balanceada implica la presencia de todos aquellos nutrientes necesarios para el organismo: la abundancia de uno no sustituye la carencia de otro.

DÍA 1

■ Desayuno

• 1 taza de leche entera o descremada (puede ser con cacao o con un té) con azúcar
• 3 rebanadas de pan blanco de molde untadas con queso untable a elección

■ Media mañana

• 1 vaso de licuado de plátano con leche o 1 vaso de zumo de naranja

■ Almuerzo

• 2 ó 3 hamburguesas caseras de carne de ternera magra
• 1 plato de ensalada de lechuga, tomate, zanahoria y huevo duro
• 1 ó 2 frutas a elección

■ Media tarde

• 1 vaso de yogur con cereales

■ Merienda

• 1 taza de leche entera o descremada (puede ser con cacao o con un té) con azúcar
• 1 porción de pastel o budín casero

■ Cena

• 1 plato de ravioles de verdura con crema de leche liviana y queso rallado
• 1 filete de pollo, grillado
• 1 fruta a elección

DÍA 2

■ Desayuno

• 1 taza de leche común o descremada (puede ser con cacao)
• 3 rebanadas de pan integral untadas con mermelada

■ Media mañana

• 1 vaso de zumo de naranja
• 1 plátano

■ Almuerzo

• 2 filetes de pescado a elección, grillados
• 1 plato de puré de patatas
• 1 flan con huevo

■ Media tarde

• 1 porción de gelatina con frutas

■ Merienda

• 1 bowl de cereales con leche y azúcar
• 1 porción de pastel casero

Cena

- 1 porción de carne de ternera magra, al horno
- 1 plato de arroz con arvejas
- 1 fruta a elección

DÍA 3

Desayuno

- 1 taza de leche común o descremada (puede ser con cacao)
- 3 croissants

Media mañana

- 1 vaso de yogur con cereales

Almuerzo

- 1 plato de ravioles de ricota o verdura con salsa de tomates y queso rallado
- 3 rebanadas de pan blanco de molde
- 1 fruta a elección

Media tarde

- 1 porción de ensalada de frutas

Merienda

- 1 vaso de licuado de plátano con leche
- 1 sandwich de pan blanco de molde con jamón, tomate y mozzarella

Cena

- 1/2 pechuga de pollo sin piel, al horno
- 1 patata y 1 boniato, al horno
- 1 fruta a elección

TERCERA EDAD: BREVE GUÍA ALIMENTARIA

Debido a que las personas incluidas en este rango etario deben recibir asesoramiento del médico de cabecera en lo concerniente a su alimentación cotidiana, a continuación brindamos un solo día de dieta, a modo de ejemplo.

Claves básicas de alimentación

- En esta etapa la incorporación de frutas, verduras, cereales y productos lácteos que posean bajo contenido en grasa resultan fundamentales para mantener el adecuado nivel calórico, debido a que en la tercera edad el apetito disminuye notoriamente.

- La ingesta de fibras vegetales colabora con el buen funcionamiento del intestino, evitando el estreñimiento, la diverticulitis y trastornos en el colon.

- La adecuada hidratación también resulta fundamental, por lo que en toda dieta nunca debe faltar el consumo de agua en forma frecuente.

- Una de las cuestiones que deben tenerse en cuenta con respecto a la tercera edad es que se producen modificaciones sensoriales en todos los sentidos, por lo que el gusto y el aroma pueden verse afectados. En estos casos, la incorporación de especias a las comidas ayuda a compensar la disminución o alteración de los sentidos comprometidos.

DÍA MODELO

■ Desayuno

• I taza de café o té con leche descremada
• 2 rebanadas de pan integral tostado, untadas con queso blanco descremado o mermelada dietética

■ Media mañana

• I fruta a elección con cáscara

■ Almuerzo

• I/2 pechuga de pollo sin piel, al horno
• I plato de puré de zanahoria y calabaza
• I huevo duro
• I fruta cocida

■ Merienda

• I taza de café o té con leche descremada
• 4 galletas de salvado untadas con queso blanco descremado o mermelada dietética

■ Media tarde

• I bowl de yogur descremado con cereales

■ Cena

• I plato de sopa de verduras con arroz
• I filete de salmón blanco, al vapor
• I patata al vapor
• I fruta o I vaso de zumo de frutas a elección con edulcorante

CLAVES PARA ACOMPAÑAR LA DIETA

SÍ → El número de comidas principales debe extenderse a cuatro o cinco. De esta manera se evitará que el niño ingiera bocados extra entre comidas.

SÍ → Estimularlo para que sustituya los refrescos por zumos naturales y agua natural.

NO → Evitar que el niño ingiera excesivas cantidades de dulces, pastas, frituras, masas, etc., por contener hidratos de carbono y grasas saturadas que atentan contra el adecuado riego sanguíneo.

NO → Limitar la ingesta de alimentos precongelados y de los denominados "alimentos rápidos" (hamburguesas y salchichas, entre otros).

SÍ → Alternar productos lácteos enteros y descremados, así como panificación refinada e integral.

NO → Evitar utilizar los alimentos como medida de gratificación o reprimenda para que el niño no confunda lo que significa el beneficio de la alimentación para la salud y la especulación con la comida para otros fines.

SÍ → Habituar al niño a mantener una dieta alimenticia rica y variada, que se encuentre compuesta por carnes magras, pescado, frutas, verduras, cereales y productos lácteos de bajo contenido graso.

MENÚ A

■ Desayuno

• I taza de leche descremada con cereales

■ Almuerzo

• 1/4 de pollo sin piel, al horno
• I plato de verduras a elección, al vapor
• I fruta a elección

■ Media tarde

• I vaso de yogur descremado con cereales

■ Merienda

• I taza de leche
• 2 rebanadas de pan integral de molde untadas con queso blanco descremado

■ Cena

• 2 hamburguesas de carne de ternera magra
• I huevo duro
• I plato de ensalada de tomates
• I porción de ensalada de frutas

MENÚ B

■ Desayuno

• I vaso de zumo de naranja
• 2 rebanadas de pan integral de molde untadas con queso blanco descremado o mermelada dietética

■ Almuerzo

• 2 barras de cereales

■ Media tarde

• I porción de gelatina dietética

■ Merienda

• I plato de guisado de lentejas con arroz blanco
• I bistec de carne de ternera magra, grillado
• I fruta a elección

■ Cena

• I filete de pescado a elección, grillado o al horno
• I plato de puré de patata y calabaza
• I fruta a elección

PLAN BALANCEADO PARA JÓVENES / 25 A 35 AÑOS

En función de las muy diversas necesidades nutricionales propias de este rango de edades, a continuación brindamos algunas claves básicas y luego, un día modelo de alimentación equilibrada.

La importancia del nivel de colesterol

En esta etapa de la vida se debe prestar especial atención a los niveles de colesterol en sangre, ya que si bien es un período en que las personas gozan de óptima energía para el desarrollo de sus actividades, es cierto que también éstas se realizan en forma sedentaria y con un máximo nivel de estrés. Estos dos últimos factores provocan, a lo largo del tiempo, la obstrucción de los vasos sanguíneos y la inadecuada circulación de la sangre a través del organismo.

En esta etapa, por lo tanto, la ingestión de alimentos debe realizarse teniendo en cuenta la necesidad de mantener un equilibrio energético en cuanto a las calorías requeridas y, a la vez, consumiendo alimentos que ayuden a controlar el nivel de colesterol "malo" y que potencien el "bueno".

Los que siguen son alimentos que no poseen colesterol (0 mg) y pueden incluirse en las dietas diarias para lograr mantener el nivel adecuado:

- Frutas frescas
- Frutas secas
- Clara de huevo
- Cereales
- Verduras
- Legumbres
- Arroz hervido
- Miel

- Azúcar
- Mantequilla vegetal
- Aceite de maíz
- Aceite de oliva
- Aceite de girasol
- Aceite de soja
- Té
- Café

DÍA MODELO

■ Desayuno

• 1 taza de café o té con leche y azúcar
• 3 rebanadas de pan de molde integral untadas con queso blanco o mermelada común

■ Media mañana

• 1 vaso de zumo de naranja o melocotón
• 3 nueces y 3 almendras

■ Almuerzo

• 1 plato de **"Carpaccio de champiñones y jamón serrano"** ✪
• 1 ó 2 frutas a elección

■ Merienda

• 1 taza de café o té con leche y azúcar
• Galletas de salvado o sésamo untadas con queso blanco o miel, en cantidad a gusto

■ Media tarde

• 1 vaso de licuado de plátano con leche

■ Cena

• 1/4 de pollo sin piel, al horno
• 1 patata y 2 rodajas de calabaza, al horno
• 1 porción de ensalada de frutas con yogur y copos de cereal

RECETA INCLUIDA EN LA DIETA

CARPACCIO DE CHAMPIÑONES Y JAMÓN SERRANO

¿QUÉ SE NECESITA?

- 150 G / 5,2 OZ DE CHAMPIÑONES FRESCOS
- 100 G / 3,5 OZ DE JAMÓN SERRANO O JAMÓN CRUDO
- 6 CUCHARADAS DE ACEITE DE OLIVA
- 4 CUCHARADAS DE VINAGRE DE VINO
- 1 DIENTE DE AJO
- 1 MANOJO PEQUEÑO DE BERRO
- 2 ó 3 HOJAS DE LECHUGA MORADA
- 1 PUÑADO DE BROTES DE ALFALFA
- 1 CUCHARADA DE PEREJIL PICADO
- 1/2 CUCHARADITA DE SAL GRUESA

¿CÓMO SE PREPARA?

■ Cortar los champiñones en láminas de 2 mm de espesor.

■ Lavar el berro, la lechuga y los brotes. Cortar la lechuga en trozos medianos, con los dedos. Mezclar y reservar.

■ Cortar en juliana gruesa el jamón y dorarlo en una sartén en la que se habrán calentado previamente 3 cucharadas de aceite. Incorporar a la cocción el diente de ajo picado groseramente y apagar el fuego.

■ Incorporar a la sartén, en caliente, el resto del aceite de oliva, la sal gruesa, el vinagre y el perejil picado. Mezclar y reservar.

■ Disponer las láminas de champiñones en un plato, en forma circular. En el centro, colocar la ensalada de hojas.

■ Verter por encima de los champiñones y la ensalada el aderezo de aceite y jamón serrano.

DIETA PARA ADOLESCENTES

Con las diferentes opciones ofrecidas para cada momento del día pueden elaborar una dieta para 5 días, priorizando sus gustos y necesidades.

■ Opciones para desayuno

Opción 1

- 1 taza de té o café descafeinado con leche entera
- 1 tazón de cereales con leche y 1 puñado de almendras

Opción 2

- 1 taza de té o café descafeinado con leche entera
- 2 tajadas de mozzarella
- 1 vaso de zumo de naranja

Opción 3

- 1 taza de té o café descafeinado con leche entera
- 3 rebanadas de pan blanco de molde untadas con queso untable a elección
- 1 vaso de yogur
- 1 fruta a elección

■ Opciones para almuerzo

Opción 1

- 1 plato de ensalada de vegetales verdes
- 2 porciones de **"Tortilla clásica española"** ✪
- 1 fruta

Opción 2

- 1 plato de lentejas guisadas con carne de ternera y arroz
- 1 fruta a elección

Opción 3

- 1 plato de pastas sin relleno, a elección, con salsa de tomates y queso rallado
- 1 fruta a elección

Opciones para media tarde

Opción 1

• 1 vaso de yogur frutado

Opción 2

• 1 vaso de licuado de plátano con leche

Opción 3

• 1 porción de gelatina con frutas

Opciones para merienda

Opción 1

• 1 taza de té o café descafeinado con leche
• 2 rebanadas de pan blanco de molde con mozzarella

Opción 2

• 1 taza de té o café descafeinado con leche
• 1 bowl de cereales con yogur

Opción 3

• 1 vaso de zumo de pomelo o naranja
• 1 puñado de nueces

Opciones para cena

Opción 1

• 3 **"Milanesas de soja"** ✪ al horno
• 1 plato de ensalada a elección
• 1 fruta a elección

Opción 2

• 3 porciones de pizza de tomate y mozzarella
• 1 fruta a elección

Opción 3

• 3 hamburguesas de carne de ternera magra
• 1 ensalada de tomate y huevo duro
• 1 fruta a elección

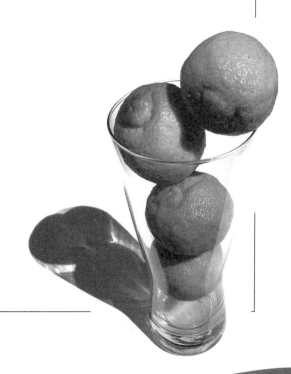

⭐ RECETAS INCLUIDAS EN LA DIETA

TORTILLA CLÁSICA ESPAÑOLA

¿QUÉ SE NECESITA?

PARA 6 PORCIONES
- 500 G / 1,1 LB DE PATATAS
- 2 CEBOLLAS
- 6 HUEVOS
- 1 TAZA DE ACEITE DE OLIVA
- SAL
- PIMIENTA

¿CÓMO SE PREPARA?

■ Pelar las patatas y cortarlas en cubos de 2 ó 3 cm de lado.

■ Pelar las cebollas y cortarlas en rodajas. Separarlas en anillos.

■ Calentar el aceite en una sartén y freír las patatas. Cuando comiencen a dorarse, incorporar las cebollas. Mezclar bien y, cuando las patatas estén cocidas, retirar patatas y cebollas de la sartén. Dejar que escurran el exceso de aceite colocándolas sobre papel absorbente.

■ Verter el aceite de fritura en un bowl.

■ Batir los huevos en un bowl grande, y salpimentar. Incorporar las patatas y las cebollas y revolver. Dejar unos 5 minutos en reposo.

■ Calentar una sartén profunda de 20 ó 22 cm de diámetro con dos o tres cucharadas del aceite reservado.

■ Cuando el aceite comience a humear verter la preparación y cocinar un minuto a fuego máximo.

■ Bajar a fuego moderado y seguir cocinando sacudiendo ligeramente la sartén para que el huevo no se pegue.

■ Cuando la tortilla comience a dorarse por debajo y casi haya cuajado la superficie, apoyar un plato del mismo diámetro que la sartén sobre ella y dar vuelta la tortilla.

■ Subir a fuego máximo y cocinar un minuto. Luego bajar a fuego moderado y cocinar unos dos o tres minutos más, para que termine de dorarse y quede ligeramente jugosa por dentro.

■ Pasar la tortilla a un plato, pincelar su superficie con el aceite de oliva reservado y dejar que se enfríe, antes de cortarla y servirla.

MILANESAS DE SOJA

¿QUÉ SE NECESITA?

- 2 TAZAS DE POROTOS DE SOJA
- 1/2 TAZA DE HARINA DE SOJA
- 1 CUCHARADITA DE PEREJIL PICADO
- 1 DIENTE DE AJO PICADO
- SAL MARINA
- ACEITE

¿CÓMO SE PREPARA?

■ Hervir en una olla con abundante agua los porotos de soja y cocinarlos hasta que se encuentren blandos.

■ Retirarlos del fuego, colarlos y hacer un puré.

■ Incorporar el perejil picado, el ajo picado y condimentar con sal marina a gusto.

■ Mezclar todos los ingredientes hasta formar una pasta homogénea.

■ Tomar porciones de la pasta y darles forma de hamburguesa. Pasarlas por la harina de soja.

■ Colocar las milanesas en una placa para horno apenas aceitada y cocinar hasta que estén doradas.

DÍA DE EQUILIBRIO FAMILIAR / OPCIÓN I

Esta dieta, de un solo día de cumplimento, está dirigida a toda la familia, y su objetivo es equilibrar el aparato digestivo y mantener el peso.

Para lograrlo, además, es importante evitar durante dos o tres días los siguientes alimentos:

• Pan
• Dulces
• Refrescos y bebidas azucaradas

DÍA ÚNICO

■ Desayuno

• I taza de té
• I huevo duro
• I tajada de jamón cocido
• I tajada de mozzarella

■ Almuerzo

• I plato de sopa de verduras con arroz blanco
• I bistec de lomo de ternera, grillado
• I plato de ensalada de pepino y zanahoria rallada
• I porción de ensalada de frutas, sin cítricos

■ Merienda

• I vaso de licuado de melocotón con agua
• 3 galletas integrales untadas con mermelada

■ Cena

• I revuelto de champiñones hecho con I huevo
• 1/4 de pollo sin piel, grillado o al horno
• I patata, al horno
• I flan

Esta dieta, de un solo día de cumplimento, está dirigida a toda la familia, y su objetivo es equilibrar el aparato digestivo y mantener el peso.

Para lograrlo, además, es importante evitar durante dos o tres días los siguientes alimentos:

- Pan
- Dulces
- Refrescos y bebidas azucaradas

DÍA ÚNICO

■ Desayuno

- 1 taza de té liviano
- 2 rebanadas finas de pan integral apenas tostado untadas con ricota descremada

■ Media mañana

- 1 vaso de yogur descremado
- 1/2 manzana

■ Almuerzo

- 1 plato de ensalada de verduras crudas
- 2 filetes de pescado a elección, grillado o al vapor
- 1 plato de panaché de verduras
- 1 fruta de estación

■ Merienda

- 1 vaso de licuado de manzana con agua
- 1 sandwich de pan de salvado hecho con 1 tajada de jamón y 1 tajada de mozzarella

■ Cena

- 1 plato de sopa de verduras
- 1 plato de arroz integral o pastas con hortalizas

■ Postre

- 1 porción de gelatina dietética

DIETAS PARA CASOS ESPECIALES

CAPÍTULO 8

En este capítulo les presentamos dieciséis planes y guías orientativas relacionadas con trastornos y enfermedades específicas, sean o no crónicas.

En este caso, más que en ningún otro, se hace obligatoria la consulta previa con el médico pues es quien debe diseñar el tratamiento integral del paciente, de acuerdo con su estado general particular.

DIETA PARA MANTENER A RAYA LA GLUCOSA

Las cantidades de los alimentos que se indican en este plan alimentario deberán ajustarse de forma individual a las necesidades de cada persona, previa consulta con el médico tratante.

DÍA 1

■ Desayuno

- 1 taza de café con leche descremada
- Pan integral rociado con aceite de oliva
- Zumo de naranja

■ Almuerzo

- Ensalada de lechuga, tomate, cebolla, pepino, pimiento y manzana

■ Merienda

- Yogur descremado

■ Cena

- Espinaca rehogada con cebolla
- Huevo duro
- Avellanas

DÍA 2

■ Desayuno

- Leche descremada
- Cereales sin azucarar
- Kiwi

■ Almuerzo

- Espárragos al vapor
- Pechuga de pollo sin piel, grillada
- Arroz blanco
- Yogur descremado

■ Merienda

- Pan integral con mozzarella y tomate

■ Cena

- Ensalada de lechuga y tomate
- Filete de lenguado al horno
- Pera

DÍA 3

■ Desayuno

• Té con leche descremada
• Pan integral y jamón cocido

■ Almuerzo

• Ensalada de endibias y mozzarella
• Filete de salmón grillado
• Naranja

■ Merienda

• Yogur descremado con cereales

■ Cena

• Filete de pollo sin piel, grillado
• Ensalada de tomate y 1 huevo duro
• Leche descremada

DÍA 4

■ Desayuno

• Yogur descremado con cereales sin azucarar
• Pera

■ Almuerzo

• Ensalada de pasta, tomate y pepino
• Carne de ternera magra al horno
• Lentejas
• Fresas

■ Merienda

• Pan integral y jamón serrano

■ Cena

• Sopa de verduras con arroz
• Revuelto de huevo y espárragos
• Kiwi

DÍA 5

■ Desayuno

• Leche descremada
• Galletas integrales con mermelada dietética
• Zumo de naranja

■ Almuerzo

• Pimiento rojo asado
• **"Albóndigas light"** ✪
• Manzana

■ Merienda

• Yogur descremado con cereales sin azucarar

■ Cena

• Alcachofas
• **"Tortilla de espárragos"** ✪
• Frutas secas

DÍA 6

■ Desayuno

- Té con leche descremada
- Pan integral con aceite de oliva
- Zumo de naranja

■ Almuerzo

- Ensalada de lentejas, cebolla y tomate
- Filete de pescado a elección al horno
- Patata al horno
- Fruta a elección

■ Merienda

- Leche descremada
- Galletas de salvado o soja

■ Cena

- Ensalada de arroz con verduras y atún
- Avellanas

DÍA 7

■ Desayuno

- Leche descremada
- Croissant
- Pera

■ Almuerzo

- Filetes de pescado al horno
- Tomate
- Kiwi

■ Merienda

- Rodajas de pan de molde integral
- Mozzarella
- Dulce de membrillo

■ Cena

- Sopa de verduras con arroz y mozzarella en cubos
- Spaghetti con puré de tomates
- Zumo de naranja

⭐ RECETAS INCLUIDAS EN LA DIETA

ALBÓNDIGAS LIGHT

¿QUÉ SE NECESITA?

- 100 G / 3,5 OZ DE CARNE DE TERNERA MOLIDA
- 3 CUCHARADAS DE HARINA DE TRIGO O SALVADO
- 1/2 CEBOLLA
- 1 TALLO DE APIO
- 1/2 TAZA DE CALDO DE VERDURAS
- 1 CHORRITO DE ACEITE DE OLIVA
- SAL
- PIMIENTA

¿CÓMO SE PREPARA?

■ Picar finamente la cebolla y el tallo de apio, y mezclarlos con la carne molida. Salpimentar y agregar 1 cucharada de harina, para integrar bien los ingredientes.

■ Formar esferas del tamaño de un bocado y pasarlas por la harina restante.

■ Calentar el aceite en una sartén amplia y dorar allí las albóndigas, moviéndolas para que la carne se selle en forma pareja.

■ Incorporar el caldo y seguir cocinando a fuego moderado, unos diez minutos más. Retirar y servir.

TORTILLA DE ESPÁRRAGOS

¿QUÉ SE NECESITA?

- 2 HUEVOS
- 6 ESPÁRRAGOS COCIDOS
- 1 CHORRITO DE ACEITE DE OLIVA
- SAL
- PIMIENTA

¿CÓMO SE PREPARA?

■ Batir ligeramente los huevos y salpimentar.

■ Cortar los espárragos en secciones de 3 cm, aproximadamente, y mezclarlos con los huevos.

■ Calentar el aceite en una sartén pequeña y volcar allí la preparación.

■ Cocinar a fuego moderado, con la sartén tapada, hasta que el huevo comience a cuajar.

■ Dar vuelta la tortilla para que se cocine de ambos lados, retirar y servir.

DIABETES: BREVE GUÍA ALIMENTARIA

Debido a que la diabetes es un trastorno de la salud de carácter crónico, es el médico quien debe diseñar el plan de alimentación de cada persona, atendiendo a sus características particulares. Es por eso que a continuación brindamos una breve guía orientativa, que incluye, a modo de ejemplo, el diagrama alimenticio de una jornada.

CLAVES ÚTILES SOBRE ALIMENTACIÓN

• **Es recomendable consumir muchas frutas, verduras y legumbres (arvejas, frijoles y lentejas). Las lentejas, además, son una buena fuente de proteína con bajo contenido en grasas que puede ayudar a reemplazar a la carne.**

• **Puede reemplazarse el pan blanco por pan integral o de salvado. En general, las variedades de harinas integrales de los alimentos con contenido de almidón resultan una buena elección, por ejemplo, pan integral, arroz integral y pastas de harina integral.**

• **Es preferible disminuir el consumo de alimentos azucarados, como dulces y chocolates.**

• **Puede beberse té y café sin azúcar. La mejor manera, para aquellos que están acostumbrados a azucarar las infusiones, es disminuir gradualmente la cantidad de azúcar que se vierte en ellas.**

• **Es preferible utilizar edulcorantes artificiales si no es posible acostumbrarse a consumir infusiones sin azúcar.**

• **La leche descremada (y en general, cualquier lácteo reducido en grasas) puede reemplazar a la leche o a los lácteos enteros.**

• **Es deseable reemplazar o disminuir el consumo de mantequilla.**

• **Es preferible comer más a menudo pescado que carnes rojas.**

• **El pollo tiene bajo contenido de grasas siempre que se separe la piel antes de comerlo.**

• **En general, es preferible hervir los alimentos antes que freírlos en aceite o en grasa.**

ALIMENTOS PERMITIDOS Y ALIMENTOS PROHIBIDOS

	PERMITIDOS	**CON MODERACIÓN**
Vegetales	Entre otros: apio, coliflor, col, espárrago, lechuga, espinaca, pepino, tomate, champiñones, berro, brócoli.	Remolacha, patata, arvejas.

	PERMITIDOS	**PROHIBIDOS**
Frutas	Manzana, naranja, pomelo, piña, mandarina, ciruela, sandía, melón, papaya, uva, pera, pasas, plátano, mango, kiwi, etc.	Coco, zumos.
Cereales	Arroz integral, pan integral, cereales con fibra, avena, centeno.	Galletas rellenas, pan dulce, cereales azucarados, pan blanco, harina refinada, pasteles.
Carnes y lácteos	Pescado, pollo, carne de ternera magra, queso blanco descremado, huevos, leche descremada, yogur descremado.	Carnes grasas, embutidos, mantequilla, crema de leche, mayonesa, quesos maduros grasos.
Otros	Refrescos dietéticos, edulcorantes, café, té, gelatina dietética.	Miel, azúcar, mermelada, gelatina, leche condensada, chocolate, refrescos regulares, helados, postres en general.

DÍA EJEMPLO

■ Desayuno

• 1 taza de café o té cortado con leche descremada
• 4 galletas de agua pequeñas untadas con queso blanco descremado

■ Media mañana

• 1 vaso de zumo de pomelo o 1 vaso de yogur descremado

■ Almuerzo

• 1 plato de sopa de verduras con avena
• 1 pechuga de pollo sin piel, grillada y rociada con zumo de limón
• 1 plato de ensalada de tomate
• 1 pera o 1 manzana

■ Merienda

• 1 taza de café o té cortado con leche descremada
• 4 galletas de agua pequeñas untadas con queso blanco descremado

■ Media tarde

• 1 porción de ensalada de frutas

■ Cena

• 1 plato de ensalada de hojas verdes (berro, espinaca, lechuga)
• 2 filetes de lenguado, al horno
• 1 plato pequeño de ensalada de judías verdes y champiñones
• 1 tajada de melón

 **MINI RECETARIO**

LOMO CON PASTA DE COMINO

¿QUÉ SE NECESITA?

- 2 BISTECS DE LOMO DE TERNERA
- 2 RODAJAS DE CALABAZA
- 1 BERENJENA
- 4 CUCHARADAS DE ACEITE DE OLIVA
- 1 POCILLO DE ZUMO DE LIMÓN
- CILANTRO

PARA LA PASTA DE COMINO
- 3 CUCHARADAS DE SEMILLAS DE COMINO
- 3 CUCHARADAS DE COMINO MOLIDO
- 2 DIENTES DE AJO
- SAL
- 2 CUCHARADAS DE ACEITE DE OLIVA
- 2 CUCHARADAS DE CILANTRO
- 4 CUCHARADAS DE ZUMO DE LIMÓN

¿CÓMO SE PREPARA?

■ Colocar los ingredientes de la pasta de comino en un recipiente y mezclar bien. Reservar.

■ Pelar las rodajas de calabaza y cortarlas en cubos grandes. Lavar la berenjena y cortarla en rodajas de unos 2 cm de grosor.

■ Disponer estas verduras en una fuente para horno y rociarlas con el aceite de oliva y el zumo de limón. Espolvorear con el cilantro.

■ Disponer en la misma fuente los bistecs y untarlos con la pasta de comino.

■ Llevar a horno máximo hasta que el lomo esté bien dorado y las verduras, cocidas.

LANGOSTINOS PICANTES

¿QUÉ SE NECESITA?

- 8 LANGOSTINOS GRANDES
- 2 DIENTES DE AJO
- 1 PIMIENTO PICANTE
- 4 CUCHARADAS DE ACEITE DE OLIVA
- 1 CUCHARADA DE PEREJIL PICADO
- SAL

¿CÓMO SE PREPARA?

■ Colocar el aceite de oliva en una sartén y rehogar los dientes de ajo, previamente picados, sin que lleguen a dorarse.

■ Agregar los langostinos a la cocción, junto con el pimiento picante picado.

■ Salar y cocinar unos diez minutos a fuego fuerte, o hasta que los langostinos estén dorados.

■ Servir una cazuela, espolvoreados con el perejil picado.

PERAS EN SALSA DE LIMÓN

¿QUÉ SE NECESITA?

- 1 PERA
- 1 CUCHARADA DE MANTEQUILLA VEGETAL

PARA LA SALSA
- 4 CUCHARADAS DE QUESO BLANCO DESCREMADO
- 4 CUCHARADAS DE YOGUR NATURAL
- 2 CUCHARADAS DE LECHE DESCREMADA
- EDULCORANTE LÍQUIDO
- 2 CUCHARADAS DE ZUMO DE LIMÓN

¿CÓMO SE PREPARA?

■ Pelar la peras y cortarla en finas tajadas, sin llegar al cabo. Abrirla en abanico cuidadosamente.

■ Fundir la mantequilla en una sartén amplia y disponer allí la pera. Cocinarla durante unos minutos y retirar.

■ Preparar la salsa mezclando todos los ingredientes y llevar a la nevera.

■ Salsear la pera justo antes de servir.

¿QUÉ SE NECESITA?

- 2 REBANADAS DE PAN INTEGRAL DE MOLDE
- 1 BERENJENA
- 2 CEBOLLAS DE VERDEO
- 2 DIENTES DE AJO
- 3 CUCHARADAS DE ACEITE DE OLIVA
- 2 CUCHARADAS DE VINAGRE DE MANZANA
- TOMILLO
- SAL
- PIMIENTA

¿CÓMO SE PREPARA?

■ Cocinar la berenjena en horno máximo hasta que esté bien tierna.

■ Sacarle la piel.

■ Procesar la pulpa de berenjena junto con las cebollas de verdeo, el aceite de oliva, el vinagre de manzana, los dientes de ajo pelados y tomillo. Salpimentar a gusto.

■ Untar con la pasta cada tajada de pan integral.

HIPERTENSIÓN: BREVE GUÍA ALIMENTARIA

Debido a que la hipertensión es, además de una enfermedad en sí misma, uno de los principales factores de riesgo para el desarrollo de enfermedades coronarias, es el médico quien debe diseñar un plan alimentario para el paciente, acorde con sus características y necesidades particulares.

A continuación brindamos una serie de consejos básicos y el modelo de un día de alimentación.

ALIMENTOS PERMITIDOS	
Leche y lácteos	Leche entera o descremada (según el caso), yogur y queso sin sal.
Carnes, pescado, huevos y sus derivados	Poco grasas y pescado fresco.
Cereales, patatas y legumbres	Todos salvo los indicados en la tabla de alimentos prohibidos.
Verduras y hortalizas	Todas salvo las indicadas en la tabla de alimentos prohibidos.
Frutas	Todas salvo las indicadas en la tabla de alimentos prohibidos.
Bebidas	Agua mineral sin gas, caldos desgrasados sin sal, infusiones, zumos, refrescos sin gas.
Grasas	Aceites de oliva y semillas (girasol, maíz, soja).
Otros productos	Salsa de tomate, mayonesa y otras de elaboración casera y sin sal.

ALIMENTOS PROHIBIDOS

Leche y lácteos

Quesos semicurados y curados, salados y grasos, quesos fundidos o para untar con sal.

Carnes, pescado, huevos y sus derivados

Carnes grasas, ahumadas, curadas, vísceras y embutidos (salchichas, fiambres, patés), pescados ahumados, desecados, en conserva, congelados y mariscos.

Cereales, patatas y legumbres

Pastelería convencional, patatas fritas envasadas y otros snacks, todas las legumbres en conserva y las arvejas y habas congeladas.

Verduras y hortalizas

En conservas (acelga, alcachofa, apio, cardo, coles de Bruselas, champiñón, espárrago, espinaca, remolacha, setas, zanahoria y salsa de tomate).

Frutas

Frutas en almíbar y confitadas.

Bebidas

Agua mineral con gas y bebidas refrescantes con gas tipo cola.

Grasas

Mantequilla y mantequilla vegetal salada.

Otros productos

Aperitivos encurtidos (aceitunas, pepinillos, etc.), frutos secos salados (cacahuete, etc.), sopas y purés preelaborados, caldo concentrado en cubos, salsas comerciales (mostaza, ketchup, mayonesa, salsa de soja, etc.). Alimentos que incluyan aditivos con sodio (Na): Sal, bicarbonato sódico o soda, carbonato sódico (en mantequillas, cremas, helado de crema, encurtidos), glutamato monosódico (en carnes, condimentos, encurtidos y sopas), según el grado de restricción de sal.

DÍA EJEMPLO

■ Desayuno

• 1 taza de café con leche descremada
• 3 galletas de agua untadas con queso blanco descremado sin sal

■ Media mañana

• 1 vaso de yogur descremado o 1 fruta a elección

■ Almuerzo

• 2 alcachofas
• 1 plato de spaghetti con puré de tomates
• 1 manzana

■ Media tarde

• 1 porción de ensalada de frutas o 1 rodaja de pan sin sal untada con queso blanco descremado sin sal

■ Merienda

• 1 taza de café con leche descremada
• 3 galletas de agua untadas con queso blanco descremado sin sal

■ Cena

• 1 revuelto de espárragos y huevo
• 1 bistec de lomo de ternera, sin sal
• 1 fruta a elección

⭐ MINI RECETARIO

PECHUGA RELLENA CON MOZZARELLA

¿QUÉ SE NECESITA?

- 1 PECHUGA DE POLLO
- 1 TAJADA DE MOZZARELLA
- 1/2 TOMATE PEQUEÑO Y FIRME
- 2 ó 3 HOJAS DE ALBAHACA
- ACEITE DE OLIVA

¿CÓMO SE PREPARA?

■ Cortar longitudinalmente la pechuga sin llegar a dividirla en dos, simplemente como si se quisiera abrir un bolsillo.

■ Cortar en cubitos pequeños el medio tomate.

■ Introducir en la pechuga, la tajada de mozzarella, el tomate y albahaca, trozada con los dedos.

■ Cerrar el bolsillo con palillos de madera.

■ Calentar el aceite en una sartén amplia y cocinar allí la pechuga, de ambos lados y hasta que esté bien dorada.

¿QUÉ SE NECESITA?

- 1 PAQUETE DE ESPINACA
- 2 CLARAS DE HUEVO
- 1 CUCHARADA DE ACEITE DE OLIVA
- 1 CEBOLLA
- 1 CUCHARADA DE LECHE EN POLVO DESCREMADA
- NUEZ MOSCADA
- SAL MODIFICADA

¿CÓMO SE PREPARA?

■ Lavar y cocinar las hojas de espinaca, preferentemente al vapor.

■ Enjuagarlas con agua fría, escurrirlas bien presionando contra el fondo y las paredes de un colador y picarlas finamente.

■ Picar finamente la cebolla.

■ Calentar el aceite en una sartén y rehogar allí la cebolla.

■ Cuando la cebolla se ponga transparente, retirarla y mezclarla en un bowl con la espinaca, las claras de huevo, sal, nuez moscada y la leche en polvo.

■ Verter la mezcla en dos recipientes pequeños y cocinar en horno de temperatura fuerte, hasta que la cubierta de las mini tortillas se vea dorada.

SALMÓN CON SALSA FRÍA DE TOMATES

¿QUÉ SE NECESITA?

- 1 FILETE DE SALMÓN BLANCO
- 1 CUCHARADA DE ZUMO DE LIMÓN
- SAL MODIFICADA
- PIMIENTA NEGRA

PARA LA SALSA
- 2 TOMATES PEQUEÑOS Y FIRMES
- 3 CUCHARADAS DE ACEITE DE OLIVA
- 4 ó 5 HOJAS DE ALBAHACA
- 1 DIENTE DE AJO
- SAL MODIFICADA
- PIMIENTA NEGRA

¿CÓMO SE PREPARA?

■ Para la salsa: pelar los tomates, quitarles las semillas y cortarlos en cubos pequeños.

■ Colocarlos en un colador, para que despidan la mayor cantidad posible de líquido.

■ Picar finamente el ajo, desmenuzar las hojitas de albahaca y colocar ambos ingredientes en un bowl. Salpimentar y rociar con el aceite.

■ Incorporar los cubitos de tomate, mezclar y refrigerar una media hora.

■ Salpimentar el filete y cocinarlo en una sartén antiadherente hasta que esté dorado de ambos lados.

■ Servirlo rociado con el zumo de limón y acompañado de la salsa fría de tomates.

DIETA PARA ALIVIAR EL DOLOR DE ESTÓMAGO

La siguiente dieta se realiza durante un solo día, a fin de aliviar las molestias ocasionadas por el dolor de estómago, cuando éste es producto de una mala digestión.

DÍA ÚNICO

■ Desayuno

• I taza de tisana de hisopo*
• 2 rebanadas de pan blanco untadas con queso blanco descremado y mermelada dietética

Recibe el nombre de hisopo una planta medicinal de efecto benéfico comprobado en afecciones del aparato digestivo.

■ Media mañana

• I manzana al horno

■ Almuerzo

• 2 alcachofas
• I filete delgado de pollo sin piel, grillado
• 2 rodajas de piña

■ Merienda

• I taza de té liviano
• 3 galletas de agua sin sal untadas con queso blanco descremado

■ Media tarde

• I vaso de yogur descremado

■ Cena

• I filete de lenguado al vapor
• I plato de puré de calabaza
• I plátano maduro

TIPS PARA EVITAR EL DOLOR DE ESTÓMAGO

■ Hacer varias comidas durante el día de poco volumen cada vez.
■ El desayuno debe ser la comida más fuerte del día.
■ Comer liviano por la noche.
■ Comer lentamente.
■ Llevar a cabo una alimentación variada.

DIETA PARA PREVENIR LA ANEMIA

Para evitar la anemia hace falta introducir en la alimentación diaria hierro, ácido fólico, vitamina B12, cobre y otras vitaminas del grupo B.

A continuación presentamos la lista básica de aquellos alimentos que no pueden faltar en la dieta y de aquellos cuyo consumo debe evitarse. Luego, una jornada modelo de alimentación.

ALIMENTOS RECOMENDADOS

- Legumbres en general.
- Pistacho.
- Espinaca y acelga.
- Uva y albaricoque.
- Limón (ayuda a asimilar el hierro).
- Miel.
- Carne roja.

ALIMENTOS Y BEBIDAS A EVITAR

- Té.
- Salvado de trigo.
- Alcohol.

DÍA EJEMPLO

■ Desayuno

- 1 vaso de leche
- 2 rebanadas de pan blanco de molde untadas con queso blanco descremado y mermelada dietética

■ Media mañana

- 1 vaso de yogur fortificado con hierro

■ Almuerzo

- 1 tazón de caldo de verduras
- 1 bistec de hígado de ternera, grillado
- 1 plato de ensalada de tomate y 1 huevo duro
- 1 barra de chocolate

■ Media tarde

- 1 tazón de cereales con leche

■ Merienda

- 1 taza de café con leche
- 1 sandwich de pan integral hecho con jamón cocido y mozzarella

■ Cena

- 1 plato abundante de ensalada de lentejas, cebolla y pimiento rojo
- 1 fruta a elección

DIETA PARA ALIVIAR MOLESTIAS HEPÁTICAS

La siguiente dieta tiene como objetivo aliviar las consecuencias de un malestar hepático, y debe realizarse durante dos días, previa consulta con el médico.

DÍA 1

■ Desayuno

• 1 taza de té liviano
• 2 rebanadas de pan blanco de molde untadas con queso blanco descremado

■ Media mañana

• 1 vaso de yogur descremado

■ Almuerzo

• 1/4 de pollo sin piel, grillado
• 1 plato de panaché de verduras
• 1 fruta a elección, sin piel

■ Media tarde

• 1 bowl de cereales con leche descremada

■ Merienda

• 1 taza de té liviano
• 2 rebanadas de pan blanco de molde untadas con mermelada dietética

■ Cena

• 1 plato de spaghetti con puré de tomates y queso parmesano
• 1 fruta a elección

DÍA 2

■ Desayuno

- I vaso de leche descremada con I cucharadita de azúcar
- 4 galletas dulces livianas

■ Media mañana

- I fruta a elección, sin piel

■ Almuerzo

- I bistec de lomo de ternera, grillado
- I plato de puré de patatas
- I manzana al horno

■ Media tarde

- I porción de gelatina

■ Merienda

- I taza de té liviano
- I tajada de mozzarella
- I tajada de jamón cocido

■ Cena

- I filete de salmón blanco, grillado
- I plato de sopa de verduras con sémola
- I porción de compota de melocotón

PREVENCIÓN Y TRATAMIENTO DE PROBLEMAS RENALES

Los problemas de funcionamiento del riñón no debe desatenderse y la consulta con el médico ante cualquier síntoma debe ser inmediata. A continuación presentamos una tabla de alimentos permitidos y prohibidos para el alivio de los síntomas, y una jornada modelo de alimentación.

ALIMENTOS PERMITIDOS

- Leche de todo tipo: (no más de 200 cc diarios)
- Quesos (preferentemente blancos): sin sal únicamente y en reemplazo de un huevo.
- 3 huevos enteros por semana, como máximo.
- 100 g / 3,5 oz de carne por día.
- Todo tipo de hortalizas.
- 200 g / 7 oz por día de frutas.
- Todo tipo de almidones o féculas de trigo, patata y mandioca para elaborar pan y galletas hipoproteicas sin sal.
- Aceites crudos.
- Azúcar común y jaleas de frutas como únicos dulces sugeridos.
- Caldos de verdura caseros.
- Bebidas con bajo contenido en sodio, agua mineral, café, té.

ALIMENTOS PROHIBIDOS

- Harinas comunes y derivados (pastas, pizzas, amasados de panadería, panes y galletas).
- Leches chocolatadas, caramelos de leche.
- Cualquier clase de legumbres.
- Frutas secas.
- Chocolates.
- Bebidas: no se deben consumir cervezas, zumos de frutas ni refrescos con gas.

DÍA EJEMPLO

■ **Desayuno**

- 1 taza de té liviano
- 1 taza de leche descremada con cereales

■ **Media mañana**

- 1 vaso de yogur descremado

■ **Almuerzo**

- 1 filete de salmón rosado, al horno
- 1 plato de arroz blanco
- 1 fruta pequeña

■ **Media tarde**

- 1 tajada de jamón cocido
- 1 tajada de mozzarella

■ **Merienda**

- 1 taza de té o café con leche
- 2 rebanadas de dulce de membrillo

■ **Cena**

- 1 plato de panaché de verduras
- 1 hamburguesa de carne magra de ternera
- 1 manzana asada

CELIAQUÍA: BREVE GUÍA ALIMENTARIA

En el caso de la enfermedad celíaca, el sistema enzimático del intestino delgado no logra metabolizar las proteínas contenidas en los cuatro cereales del grupo TACC –trigo, avena, cebada y centeno–, y sus tejidos se lesionan. A continuación se brinda una tabla orientativa de alimentos permitidos y prohibidos, y el desarrollo de un día modelo de alimentación.

ALIMENTOS PROHIBIDOS
• Cualquier producto que contenga trigo, avena, cebada, centeno o productos derivados.
• Pastas, galletas, panificados y productos de pastelería elaborados con harinas de los cuatro cereales antes mencionados.
• Bebidas e infusiones a base de los cereales prohibidos (malta, agua de cebada, whisky, cerveza).

ALIMENTOS PERMITIDOS	
El celíaco puede tomar todo tipo de alimentos que no contienen gluten en su origen: carnes, pescados, huevos, leche, cereales sin gluten (arroz y maíz), legumbres, tubérculos, frutas, verduras, hortalizas, grasas comestibles y azúcar.	
Leche y lácteos	Leches y yogures tanto normales como dietéticos, todo tipo de quesos (que no posean agregados de hierbas y saborizantes).
Carnes, pescado, huevos y derivados	Todo tipo de carnes, jamón serrano y jamón cocido. Todo tipo de pescados y mariscos frescos congelados al natural o rebozados en harinas sin gluten. Conservas de pescado: en aceite de oliva, en aceite vegetal (soja o girasol), al natural, ahumadas, salmuera.

Cereales y derivados

Arroz, maíz, mijo y sorgo. Harinas de arroz, maíz, patata, algarroba y almidón de trigo especial para celíacos que llevan incorporado el símbolo internacional "sin gluten" (espiga barrada dentro de un círculo). Productos de panadería especiales para celíacos elaborados con harinas y cereales permitidos.

Patatas y legumbres

Patatas frescas, legumbres frescas o secas, al natural.

Verduras y hortalizas

Frescas, están todas permitidos. Congeladas sin precocinar siempre y cuando se especifiquen los ingredientes. Conservas vegetales al natural, cocidas, deshidratadas y en salmuera o aquellas que incluyan aditivos autorizados.

Frutas

Todas, frescas o cocidas.

Bebidas

Agua, infusiones, zumos naturales.

Grasas

Aceite de oliva, de girasol, de maíz y de soja, mantequilla y mantequilla 100% vegetal.

DÍA EJEMPLO

■ Desayuno

• Té o café con leche
• 2 tostadas de pan sin gluten especial para celíacos untadas con queso blanco descremado o mermelada dietética apta para celíacos

■ Media mañana

• 1 vaso de zumo de fruta fresca a elección

■ Almuerzo

• 1 porción de carne de ternera magra, al horno
• 1 patata al horno
• 1 fruta a elección

■ Merienda

• 1 taza de té o café con leche
• 4 galletas sin gluten untadas con queso blanco descremado

■ Media tarde

• 1 vaso de yogur natural o saborizado excepto los que contienen cereales o muesli, trocitos de chocolate o trozos de frutas

■ Cena

• 1 plato de spaghetti especiales sin gluten con puré de tomates
• 1 porción de flan

DIETA ANTIACIDEZ ESTOMACAL / PLAN I

La acidez, también conocida como pirosis o reflujo, es una molestia que sufren millones de personas en todo el mundo. Además de consultar con el médico, se debe aumentar el consumo de alimentos alcalinos (aguacate, maíz, frutas en general, almendras y nueces).

DÍA 1

■ Desayuno

- 1 taza de té liviano con leche descremada
- 2 rebanadas de pan blanco de molde
- 4 almendras

■ Media mañana

- 1 vaso de yogur descremado

■ Almuerzo

- 1 plato de ensalada de apio, pimiento rojo y aguacate
- 1 porción de **"Jardinera de frutas y yogur"** ✪

■ Media tarde

- 1 manzana en compota

■ Merienda

- 1 taza de té liviano con leche descremada
- 2 galletas integrales untadas con queso blanco descremado

■ Cena

- 1 plato de **"Sopa de arroz y maíz"** ✪
- 1 pera sin piel

DÍA 2

■ Desayuno

- 1 taza de té liviano con leche descremada
- 2 rebanadas de pan blanco de molde
- 4 almendras

■ Media mañana

- 1 melocotón

■ Almuerzo

- 1/2 pechuga de pollo sin piel, al horno
- 1 rodaja de calabaza al horno
- 1 manzana en compota

■ Media tarde

- 1 flan dietético

■ **Merienda**

- 1 taza de té liviano
- 2 galletas dulces livianas

■ **Cena**

- 2 **"Sándwiches de guacamole"**
- 1 plátano

RECETAS INCLUIDAS EN LA DIETA

JARDINERA DE FRUTAS Y YOGUR

¿QUÉ SE NECESITA?

- 3 FRUTAS DE ESTACIÓN A ELECCIÓN (EXCEPTO CÍTRICOS)
- 50 G / 1,7 OZ DE FRUTAS SECAS PICADAS (NUECES, ALMENDRAS Y AVELLANAS)
- 2 CUCHARADAS DE MIEL
- 1/2 VASO DE YOGUR DESCREMADO
- 1 CUCHARADA DE COCO RALLADO

¿CÓMO SE PREPARA?

■ Pelar y cortar las frutas en dados de tamaño mediano.

■ Mezclarlas con las frutas secas y colocarlas en una copa de postre.

■ Mezclar la miel con el yogur y bañar la jardinera de frutas.

■ Espolvorear por encima con el coco rallado y decorar con hojas de menta.

SOPA DE ARROZ Y MAÍZ

¿QUÉ SE NECESITA?

- 1/2 LITRO DE CALDO DE VERDURAS
- 1 MAZORCA TIERNA DE MAÍZ
- 1 POCILLO DE ARROZ BLANCO COCIDO
- 1 CUCHARADA DE QUESO PARMESANO RALLADO
- SAL
- PIMIENTA

¿CÓMO SE PREPARA?

■ Desgranar el maíz con un cuchillo afilado.

■ Colocar el caldo en una olla grande y llevar a hervor. En ese momento, agregar los granos de maíz y cocinar diez minutos.

■ Bajar el fuego a moderado, agregar el arroz y cocinar 5 minutos más.

■ Salpimentar y servir espolvoreado con el queso rallado.

SÁNDWICHES DE GUACAMOLE

¿QUÉ SE NECESITA?

- 4 REBANADAS DE PAN BLANCO DE MOLDE
- 1 AGUACATE MADURO
- 1 TOMATE PEQUEÑO Y FIRME
- 2 DIENTES DE AJO
- 1 CEBOLLA
- 1 CUCHARADA DE CILANTRO
- ZUMO DE 1/2 LIMÓN
- 1 PIMIENTO PICANTE
- SAL

¿CÓMO SE PREPARA?

■ Asar el pimiento picante y molerlo en el mortero junto con los dientes de ajo.

■ Cortar el tomate en cubos muy pequeños.

■ Retirar la pulpa al aguacate y triturarla con un tenedor, hasta obtener un puré. Rociarla con el zumo de limón, para evitar la oxidación.

■ Picar finamente la cebolla y el cilantro y mezclar todos los ingredientes. Salar y armar los sándwiches.

La acidez, también conocida como pirosis o reflujo, es una molestia que sufren millones de personas en todo el mundo. Además de consultar con el médico, se debe aumentar el consumo de alimentos alcalinos (aguacate, maíz, frutas en general, almendras y nueces).

DÍA 1	DÍA 2
■ Desayuno	**■ Desayuno**
• 1 taza de té liviano	• 1 taza de té liviano
• 1 rebanada de pan blanco de molde untada con mermelada dietética	• 1 porción de ensalada de frutas (sin cítricos)
• 1 melocotón	
	■ Almuerzo
■ Almuerzo	• 1 filete de lenguado, al horno
• 1 presa de pollo sin piel, al horno	• 1 plato de puré de patata y calabaza
• 1 plato de arroz blanco con espinaca	• 1 plátano
• 1 manzana asada	
	■ Merienda
■ Merienda	• 1 taza de leche descremada con cereales
• 1 vaso de licuado de plátano con leche descremada	• 3 nueces
• 2 galletas dulces livianas	
	■ Cena
■ Cena	• 1 hamburguesa de carne de ternera magra
• 1 plato de **"Soufflé de arroz integral"** ✪	• 1 plato de ensalada de arroz, apio, arvejas y mayonesa light
• 1 pera sin piel	• 1 melocotón

DÍA 3

■ Desayuno

• 1 taza de té liviano
• 2 rebanadas de pan blanco de molde untadas con queso blanco descremado y mermelada dietética

■ Almuerzo

• 1 plato de spaghetti con mantequilla y crema de leche liviana
• 1 plátano

■ Merienda

• 1 taza de té liviano con leche descremada
• 2 galletas dulces livianas

■ Cena

• 6 langostinos grillados
• 1 plato de ensalada de patatas, huevo duro y perejil
• 1 pera en compota

DÍA 4

■ Desayuno

• 1 taza de té liviano
• 2 galletas integrales untadas con mermelada dietética

■ Almuerzo

• 1 plato de **"Sopa de pollo"** ✪
• 3 almendras
• 1 flan dietético

■ Merienda

• 1 taza de té liviano
• 1 fruta a elección (no cítrica)

■ Cena

• 1 plato de panaché de verduras
• 1 manzana rallada

DÍA 5

■ Desayuno

• 1 vaso de yogur descremado
• 2 galletas dulces livianas

■ Almuerzo

• 2 **"Medallones sorpresa"** ✪
• 1 plato de ensalada de zanahoria y 1 huevo duro

■ Merienda	**■ Cena**
• I taza de té liviano con leche descremada • I sandwich de pan blanco de molde hecho con I tajada de jamón cocido y I tajada de mozzarella	• I tazón de caldo de verduras • I plato de panaché de verduras • I plátano

⭐ RECETAS INCLUIDAS EN LA DIETA

SOPA DE POLLO

¿QUÉ SE NECESITA?

- 1/2 PECHUGA DE POLLO COCIDA
- 1/2 LITRO DE CALDO DE POLLO DESGRASADO
- 2 ó 3 CUCHARADAS DE ACEITE DE MAÍZ
- I CEBOLLA
- I DIENTE DE AJO
- I CUCHARADITA DE FÉCULA DE MAÍZ
- SAL

¿CÓMO SE PREPARA?

■ Picar finamente la cebolla y el ajo, y rehogarlos en una olla grande en la que se habrá calentado previamente el aceite.

■ Cuando la cebolla esté transparente, agregar la fécula de maíz disuelta en un pocillo de leche o agua, y revolver bien hasta obtener una pasta.

■ Incorporar el caldo de pollo mezclando rápidamente para que no se formen grumos, y continuar la cocción a fuego fuerte, revolviendo cada tanto mientras espesa.

■ Cuando la sopa alcance el punto de ebullición, dejarla hervir un par de minutos y luego bajar la intensidad del fuego, para que termine de cocinarse.

■ En este momento, salar, incorporar el pollo cocido y desmenuzado, y cocinar unos cinco minutos más.

SOUFFLÉ DE ARROZ INTEGRAL

¿QUÉ SE NECESITA?

- 150 G / 5,2 OZ DE ARROZ INTEGRAL COCIDO
- 1 PAQUETE DE ESPINACA
- 1 MAZORCA TIERNA DE MAÍZ
- 50 G / 1,7 OZ DE QUESO BLANCO DESCREMADO
- 3 CLARAS DE HUEVO
- 4 CUCHARADAS DE ACEITE DE OLIVA
- SAL
- NUEZ MOSCADA

¿CÓMO SE PREPARA?

■ Cocinar la espinaca en una olla con muy poca agua. Escurrirla bien y procesarla.

■ Cocinar el maíz en una olla con agua, retirarlo y desgranarlo.

■ Mezclar en un bowl la espinaca con el arroz, los granos de maíz y el queso blanco. Salar y condimentar con la nuez moscada.

■ Batir las claras a punto nieve e incorporarlas a la preparación, con movimientos suaves y envolventes.

■ Colocar el soufflé en una fuente ligeramente aceitada. Hornearlo hasta que esté bien dorado.

MEDALLONES SORPRESA

¿QUÉ SE NECESITA?

- 1 PECHUGA DE POLLO COCIDA
- 1/2 MANZANA VERDE
- 1 CEBOLLA PEQUEÑA
- 1 CLARA DE HUEVO
- SAL
- NUEZ MOSCADA
- ACEITE DE MAÍZ
- HARINA INTEGRAL FINA

¿CÓMO SE PREPARA?

■ Pelar la manzana y rallarla. Picar finamente la cebolla y procesar la carne de pollo.

■ Batir ligeramente las claras y mezclar todos los ingredientes de una vez –incluidos los condimentos– agregando harina integral mientras se revuelve, en cantidad suficiente como para obtener una pasta bien espesa, que pueda trabajarse con las manos.

■ Formar esferas y luego aplastarlas para obtener los medallones de no más de 1,5 cm de grosor.

■ Cocinar las hamburguesas en el horno, en una fuente ligeramente untada con aceite.

ARTRITIS: BREVE GUÍA ALIMENTARIA

La artritis es una enfermedad de carácter inflamatorio que afecta a una o más articulaciones. Si bien el tratamiento debe ser diagramado y dirigido por un médico, existe una serie de medidas que se pueden tomar en relación con la alimentación, para ayudar a paliar los síntomas de la enfermedad. A continuación se presenta la lista de alimentos recomendados y prohibidos, y el diagrama de un día modelo de alimentación.

ALIMENTOS RECOMENDADOS

• Pescado azul: sardina, atún, arenque.

• Aceites vegetales ricos en omega 3: aceite de linaza, de canola, de nuez, de soja, de germen de trigo y de avellana.

• Verduras y hortalizas: Todas las verduras y hortalizas de hojas verdes son muy convenientes.

• Frutas: Manzana, plátano, melón, sandía, fresa, aguacate, cereza.

• Frutos secos: Se recomienda el consumo de cualquiera de ellos, debido a su riqueza en vitaminas, selenio y calcio.

• Semillas: De lino y de sésamo.

• Cereales integrales: Se recomienda el uso de cereales no refinados y sus derivados.

• Leche de soja: Como una alternativa a la leche de vaca. También se recomiendan sus derivados: tofu, yogur de soja, etc.

ALIMENTOS PROHIBIDOS

• Grasas saturadas: Carnes no magras, la leche entera y sus derivados, tocino, embutidos, salchichas, mantequilla, quesos grasos.

• Alimentos ricos en oxalatos: Espinaca y remolacha.

• Alimentos ricos en purinas: Haba, coliflor, espinaca, espárrago, lentejas y champiñones.

• Otros alimentos: Trigo, maíz, pimientos, tomates, berenjenas, patatas y productos lácteos.

DÍA MODELO

■ Desayuno

• I fruta a elección
• I rebanada de pan blanco de molde
• I huevo duro

■ Almuerzo

• I plato de ensalada de vegetales frescos (tomates, apio y hortalizas varias)
• I filete de pescado azul
• I fruta a elección

■ A media tarde

• I vaso de yogur descremado
• 6 almendras

■ Cena

• I/4 de pollo sin piel, al horno
• I patata al horno
• I taza de vegetales cocidos al vapor (excepto maíz, arvejas o zanahorias)
• I fruta a elección

■ Antes de dormir

• I galleta dulce baja en grasa, o I/2 taza de yogur descremado

COLESTEROL: BREVE GUÍA ALIMENTARIA

El colesterol es, en pocas palabras, una sustancia grasa que se encuentra en la sangre y que puede tener dos orígenes: se lo introduce en el organismo a través de los alimentos ingeridos, o lo produce el propio organismo. Se lo clasifica en "bueno" y "malo". Este último es el que se deposita en las paredes arteriales y, con el tiempo, puede llegar a obstruirlas. De este modo, se convierte en un enemigo latente para nuestra salud.

El nivel de colesterol "malo" aumenta con la ingestión elevada de azúcares y disminuye con el mayor consumo de fibras e hidratos de carbono no refinados (verduras, legumbres, cereales integrales).

Si bien el plan alimentario debe ser diseñado por el médico, a continuación presentamos un día modelo, y la lista de los alimentos cuyo consumo se recomienda y aquellos cuyo consumo debe reducirse.

REDUCIR EL CONSUMO DE...

• Yema de huevo (contiene el nivel de colesterol equivalente a la ingesta diaria recomendada).

• Grasas de las carnes, derivados y embutidos.

• Productos de pastelería en general ya que uno de sus componentes básicos es la materia grasa.

• Comidas precocinadas como hamburguesas, patatas fritas y todos los alimentos denominados fast food (comida rápida).

• Café y té ya que constituyen excitantes para el organismo con su consecuencia directa de favorecer el estrés.

• Las grasas animales como mantequilla y sebos, tanto para cocinar como para consumir crudas.

- Aumentar el consumo de fibra a través de verduras, legumbres, frutas frescas, etc.

- Consumir leche y productos derivados descremados.

- Utilizar aceite de oliva o de cacahuete para cocinar y aderezar.

- Consumir frutas secas (nueces, almendras, avellanas, etc.) ya que son muy saludables, pero teniendo en cuenta su alto contenido calórico.

- Reducir lo más posible el consumo de bebidas alcohólicas.

DÍA MODELO

■ Desayuno

- 1 taza de café descafeinado o té con leche descremada
- 2 rebanadas de pan integral tostado untadas con queso blanco descremado o mermelada dietética

■ Almuerzo

- 1 tazón de caldo de verduras
- 1 bistec de lomo de ternera, grillado
- 1 plato de ensalada a elección
- 1 porción de ensalada de frutas

■ Media tarde

- 1 plátano

■ Merienda

- 1 vaso de licuado de melocotón y agua
- 3 nueces
- 1 vaso de yogur descremado

■ Cena

- 1 plato de ravioles de verdura con puré de tomates
- 1 helado de agua

⭐ MINI RECETARIO

SOPA DE CALABAZA

¿QUÉ SE NECESITA?

- 1 CALABAZA PEQUEÑA
- 1 TALLO DE APIO
- 1 CEBOLLA PEQUEÑA
- 1/2 LITRO DE AGUA
- 1 RAMITO DE HIERBAS AROMÁTICAS A ELECCIÓN
- 1 CUCHARADA DE SALSA DE SOJA
- 1 CUCHARADITA DE ALBAHACA PICADA
- SAL
- PIMIENTA

¿CÓMO SE PREPARA?

- ■ Calentar el agua junto con las hierbas.

- ■ Pelar y cortar la calabaza en dados medianos.

- ■ Picar el apio y la cebolla.

- ■ Introducir las verduras en el agua caliente y cocinar a fuego moderado.

- ■ Cuando la calabaza esté tierna, añadir la salsa de soja, la sal y la pimienta a gusto.

- ■ Cocinar unos minutos más, removiendo constantemente para deshacer bien la calabaza.

- ■ Retirar, espolvorear con la albahaca picada y servir.

SUPREMA DE POLLO A LA NARANJA

¿QUÉ SE NECESITA?

- 1 PECHUGA DE POLLO
- 1 NARANJA
- 1 CUCHARADA DE HARINA
- 4 CUCHARADAS DE ACEITE DE MAÍZ
- 1 POCILLO DE VINO DULCE
- 2 DIENTES DE AJO
- SAL
- PIMIENTA

¿CÓMO SE PREPARA?

- ■ Mezclar el zumo y la ralladura de cáscara de naranja con el vino, los dientes de ajo machacados, sal y pimienta.

- ■ Bañar la pechuga con este adobo y dejarla en reposo unas dos horas.

- ■ Colocar el aceite en una sartén y cocinar de ambos lados la pechuga hasta que esté dorada.

- ■ Retirar y mantener caliente.

- ■ Incorporar a la sartén el líquido del adobo y la harina, en forma de lluvia, para espesar.

- ■ Servir la pechuga salseada.

¿QUÉ SE NECESITA?

<u>Para la masa</u>
- 1 y 1/2 tazas de agua tibia
- 2 cucharaditas de aceite de oliva
- 500 g / 1,1 lb de harina de centeno
- 1 cucharada de levadura de cerveza

<u>Para la salsa y cubierta</u>
- 2 ajos porros
- 2 tomates pequeños firmes
- 2 cucharadas de aceite de oliva
- 50 g / 1,7 oz de queso parmesano
- Orégano, albahaca y tomillo
- Sal

¿CÓMO SE PREPARA?

La masa

■ Disolver la levadura en el agua tibia. Agregarle el aceite, la sal a gusto y la harina.

■ Batir enérgicamente hasta obtener una masa homogénea.

■ Dejar levar durante 30 minutos. Dividir el bollo en pequeñas pizzetas, colocar en una pizzera previamente engrasada y llevar a horno moderado durante diez minutos.

La salsa

■ Cortar los ajos porros en rodajas delgadas. Triturar uno de los tomates.

■ Calentar el aceite en una sartén y rehogar allí los puerros y el tomate.

■ Condimentar con las hierbas (orégano, tomillo, albahaca y laurel) y sal a gusto, y cocinar a fuego lento con la sartén tapada, incorporando agua de ser necesario. Retirar y cubrir con esta salsa cada una de las pizzetas.

■ Cortar el tomate reservado en rodajas y distribuirlos en las pizzetas.

■ Espolvorear con el parmesano rallado.

■ Llevar al horno para gratinar.

DIARREA: PLAN EXPRÉS DE UN DÍA

La diarrea es, en realidad, el síntoma de que el organismo está sufriendo alguna clase de trastorno, y por eso ante su aparición es necesaria la consulta con el médico. A continuación se presenta un diagrama de alimentación de un día, para aliviarla.

DÍA ÚNICO

■ Desayuno

- 1/2 taza de avena con azúcar cocida en agua
- 1 ó 2 tazas de té liviano

■ Almuerzo

- 1 tazón de caldo de verduras
- 1/2 pechuga de pollo al vapor
- 2 rodajas de calabaza al vapor
- 1 porción de gelatina

■ Merienda

- 1 rebanada de pan integral untada con mermelada dietética
- 1 ó 2 tazas de té liviano

■ Cena

- 1 plato de sopa de verduras con arroz
- 1 filete de pescado a elección, grillado
- 1 patata al vapor
- 1 zanahoria al vapor
- 1 manzana pelada, cocida al horno
- 1/2 taza de agua de limón
- 1 ó 2 tazas de té liviano

Claves a tener en cuenta

■ Mantener una alimentación saludable, ingiriendo menos cantidad de comida y haciéndolo con mayor frecuencia.

■ No se deben beber líquidos que estén demasiado fríos.

■ Aumentar el consumo de bebidas, para reponer líquidos y nutrientes. Son ideales los zumos de manzana y naranja, el agua de arroz, el agua de zanahoria y el agua mineral.

■ Evitar el consumo de alimentos ricos en fibra, leche, comidas muy elaboradas y de difícil digestión.

OSTEOPOROSIS: BREVE GUÍA ALIMENTARIA

Debido a que la osteoporosis es un proceso que debe vigilarse de cerca con el médico especialista, a continuación se brindan las nociones básicas sobre alimentación, y un día modelo de dieta a título orientativo.

Factores de riesgo de la osteoporosis

En la prevención de la osteoporosis es necesario conocer cuáles son los factores de riesgo que atentan contra la adecuada calcificación ósea. Entre ellos, los más importantes son:

■ El sedentarismo

■ El consumo frecuente de café

■ El exceso de sal en el organismo

■ El consumo exagerado de proteínas

■ La ingesta desmesurada de fibras

■ El consumo de tabaco

■ El consumo de alcohol en altos niveles

■ La ingesta de suplementos de zinc

■ El consumo frecuente de alimentos que contienen ácido oxálico (espinaca, espárrago, arveja)

■ Antecedentes familiares de osteoporosis

Los que aportan calcio al organismo

Además de los lácteos, existen otros alimentos que aportan calcio al organismo y que deben tenerse en cuenta al elaborar una dieta para la prevención de la osteoporosis. Los más importantes son:

■ Verduras de hoja verde (excepto las que contengan ácido oxálico, que deben consumirse con moderación)

■ Almendras, avellanas, nueces, castañas, higos y cacahuate

■ Leches vegetales: de almendras, de arroz, de avena, de avellana, de sésamo, entre otras

■ Cereales integrales

■ Algas

■ Todo tipo de legumbre: garbanzo, frijol, soja, lenteja, etc.

■ Semillas de sésamo, de lino, de girasol, de calabaza, etc.

■ Pescado y crustáceos: salmón, bacalao, arenque, langostino, sardina

Para las mujeres a las que no les gusta la leche o tienen intolerancia a la lactosa, la solución es optar por la leche deslactosada, aumentar el consumo de queso y yogur o solicitarle suplementos a su médico.

DÍA MODELO

■ Desayuno

• I taza de té con leche descremada
• I rebanada de pan integral untada con queso blanco descremado

■ Media mañana

• I tazón de yogur descremado con cereales

■ Almuerzo

• I plato de ensalada de col verde, apio, brócoli y tomate
• I plato de ravioles de ricota con crema de leche liviana
• I fruta a elección

■ Merienda

• I vaso de licuado de plátano con leche

■ Cena

• I plato de hortalizas a elección al vapor espolvoreadas con semillas de sésamo
• I filete de salmón rosado, grillado o al vapor
• I porción de ensalada de frutas con nueces y almendras molidas

DIETA PARA ALIVIAR EL MALESTAR PREMENSTRUAL

■ **Opciones para desayuno**

Opción 1

• 1 taza de café descafeinado o té con leche descremada
• 1 taza de yogur descremado con **"Muesli"** ✪

Opción 2

• 1 taza de café descafeinado o té con leche descremada
• 2 rebanadas de pan multicereal

Opción 3

• 1 taza de café descafeinado o té con leche descremada
• 4 galletas integrales

■ **Opciones para media mañana**

Opción 1

• 1 vaso de yogur descremado

Opción 2

• 1 vaso de licuado de melocotón con agua

Opción 3

• 1 tazón de leche descremada con cereales

■ **Opciones para almuerzo**

Opción 1

• 1 plato de ensalada de zanahoria rallada, 1 huevo duro y mozzarella
• 1/4 de pollo sin piel, al horno
• 1 manzana

Opción 2

• 1 tazón de caldo de verduras
• 1 plato de arroz integral con vegetales al vapor
• 1 kiwi

Opción 3

• 2 hamburguesas de carne de ternera magra
• 1 plato de ensalada de apio y rabanitos
• 1 tajada de melón

■ Opciones para media tarde

Opción 1

• 1 barra de cereal

Opción 2

• 1 vaso de yogur descremado con cereales

Opción 3

• 1 vaso de yogur descremado con frutas

■ Opciones para merienda

Opción 1

• 1 taza de café descafeinado o té con leche descremada
• 2 rebanadas de pan integral tostadas, untadas con mermelada dietética

Opción 2

• 1 taza de café descafeinado o té con leche descremada
• 5 pasas de uva y 5 nueces

Opción 3

• 1 vaso de zumo de naranja
• 2 rebanadas de pan integral tostadas o 4 galletas integrales

■ Opciones para cena

Opción 1

• 1 plato de ensalada de zanahoria rallada, apio e hinojo
• 1 bistec de carne de ternera magra, al horno
• 1 porción de ensalada de frutas

Opción 2

• 1 porción de carne de ternera magra, al horno
• 1 plato de puré de patata y calabaza
• 1 melocotón

Opción 3

• 1 plato de ravioles de verdura con puré de tomates
• 1 mandarina

MUESLI

¿QUÉ SE NECESITA?

- 1 CUCHARADA DE FRUTOS SECOS (NUECES, ALMENDRAS O AVELLANAS)
- 2 CUCHARADAS DE COPOS DE AVENA
- 1/2 MANZANA VERDE
- 2 CUCHARADAS DE YOGUR DESCREMADO

¿CÓMO SE PREPARA?

■ Colocar los copos de avena dentro de una taza con agua y dejarlos en remojo media hora.

■ Escurrirlos y colocarlos dentro de un bowl.

■ Pelar la media manzana, cortarla en cubos pequeños y mezclarla con los copos.

■ Incorporar el yogur y los frutos secos elegidos, y revolver bien.

MENOPAUSIA: BREVE GUÍA ALIMENTARIA

Debido a que es el médico tratante quien debe diseñar un plan de alimentación acorde con las características propias de cada mujer, a continuación se brindan algunas nociones básicas sobre el proceso del climaterio y una dieta modelo de dos días de duración.

Consideraciones básicas sobre alimentación

Los cambios hormonales que se producen en la menopausia obligan a las mujeres a modificar sus hábitos alimentarios. Por ello, es necesario incrementar el consumo de alimentos ricos en calcio, boro, fitoestrógenos, vitaminas C, D y A, principalmente, y ácidos grasos Omega 3, así como evitar aquellos que incrementen los niveles de colesterol y de las grasas saturadas.

ALIMENTOS QUE DEBEN CONSUMIRSE	
• Soja	• Pollo
• Alfalfa	• Huevo (sin excederse)
• Mijo	• Aceites de oliva, soja, onagra
• Lino	• Mantequilla vegetal
• Tofu	• Nueces, almendras, avellanas
• Germen de trigo	• Leche descremada
• Semillas de sésamo y girasol	• Productos lácteos descremados
• Cereales en general	• Verduras y frutas frescas
• Legumbres	• Caldo de verduras
• Pescados (especialmente los azules)	• Zumos naturales de fruta
• Carnes magras	• Agua mineral (dos litros diarios)

ALIMENTOS QUE DEBEN EVITARSE	
• Sal en exceso	• Grasas saturadas
• Dulces y productos de pastelería industrial	• Café
• Embutidos y fiambres	• Bebidas alcohólicas

DÍA 1

■ Desayuno

• 1 vaso de té con leche fortificada con calcio
• 1 tazón de cereales o 2 rebanadas de pan integral tostadas, untadas con queso blanco descremado

■ Almuerzo

• 1 plato de revuelto de zucchini y mozzarella hecho con 1 huevo
• 1 plato de panaché de verduras espolvoreado con semillas de sésamo
• 1 fruta de estación, preferentemente cítrica

■ Merienda

• 1 vaso de yogur descremado con cereales o 1 vaso de licuado de plátano con leche descremada

■ Cena

• 2 filetes de lenguado, al vapor
• 1 patata al vapor
• 1 porción de ensalada de frutas espolvoreadas con nueces y almendras molidas

DÍA 2

■ Desayuno

• 1 vaso de zumo de naranja o pomelo
• 1 tazón de yogur descremado con cereales y semillas de girasol

■ Almuerzo

• 1 pechuga de pollo sin piel, grillada
• 1 plato de ensalada de vegetales a elección con cubos de mozzarella
• 1 porción de flan casero

■ Merienda

• 1 vaso de té con leche fortificada con calcio
• 1 rebanada de pan multicereal untada con mermelada dietética

■ Cena

• 1 plato de guisado de lentejas con pimiento rojo y cebolla, espolvoreado con germen de trigo
• 1 rebanada de pan integral
• 1 manzana al horno

GLOSARIO

Aceite de bacalao: Se extrae del hígado del pez bacalao y es una importante fuente de ácidos grasos omega 3.

Aceite de cacahuete: Aceite vegetal que se extrae de las semillas del cacahuete (cacahuate, maní), planta de la familia de las fabaceae. Aporta un alto contenido en ácidos grasos monoinsaturados que intervienen en la regulación del nivel del colesterol.

Aceite de canola: Aceite vegetal que se extrae de las semillas de la canola (colza, raps, nabicol), planta de la familia de las brassicaceae. Posee un bajo contenido en grasas saturadas y aporta una alta concentración de omega 9, ácido graso esencial.

Aceite de girasol: Aceite vegetal que se extrae de las semillas del girasol (calom, jáquima, maravilla, mirasol, tlapololote, maíz de teja, Dani),

planta de la familia de las asteráceas, muy rico en ácidos grasos poliinsaturados.

Aceite de linaza: La linaza es la semilla de la planta denominada lino, de la familia de las linaceae. De la semilla se extrae este aceite vegetal muy rico en Omega 3, Omega 6 y Omega 9.

Aceite de maíz: Aceite vegetal que se extrae de los granos de maíz (oroña, danza, zara, sara, avatí, millo, panizo), planta de la familia de las poaceae. Aporta el aceite esencial omega 6, entre otras sustancias.

Aceite de oliva: Se extrae del fruto del árbol olivo, denominado oliva o aceituna, perteneciente a la familia de las oleaceae. Es la fuente más importante de ácido oleico para el organismo, así como un importante protector contra el envejecimiento celular.

Aceite de onagra: Aceite vegetal que se extrae de las semillas de la onagra, denominada también prímula, perteneciente a la familia de las onagraceae. Aporta ácidos grasos esenciales, ácido linoleico y ácido gamma-linolénico.

Aceite de soja: Se obtiene a partir de los granos de soja (soya), planta de la familia de las fabaceae. Aporta ácidos grasos esenciales omega 3 y omega 6 en una proporción altamente beneficiosa para el organismo, entre otros nutrientes.

Aceite de uva: Aceite vegetal que se extrae de las semillas de la uva, fruto de la planta denominada vid perteneciente a la familia de las vitaceae. Fundamentalmente, aporta ácidos grasos esenciales omega 3 y omega 6, entre otras sustancias.

Aceite vegetal: Aceite mezcla utilizado generalmente para frituras.

Aceituna: Oliva, fruto del olivo.

Acelga: Acelga suiza, remolacha de hoja, armuelle, beta, remolacha espinaca. Planta hortense de hojas grandes, aplanadas y carnosas, cultivada como verdura.

Aceto balsámico: Vinagre balsámico, vinagre dulce. Aderezo elaborado con legumbres y frutas verdes confitadas en vinagre, con el agregado de un jarabe a base de uva moscatel, miel y mostaza.

Aguacate: Palta, manteca vegetal, avocado, pagua, cura.

Ajo: Aglio, alho hortense. Bulbo blanco, redondo y de olor fuerte que se usa como condimento.

Ajo porro: Poro, porro, puerro.

Albahaca: Alábega, alfabega, alfavaca, basílico, hierba de vaquero.

Albaricoque: Damasco, chacabano, damasquillo, albarillo, albérchigo, alberge, prisco.

Alcachofa: Alcaucil, alcancil, alcachofera.

Alfalfa: Mielga, alfaz.

Alga: Verdura del mar, ulte, cochayuyo. Vegetal marino de gran valor calórico.

Algarroba: Fruto del algarrobo, vaina comestible de color castaño, de semillas azucaradas y muy duras.

Almeja: Molusco marino bivalvo, de carne comestible, que vive enterrado en las arenas de la playa.

Almendra: Almendraco, allosa.

Almíbar: Jarabe de agua y azúcar que puede tener distintos puntos de cocción.

Anchoa: Anchova, boquerón, bocarte, camaiguana.

Anís: Planta que produce unos frutos menudos, aromáticos y de sabor agradable. Semilla de esta planta. Licor incoloro, dulce y seco, hecho con sus semillas.

Apio: Celeri, arracacha.

Arenque: Pescado de mar de cuerpo alargado y deprimido lateralmente, de tamaño que no sobrepasa los cuarenta centímetros, con dorso de color oscuro y más blanco en los flancos y el vientre. Se consume en grandes cantidades fresco, salado o ahumado.

Arroz: Casulla, macho, palay.

Arroz integral: Arroz sin descascarillar, es decir que conserva su cobertura.

Arveja: Alverja, guisante, chícharo.

Atún: Albácora, rabilo, bigeye, patuto, tuna, patudo.

Avellana: Ablana, avellana europea, nochizo.

Avena: Cereal cuyos granos son muy apreciados para la alimentación, sobre todo por sus propiedades energizantes.

Azafrán: Brin, croco, zafrón.

Bacalao: Abadejo, reyezuelo, curadillo, truchuela.

Berenjena: Alción, pepino morado, berinjuela.

Berro: Agriao, cresson, mastuerzo de agua.

Boniato: Batata, achín, camote, chaco, papa dulce, ñame, buniato, moniato, moñato.

Brócoli: Brecol, bróculi, brecolera.

Cacahuete: Maní, cacahuate, cacahué, cacahuet, cacahuey, alcagüés, alfónsigo de tierra, avellana americana, avellana de Valencia, inchic, mandouí, mania.

Cacao: Árbol sudamericano cultivado para la producción de la semilla de la que se extrae, entre otras materias primas, la manteca de cacao, y en polvo se la utiliza para elaborar el chocolate.

Calabaza: Zapallo, bulé, cachampa, liza, abóbora, auyama, ayote, chayote, pipiane, güicoy.

Calamar: Chipirón, lula, jibión.

Camarón: Gamba, chacalín, quisquilla, cámaro.

Canela: Corteza de varias plantas aromáticas, especialmente del canelo. Condimento en rama o en polvo para aromatizar dulces y otros manjares.

Caracol: Nombre común de los moluscos gasterópodos que poseen una concha en espiral.

Caramelo: Azúcar quemada, jarabe espeso y rubio preparado a base de un cocimiento de azúcar y agua. Golosina compuesta de azúcar y un cuerpo graso como crema o leche, aromatizado.

Cardo: Abrojo, cardo estrellado.

Castaña: Marrons. Fruto comestible del castaño. Se usa como fruto seco o en bombonería para hacer rmarrons glacés.

Cebada: Planta gramínea parecida al trigo cuyos granos se usan para la fabricación de cerveza.

Cebolla: Hortaliza de bulbo comestible y el bulbo de esa planta.

Cebolla de verdeo: Cebolla china, cebolleta, cebolla en rama, cebolla junca, cebollita de Cambray, cebolla de almácigo.

Cerdo: Chancho, puerco, marrano, cochino.

Cereal: Planta gramínea que da frutos farináceos. Frutos o semillas de estas plantas que contienen sustancia harinosa, que se usa para alimentación humana y de los animales domésticos.

Cereza: Ambrunesa, mollar, guinda, picota, tomatillo.

Ciboulette: Cebolleta, cebollín, cebollino, cebollón chino.

Cilantro: Culantro, coriandro, perejil chino.

Ciruela: Pruna, abricotina, almacena, almeiza, amacena, bruna, bruño, cascabelillo.

Cítrico: Relativo a los frutos ácidos, como el limón, la naranja, el pomelo, entre otros.

Clavo de olor: Clavete, clavero, clavo de especia.

Coco: Coco de Indias, coco de agua, coco de castillo, palma de coco, palma indiana.

Col: Repollo. Planta herbácea que se consume tanto cruda como cocida, o fermentada para preparar el popular condimento conocido como chucrut.

Coles de Bruselas: Repollitos de Bruselas. Grupo de las coles que se caracteriza por lo diminuto de su tamaño.

Coliflor: Variedad de col de centro muy carnoso, que se usa cocida en ensaladas o aderezada con salsa blanca.

Comino: Kümmel. Especia de aroma penetrante y sabor ligeramente amargo.

Cordero: Borrego. Cría de la oveja de menos de un año, de carne muy apreciada.

Champiñón: Callampa, seta, hongo.

Chocolate: Golosina sólida compuesta especialmente de cacao y azúcar molida. Bebida preparada con este compuesto desleído en agua o en leche.

Dátil: Támara. Fruto de la palmera datilera de gran valor nutricional.

Embutido: Embuchado. Tripa rellena de carne o de sangre de cerdo picada y aderezada, como por ejemplo, longaniza, salchicha, chorizo, morcilla.

Endibia: Variedad lisa de escarola, de la que se consume el cogollo, de hojas tiernas y pálidas.

Esencia de vainilla: Concentrado que se extrae de la vaina de la vainilla, utilizado para aromatizar diversas preparaciones, bebidas e infusiones.

Espárrago: Espargo. Brote tierno, turión o yema de la esparraguera, de tallo blanco y cabezuela morada, que se utiliza como comestible por su delicado sabor.

Espinaca: Planta hortense de hojas radicales en roseta que se consumen cocidas o crudas en ensalada.

Estragón: Hierba de dragones, tarragón, dragoncillo.

Fécula de maíz: Almidón de maíz, maicena.

Frambuesa: Chordonera, frambueso, sangüeso.

Fresa: Frutilla, fraga.

Frijol: Poroto, alubia, caraota, ejote, fréjol, guandú, habichuela, judía.

Garbanzo: Mulato, chícharo.

Gelatina: Jaletina, grenetina.

Germen de trigo: Copos obtenidos a partir de la trituración del germen que contiene el grano del trigo, de gran valor nutritivo.

Guisante: Arveja, alverja, chícharo, petit pois.

Haba: Faba, frijol, habichuela.

Harina de soja: Harina de soya. Producto de la molienda de los granos de soja, los que pueden, también tostarse.

Harina de trigo: Producto de la molienda de los granos de trigo. La harina integral se obtiene con la molienda del grano entero, sin refinar.

Hígado: Glándula del cuerpo animal que se utiliza como alimento apreciado, generalmente de cerdo, de pollo y de ternera.

Higo: Breva, higo extranjero.

Hinojo: Finocchio, funcho, fenollo, hierba santa, hinojo de Florencia.

Jamón: Pernil. Pierna trasera del cerdo, curada o cocida entera. Se destacan el jamón cocido, el jamón ahumado o serrano, el jamón natural y el jamón de York.

Jengibre: Kion, jenjibre.

Judía verde: Bajorca, chaucha, vainita, vainica.

Kiwi: Grosella china, actinidia.

Langosta: Crustáceo marino comestible, de color pardo rojizo oscuro que se vuelve rojo por la cocción; vive en las costas rocosas de todos los mares y es muy apreciado por su carne.

Langostino: Langostín. Especie de langosta pequeña o camarón grande, de color grisáceo que se vuelve rojo por la cocción.

Lasaña: Lasagna. Trozos cuadrados de pasta de fideos que se usan para formar capas con rellenos varios que se cuecen y sirven aderezados con tuco o salsa de tomate.

Laurel: Dafne, laurel europeo, laurel de cocina.

Leche de soja: Leche de soya.

Lechuga: Alfase.

Legumbre: Todo fruto o semilla que se cría en vaina, como las lentejas, las habas, las arvejas, los porotos, las algarrobas y la soja, entre otras.

Lenguado: Lonja. Pez de mar, de cuerpo plano y alargado, cabeza ligeramente redondeada, provisto de dientes finos y pequeños.

Lenteja: Lentilha. Legumbre.

Levadura de cerveza: Fermento separado de la cerveza y que conserva su potencialidad para dar volumen a la masa.

Lima: Fruto del limero, globoso, con sabor algo parecido al del limón pero más amargo.

Limón: Limón agrio, limón real, limón verdadero.

Lino: Planta herbácea de cuya semilla, llamada linaza, se extrae el aceite vegetal.

Maíz: Oroña, choclo, danza, zara, sara, avatí, millo, panizo.

Mandarina: naranja mandarina, tangerina.

Mango: Ambó, manglar, mangotina.

Maní: Cacahuete, cacahuate, cacahué, cacahuet, cacahuey, alcagüés, alfónsigo de tierra, avellana americana, avellana de Valencia, inchic, mandouí, mania.

Mantequilla: Manteca.

Mantequilla vegetal: Manteca vegetal, margarina. Producto químico derivado de la mezcla de aceites vegetales, sometida a un proceso de hidrogenación.

Manzana: Camuesa, poma.

Mariscos: Moluscos marinos.

Mayonesa: Mahonesa. Salsa fría a base de yemas de huevo, aceite y condimentos.

Mazapán: Masa hecha con almendras molidas y azúcar, y cocida al horno.

Mejillón: Cholga, chorito, choro.

Melaza: Melado. Jarabe denso y viscoso, no cristalizable, que queda de la fabricación del azúcar de caña o de remolacha, y que toma la consistencia de la miel.

Melocotón: Durazno, nectarina, pérsico, fresquilla, griñón, pavía, guaytamba, paraguaya.

Melón: Albudeca, andrehuela, badea, coca.

Membrillo: Gamboa, marmello, cacho, codón.

Menta: Hierba santa, hierbabuena, yerbabuena.

Mermelada: Conserva hecha de fruta cocida con azúcar o miel.

Miel (de abejas): Sustancia viscosa, amarillenta y muy dulce que producen las abejas.

Mostaza: Jenable, mostazo, jenabe.

Mozzarella: Flor di latte. Quesillo italiano de pasta blanda elaborado con leche de vaca o de búfalo.

Muesli: Alimento energético fundamentalmente a base de cereales, frutos secos y miel.

Nabo: Cayoco.

Naranja: Naranja de la China, naranja portuguesa, naranja común, china.

Nuez: Fruto seco del nogal.

Nuez moscada: Macis.

Orégano: Amáraco, mejorana, sampsuco.

Ostra: Ostia, concha. Molusco bivalvo.

Palmito: Chonta, jebato. Cogollo comestible de la palmera.

Papaya: Mamón, lechosa, frutabomba, ababaya, mamao, mamén, melón zapote.

Pasa de uva: Uva seca, enjugada naturalmente en la vid, o artificialmente al sol o por otros procedimientos.

Patata: Papa.

Pato: Ánade, carraco, paro, parro.

Pavita: Hembra joven del pavo, de carne muy apreciada.

Pavo: Chumpipé, guajalote, peru, pirú.

Pepino: Cohombro.

Pera: Abubo, avugo, bergamota, caruja, cermeña, gambusina, mosquerola, mosqueruela, musquerola, perojo, donguindo.

Perejil: Parsley.

Pimienta: Pebre.

Pimiento: Ají, morrón, chile, chiltipiquín, chili, chiltoma, locolo, peperoncino. Existen diferentes variedades: verde, rojo, amarillo o pajizo, largo, guindilla, dulce o morrón, cerecilla, entre otras.

Piña: Ananá, ananasa, achupalla, abachí, abacaxi.

Pistacho: Alfóncigo, alfónsigo, alhócigo, alhóstigo, pistachero.

Plátano: Banana, guineo.

Pollo: Frango.

Pomelo: Toronja, pamplemusa.

Queso Camembert: Queso francés elaborado con leche entera o parcialmente descremada, de sabor y aroma muy intensos.

Queso crema: Se denomina así al que posee del 40 al 60% de grasa.

Queso Cheddar: Queso semicurado sin ser sometido a cocción.

Queso parmesano: Queso curado, es decir, prensado y cocido, de textura dura y granulada.

Queso roquefort: Roquefor. Queso azul, sin prensar ni cocer, de aroma intenso y sabor fuerte y picante.

Quinoto: Kinoto, kumquats, naranja enana.

Rabanito: Raíz comestible de una planta hortícola, carnosa, casi redonda, de piel roja y pulpa blanca de sabor picante.

Rábano: Planta hortícola comestible con raíz de tipo tubérculo. Raíz comestible de esta planta, carnosa, casi redonda, de piel roja, amarillenta o negra y pulpa blanca de sabor picante.

Remolacha: Betabel, betarraga, botabel, beterave.

Ricota: Cuajada, requesón, quesillo, majo.

Romero: Rosemary, rosmarino.

Rúcula: Jaramago, oruga, quelite, roqueta, rúcola.

Salchicha: Embutido de carne de cerdo y ternera, puesto en tripa delgada.

Salmón: Pescado comestible, de río y mar, similar a la trucha, de carne apreciada, que en el salmón de río es rosada y en el de mar es blanca.

Salsa Worcestershire: Salsa inglesa. Salsa a base de vinagre, melaza, soja, echalotes y azúcar, entre los ingredientes más importantes.

Salvado: Cáscara externa de los granos y semillas.

Salvado de trigo: Cáscara externa del grano de trigo, muy rico en fibras, vitaminas, proteínas y minerales.

Sandía: Melón de agua, patilla, pepón, angurria, badea común, batia.

Sardina: Pez de mar de pequeñas dimensiones. Su carne se comercializa en conserva, sazonada con tomate o vino blanco.

Semilla de girasol: Pepita o semilla de Calom, jáquima, maravilla, mirasol, tlapololote, maíz de teja, Dani.

Semilla de lino: Pepita o semilla de la planta denominada lino.

Semilla de sésamo: Pepita o semilla de ajonjolí.

Seta: Callampa, champiñón, hongo.

Soja: Soya.

Sorgo: Mijo grande, adaza, maiz de Guinea, kafir, dura, zahina, mtama, iowar, shallu, alcandia, kaoliang, milo, milo-malz, panizo moruno, feterita, sorgo de escoba, maicillo, masambará, aroza.

Tocino: Bacon, cuito, larda de tocino, lardo, panceta, tocineta, murceo.

Tofu: Queso de origen vegetal a base de leche de soja.

Tomate: Jitomate.

Tomate cherry: Tomate cereza.

Tomillo: Chascudo, satureja.

Trigo: Cereal por excelencia para el consumo humano. Entre los productos de su grano se encuentran la harina, la harina integral, la sémola y la cerveza.

Trigo sarraceno: Alfarfón.

Trucha: Pescado comestible de agua dulce, de carne sumamente apreciada.

Uva: Fruto de la vid, baya comestible, de granos redondos y jugosos que nacen apiñados en forma de racimo. Se utiliza como fruta fresca o para hacer vino.

Vainilla: Planta de la familia de las orquídeas propia de las regiones tropicales de América, Asia y África. Fruto de esta planta. Se presenta seca, en vaina de color negro rojizo, en rama o molida y es muy aromática.

Vinagre: Sustancia líquida obtenida a partir de la transformación de una solución alcohólica en ácido ascético. Se lo utiliza habitualmente para sazonar ensaladas.

Vinagreta: Salsa fría compuesta de vinagre, aceite, sal y algún otro ingrediente como huevo duro picado.

Yogur: Yogurt, yoghourt, yogurt. Leche cuajada.

Zanahoria: Azanoria, cenoura.

Zucchini: Calabacín, calabacita, zapallito italiano, zapallito largo.

ÍNDICE GENERAL